U0453082

Digital Rule of Law Review

数字法治评论

第 2 辑

主　　编　郑少华
执行主编　康敬奎

中国社会科学出版社

图书在版编目(CIP)数据

数字法治评论. 第2辑 / 郑少华主编. —北京：中国社会科学出版社，2022.12
ISBN 978-7-5227-1345-8

Ⅰ.①数⋯ Ⅱ.①郑⋯ Ⅲ.①互联网络—科学技术管理法规—研究—中国
Ⅳ.①D922.174

中国国家版本馆CIP数据核字(2023)第021843号

出 版 人	赵剑英
责任编辑	郭如玥
特约编辑	芮 信
责任校对	郝阳洋
责任印制	郝美娜

出　　版	中国社会科学出版社
社　　址	北京鼓楼西大街甲158号
邮　　编	100720
网　　址	http：//www.csspw.cn
发 行 部	010-84083685
门 市 部	010-84029450
经　　销	新华书店及其他书店

印刷装订	北京君升印刷有限公司
版　　次	2022年12月第1版
印　　次	2022年12月第1次印刷

开　　本	710×1000　1/16
印　　张	15.25
插　　页	2
字　　数	266千字
定　　价	98.00元

凡购买中国社会科学出版社图书，如有质量问题请与本社营销中心联系调换
电话：010-84083683
版权所有　侵权必究

《数字法治评论》（第 2 辑）编委会

主　　任：郑少华
委　　员：（按姓氏笔画排序）
　　　　　马长山　王利明　王锡锌　石佳友
　　　　　冯　果　刘艳红　齐爱民　关保英
　　　　　杨　东　杨立新　张守文　张明楷
　　　　　陈兴良　陈金钊　陈瑞华　房绍坤
　　　　　胡玉鸿　施伟东　姚建龙　黎　宏

主　　编：郑少华
执行主编：康敬奎
编　　辑：吴志刚　丁亚秋　占茂华　汤仙月
　　　　　邵宗林　陈筱玮

目 录

数字货币法治

数字人民币个人信息保护制度研究 / 1　　　　　　　　　　黄　震　张　倩
数字人民币体系下的数据合规研究 / 19　　　　　　　　　　吴仕晗　袁　曾

数据权专论

数据生产要素市场供给的公司法路径研究 / 35　　　　　　　张　敏　郭宇畅
我国数字经济司法治理的困境与出路 / 49　　　　　　　　　　　　　孙　跃
网络平台版权治理的兴起及其路径考量 / 71　　　　　　　　　　　　刘学涛

个人信息保护

大数据时代个人信息权的证成
　　——从利益衡量到权利实现 / 88　　　　　　　　　　　　　　陈琬珠
帮助信息网络犯罪活动罪的独立性及限缩解释
　　——基于犯罪参与转型的思考 / 107　　　　　　　　　　　　刘方可
平衡与反思
　　——网络表情包传播中肖像权保护研究 / 141　　　　　　　　李云滨
论网络群组群主的管理职责及侵权责任 / 154　　　　　　　　　　　李玲玲

人工智能专论

论风险预防原则在自动驾驶汽车风险上的适用 / 168　　　　　　　　朱溯蓉

数字实证研究

关于民事诉讼中证人在线作证的实证分析
　　——以北京、杭州、广州互联网法院为考察样本 / 192
　　　　　　　　　　　　　　　　　　　赵　超　周泉泉　孙鹏程
从法律视角探讨虚拟货币的价值问题 / 213
　　　　　　　　　　　　　　　　　　　　　　　　　刘　磊

《数字法治评论》约稿函 / 234
《数字法治评论》注释规范 / 236

数字货币法治

数字人民币个人信息保护制度研究

黄 震 张 倩[*]

摘 要：推进数字人民币的研发与使用是我国适应数字经济时代的重要金融变革举措。中国人民银行近年来高度重视并牵头数字人民币的研发与推广应用工作。但其中对数字人民币发行、兑换和流通过程中个人信息保护制度的构建仍有许多值得商榷之处，本文试图从现有的保护规则出发，结合《个人信息保护法》中的相关制度，对数字人民币流通中可能面临的个人信息保护难题进行探讨，并试图提出切实可行的解决路径。

关键词：数字人民币；个人信息保护；知情—同意；独立监督机构

一 问题的提出

（一）数字经济时代下个人信息保护的新课题

自美国学者阿兰·威斯汀（Alan Westin）于1967年首次提出个人信息的概念以来，个人信息作为体现人格利益与人格发展的重要载体，对其保护与利用的平衡已经成为世界范围内最为活跃也是最受瞩目的话题之一。数据是信息的一种表现形式，在互联网时代主要指以电子化方式存储的信息。[①] 进入数字经济时代以来，伴随着大数据对个人信息的过度利用与当下社会公众的个人信息保护意识不断增强，用户对数据隐私性的要求甚至高于

---

[*] 黄震，中央财经大学法学院教授、博士生导师；张倩，北京大学法学院硕士研究生。
[①] 参见王利明《数据共享与个人信息保护》，《现代法学》2019年第1期。

科技进步带来的社会便利。我国于2021年8月20日颁布了对数字经济发展具有里程碑意义的《个人信息保护法》，标志着我国对于个人信息保护进入新的阶段。以《个人信息保护法》为代表的法律、部门规章和行业标准共同构建起个人信息保护的法规范体系，立足于当下法治化的中国数字经济时代，为企业合规利用个人信息提供指引，丰富完善了个人信息保护制度。

数字人民币是我国的法定数字货币（Central Bank Digital Currency，CBDC），相较于银行活期存款、第三方支付手段与其他由私人发行的数字货币，数字人民币是基于国家信用背书、替代现金纸币功能的数字化形式，代表具体金额的加密数字串，具有主权性、法偿性和强制性等法币的一般特征。[①] 随着数字人民币日益嵌入消费者的生产生活和经济社会的运行中，大众对数字人民币的隐私保护日益重视，逐渐成为数字经济时代下个人信息保护的新课题。

（二）用户个人信息在数字人民币发行流通中的特点

在全球数字经济风起云涌之际，数字法币的研发也一直是各国竞相关注的领域。我国作为数字货币研发推广领域的领先者，早在2014年起便开始组建法定数字货币研发工作项目组，开展了一系列有关数字人民币的金融基础设施建设、发行流通环节架构、个人信息保护等方面的专项研发。目前，我国数字人民币已经基本完成了顶层设计、功能开发、测试调整等各项工作，并且已经在部分地区开始进行试点测试。数字人民币在发行、兑换与流通的过程中涉及大量个人信息，这些个人信息收集与使用的特征很大程度上受数字人民币自身的发行和运营特征影响，归纳而言，数字人民币相关用户个人信息在发行和流通中总体呈现大规模集中化、双层管理、可控匿名以及强金融属性的特点。

数字人民币中的个人信息具有大规模和集中化的特征。一方面，数字人民币作为人民币的数字形式，主要定位于流通中的现金（M0），当用户在各种交易场景中使用数字人民币进行支付时，用户在注册数字人民币钱包、兑换和交易数字人民币的过程中，均可能在运营商和相关互联网平台上留痕，相关个人信息由运营商收集、存储和处理。随着数字人民币相关软件和硬件基础设施的落地，其获取的用户个人信息也将达到天量级别。同时，据《个人信息保护法》采取的"关联说"（第4条）标准，"可识别"为个人

---

① 参见李晶《论法定数字货币的法律性质及其监管》，《上海政法学院学报》2022年第2期。

信息的"有关"信息也将纳入个人信息保护范围之内，如对不具有身份识别性的"用户画像""群体营销"进行规制①。可知，数字人民币中的个人信息范围将进一步扩张，个人信息数据的覆盖面更加广泛。另一方面，数字人民币的个人信息的收集和存储表现出集中化的特征，用户身份信息、交易记录等信息存储在人民银行与指定运营机构的金融云上面。2020年10月，作为数字人民币等主运营中心的"长三角数字金融数据中心"在苏州成立，据报道，该中心未来将承担数字人民币的生产、发行、运营等工作，从报道所释放的信号看，未来数字人民币相关认证、登记、大数据分析等职能将有统一合并的可能。②中心化的存储使得数字人民币相关个人信息均集中于人民银行和各大运营机构以及平台企业中，这些机构需要承担较为严格的个人信息保护义务。中心化的设计也意味着央行可以通过追踪数字人民币的交易流转的数据信息掌握具体资金流向，更有利于货币政策的细化实施和对宏观经济的调控。③

数字人民币中的个人信息具有双层管理的结构。在数字人民币的运行机构方面，曾有学者设想了"一币、两库、三中心"的架构④。后经过优化调适，我国数字人民币当前采用的是"中央银行—商业银行机构"双层运行体系。为了充分利用市场主体的现有资源、技术等优势，实际上在具体的第二层运营体系中还纳入了网商银行、微众银行、移动、联通等电信和互联网商业机构。在具体投放方案的选择上，考虑到当前的货币投放体系和二元账户结构，代理投放机构需向央行100%全额缴纳准备金后方可向市场投放数字人民币，以保障数字人民币不超发。数字人民币发行的双层结构下，个人信息的收集和保护也呈现出双层管理的特征。一方面，人民银行为了更好地执行货币政策，保障金融稳定与精准高效反洗钱，维护金融安全的需要，央行将在监管层面根据需要对数字人民币使用者的个人信息、交易信息等进行收集。另一方面，商业银行等"中间机构"为了更好地向用户提供服务以及协助央行承担监管金融犯罪的义务，也负责收集使用者的相关信息。

---

① 参见王利明《论〈个人信息保护法〉的亮点、特色与适用》，《法学家》2021年第6期。
② 参见王茜《长三角数字金融数据中心在苏州落成，将承担数字人民币生产发行等功能》，资料来源：http://www.dzwww.com/xinwen/guoneixinwen/202010/t20201026_6897249.htm，2022年9月4日访问。
③ 中国人民银行数字人民币研发工作组：《中国数字人民币的研发进展白皮书》，2021年7月。
④ 参见姚前、汤莹玮《关于央行法定数字货币的若干思考》，《金融研究》2017年第7期。

数字人民币相关个人信息保护具有可控匿名性。首先，数字人民币钱包与银行账户的松耦合性使得用户在注册钱包的过程中并非需要提供个人身份和银行账户信息，个人信息收集范围有所限缩。其次，匿名性设计保障了数字人民币的安全性和可靠性，在不同层次和类别的钱包中，应用程序对交易主体的信息收集程度和范围不同，一类和二类钱包的开立需要履行银行面签（远程认证）、人脸识别等流程，收集用户的身份信息、手机号和银行账户信息；而四类和五类钱包和子钱包等工具的支付在交易双方间以及运营商和个人之间保持匿名，用户仅需提供手机号即可开立和支付①。在可控匿名的运营体系下，用户个人信息呈现不同级别不同层次的收集和使用，不同层级的个人信息具有不同的风险因子评级和保护需求。

数字人民币相关个人信息具有强金融属性，属于个人金融信息。一是在信息收集主体和方式上，数字人民币相关个人信息是由金融业机构通过提供金融产品和服务进行获取、加工和保存；二是在信息内容和标识上，数字人民币相关个人信息大多涉及账户信息、支付交易信息、购买保险、理财信息、借款信息等，具有强金融属性。因此，除《个人信息保护法》的上位法外，《金融消费者权益保护实施办法》《个人金融信息保护技术规范》等具体规章和标准也可以作为数字人民币中个人信息的保护依据。

综上所述，尽管数字人民币用户使用数字人民币从事的活动各异，但都存在着不同场合下自身信息被收集、存储与利用的事实，因此数字人民币个人信息的收集和使用中存在哪些规制困境？如何保护成规模化的个人信息，规制相关信息处理者的行为，明确数字人民币运营机构责任以及个人信息使用和保护的界限？目前立法、行政和市场规制尚属空白。数字人民币个人信息保护不仅是个人信息保护领域需要解决的核心问题，也是数字人民币进一步推广落地最为瞩目的焦点之一。

二 数字人民币有关个人信息保护的规制现状

为了更好地消除使用者的顾虑，推进数字人民币的进一步普及，数字人民币在设计理念上充分考虑到匿名交易和保护隐私的合理需要，具体体现在

---

① 杨广、王若平：《数字人民币试点中的洗钱风险隐患及其防范》，《北方金融》2022年第8期。

下述具体规则中。

（一）按照"通知—同意"规则收集必要个人信息

根据目前试点情况来看，商业银行及其他第三方运营机构主要是通过《个人信息保护法》第13条第1款①与第17条②的"通知—同意"规则对用户信息进行收集。即商业银行及其他机构需要获取用户的同意方可读取有关用户信息，对于信息的利用如推荐在商户平台或支付平台开通钱包快付，也需要经过用户的授权同意。

在技术层面上，就信息存储而言，数字人民币的管理和运营机构将对采集的用户信息进行加密封存，相关敏感信息进行去标识化的脱敏处理。在信息的使用上，采用权限访问控制和多重身份认证等技术手段保护用户数据安全，防止使用者个人数据遭到未经授权的访问、披露、使用，或对个人信息造成损毁或者丢失。在管理机制上，信息的收集主体内部设置"防火墙"，通过专人管理、业务隔离、分级授权、岗位制衡、内部审计等制度安排，严格落实信息安全及隐私保护管理。

（二）"双层运营体系"保障非经依法授权不得查询、使用个人信息

根据数字人民币发行使用的"双层运营"体系，主要由央行负责数字人民币的发行、验证与监管。央行将数字人民币兑换给运营机构，再由运营机构负责日常运营与维护。在数字人民币流通过程中，运营机构收集和存储因钱包开立与服务中产生的个人信息，央行出于满足对账及跨机构交易等需要，仅处理经过互联互通平台转接的跨机构交易信息。在双层运营体系下，运营机构等市场主体是主要的个人信息收集者、处理者和控制者，能够接触和获取大量涉及身份、电话、生物识别特征、银行账户以及行为偏好等个人信息，而人民银行控制的个人信息大多是经过脱敏和去标识化处理的衍生数

---

① 《个人信息保护法》第13条：符合下列情形之一的，个人信息处理者方可处理个人信息：（1）取得个人的同意。

② 《个人信息保护法》第17条：个人信息处理者在处理个人信息前，应当以显著方式、清晰易懂的语言，真实、准确、完整地向个人告知下列事项：（1）个人信息处理者的名称或者姓名和联系方式；（2）个人信息的处理目的、处理方式、处理的个人信息种类、保存期限；（3）个人行使本法规定权利的方式和程序；（4）法律、行政法规规定应当告知的其他事项。前款规定事项发生变更的，应当将变更部分告知个人。个人信息处理者通过制定个人信息处理规则的方式告知第一款规定事项的，处理规则应当公开，并且便于查阅和保存。

据、二次数据，由此可实现比电子支付、第三方网络支付更安全的隐私性。

（三）钱包矩阵遵循"小额匿名、大额依法可溯"原则

数字人民币钱包采取了"可控匿名性"技术，"可控匿名性"的首要意义在于"匿名性"，即通过数字钱包的分级分类设置，使得注册和流通链条上的个人信息数据对交易对手和其他商业机构进行匿名，上述主体无法获取完整的交易信息和消费行为信息，以保护数字人民币用户在正常交易和消费中的个人隐私。"可控匿名性"的第二层含义在于对于个人信息的保护是以风险可控性为前提，对于个人隐私信息的保护不能以牺牲金融安全为代价。完全的匿名性容易滋生洗钱、逃税、恐怖融资等货币犯罪，与数字人民币的设计理念不符①。对"匿名性"的分级分场景控制，可在保护个人信息安全的同时，为收集相关犯罪证据以保障金融和市场经济安全提供制度支持。

按照《中国数字人民币的研发进展白皮书》中数字人民币的可控匿名原则，在推广应用过程中，利用数字人民币钱包与银行账户的松耦合性，在技术上满足公众匿名开立支付工具的诉求。具体表现在：第一，对于数字人民币的钱包矩阵设计中，按照客户风险识别强度分为四类不同等级的钱包，其中针对第四类钱包②通过手机号即可办理，其收集的交易信息显著少于传统第三方电子支付，即最低权限的钱包是匿名的，以满足公众对小额匿名支付服务的需求。同时，三大电信运营商非经必要情形，不得将手机号对应的客户信息披露给包括央行在内的第三方。因此，用户在使用该类钱包时，实际上处在匿名状态。第二，运营机构和其他商业机构负有个人信息保护义务，不得泄露用户身份信息与交易记录。在对具体交易信息的处理上，运营商通常使用哈希摘要替代交易中的敏感信息，利用哈希摘要算法的不可逆实现不同运营机构之间的数据隔离。第三，在数字人民币使用过程中，央行内部对数字人民币相关信息设置"防火墙"，建立数字人民币大数据分析和风险监测预警框架。③

---

① 穆长春：《完全匿名不在央行数字货币考虑范畴》，"第一财经"，https://www.yicai.com/news/101484118.html，2022年7月24日。

② 四类钱包指的是提供手机号即可办理的数字人民币钱包，在具体使用中余额上限1万元，单笔支付限额2000元，日累计支付额限额5000元，年累计支付额5万元。

③ 中国人民银行数字人民币研发工作组：《中国数字人民币的研发进展白皮书》，2021年7月。

三 现行法对数字人民币个人信息保护的适用困境

(一) 被架空的"通知—同意"规则

1. 用户缺乏对个人信息授权收集范围的选择性

我国在借鉴欧盟《通用数据保护条例》(GDPR)[①]和美国隐私数据保护法案等基础上,《民法典》(《民法典》第1034条)与《个人信息保护法》(《个人信息保护法》第28条)在立法中将个人信息区分为一般个人信息与敏感个人信息,并在保护标准上进行区分。所谓敏感个人信息,是指该类信息一旦被泄露或者非法使用将容易导致自然人的人格尊严受到侵害或人身、财产安全受到危害的个人信息。根据《个人信息保护法》的规定[②],对于各项敏感个人信息的处理,需要逐项取得信息主体的授权,且信息提供主体可以单独就某项信息的处理要求信息处理人如实告知使用范围及具体用途,以此保障信息主体对敏感信息的"控制权"。

但笔者在使用数字人民币软件的过程中发现,指定运营商在收集用户个人信息时,并未对用户信息收集进行类型分层,区分告知所收集的用户信息的属性、范围及使用的范围,而是采用一揽子授权方式取得信息主体同意。此外,指定运营机构在个人信息保护政策中并未向用户提供单独同意的选项,而是以不接受协议条款便无法为用户提供服务的方式迫使用户接受全部信息收集使用条款。

2. 信息不对称导致"通知—同意"规则被架空

"通知—同意"规则要求商业银行等指定运营机构在收集和处理用户个人信息时详细披露信息处理的方式、可能产生的风险等事项,并且承诺在约定的范围内对相关信息进行处理。用户在对信息收集和处理行为充分知情后

[①] 参见 GDPR 第 9 条:Processing of personal data revealing racial or ethnic origin, political opinions, religious or philosophical beliefs, or trade union membership, and the processing of genetic data, biometric data for the purpose of uniquely identifying a natural person, data concerning health or data concerning a natural person's sex life or sexual orientation shall be prohibited。

[②] 《个人信息保护法》第 29 条规定:"处理敏感个人信息应当取得个人的单独同意;法律、行政法规规定处理敏感个人信息应当取得书面同意的,从其规定。"

能够预判信息让渡可能需要承担的风险,并且在此基础上作出真实自愿的授权与豁免。①

同样,从笔者使用的几款指定运营机构提供的数字钱包来看,有关个人信息保护的隐私条款往往都是一句带过。如指定运营机构之一的支付宝网商银行在开通数字钱包时,对于个人信息的保护规定在其开通协议中第五条,该条原文是"当您使用数字人民币钱包服务时,网商银行将依据《网商银行数字人民币钱包个人信息保护政策》及《网商银行数字人民币钱包儿童个人信息保护政策》的要求收集、使用及分享您的信息",很明显,上述依据应当分为两个成文文件分别征求用户同意,且遗憾的是该条款所称的两个文件具体内容并没有以明示的方式呈现给用户,笔者也并未能够在网络中找到相关文件。值得注意的是,其他指定运营商也有自己的"隐私保护政策",但普遍存在的问题是这些用户隐私政策从形式上看高度同质化,有关个人信息的搜集与保护标准也不能确保一致,用户从表面上看更是无从查证。这种结构性的"数字鸿沟",将会从实质上架空用户的"知情—同意"权,使用户在自身数据权益的行使上处于弱势的一方。

(二) 数字人民币个人信息保护与合理利用之间的困境

《个人信息保护法》第6条规定了有关个人信息保护的"目的性限制原则",根据该原则的表述,信息处理者除了要求在收集信息时明确告知信息主体收集信息的目的以外,还严格限定了后续信息处理的方式,同时将信息二次利用的权利交还给信息主体。以此限制信息处理者以信息主体未能预见的方式处理信息。问题在于,按照目的限制原则,明确且合理的信息处理的目的应当早于或等于信息收集之时予以确定。但在数字人民币的使用中,商业银行等运营机构收集信息主体信息时是否具有确定的目的,并且承诺不会超出目的限制的范围使用数据,实践中存在不少疑问。毕竟在大数据时代,很多信息在收集时可能并无意用作其他用途,但随着技术的迭代与创新,使得此前整理的数据多了很多其他用途。如为开设数字人民币钱包,用户向阿里系的网商银行提供相关个人信息,在信息的流转、信息共享的二次利用成为信息产业普遍遵循的商业模式背景下,如何合理规制作为商事主体的阿里系公司利用庞大的用户信息库进行数据分析并以此扩张商业版图,也是值得思考的问题之一。

---

① 参见程啸《论个人信息处理者的告知义务》,《上海政法学院学报》2021年第5期。

个人信息保护制度设立的目标在于捍卫正当和审慎的信息处理行为,而不是阻止或禁止处理,这一点,域外法与我国《个人信息保护法》也都有所察觉,也试图在个人信息保护与信息利用之间寻找平衡。如美国联邦贸易委员会曾规定符合一定场景下,除非企业以信息收集时所声称的实质性不同的方式或者出于特殊目的收集的敏感信息,否则企业可以在无须征得消费者同意的情况下收集或者使用消费者信息。[1] 在欧盟对个人数据保护近乎严格的立法模式与美国较为宽松的保护模式下,我国或可以采取审慎的折中模式,以推进个人信息保护与数字经济发展之间的平衡。

(三) 数字人民币可控匿名性的再识别风险

所谓匿名性信息,是指"个人信息经过处理无法识别特定自然人且不能复原的"信息[2]。《个人信息保护法》第 4 条规定:"个人信息是以电子或者其他方式记录的与已识别或者可识别的自然人有关的各种信息,不包括匿名化处理后的信息"。根据该条规定,单纯的经过匿名化处理的数据串不在《个人信息保护法》的保护范围内。问题在于,匿名信息是否可以通过技术手段反向破解实现"反匿名",很大程度上只与成本有关。因此有学者指出,个人信息的去身份化无法真正保护隐私,匿名化只是一个谎言。[3]

另外,在大数据时代的营销环节,是否能够准确识别个人信息,如地址和电话与数据处理者利用相关信息进行个性化推送、精准营销并无关系。以笔者曾工作的某头部互联网公司为例,公司在对用户进行推送与营销时,仅仅根据用户的 IP、MAC 地址、浏览记录、搜索记录等行为信息进行收集与分析,便可以进行精准的用户画像与推送。此类信息不能直接识别用户个人信息的姓名和电话,但却能给个人带来极大的影响。该规则对数字人民币支付场景的线下零售也同样适用,商事主体无须知晓数字人民币用户的真实信息,只需要根据其消费习惯便可实现精准的大数据营销。

---

[1] See Federal Trade Commission, *Protecting Consumer Privacy in an Era of Rapid Change*, March. 2012, available at https://www.ftc.gov/sites/default/files/documents/reports/federal-trade-commission-report-protecting-consumer-privacy-era-rapid-change-recommendations/120326privacyreport.pdf, last visited on sep. 19, 2022.

[2] 参见《个人信息保护法》第 73 条第 4 款。

[3] Ohm P., "Broken Promises of Privacy: Responding to the Surprising Failure of Anonymization", *UCLA Law Review*, Vol. 57, 1716 (2010).

（四）区块链不可篡改性与"被遗忘权"的冲突

数字人民币采用了区块链技术，但是从公开文件中并未说明真实如何使用，但不可否认的是区块链技术以数据的不可篡改性为核心构建的底层逻辑与个人信息保护中信息主体的"被遗忘权"存在冲突与抵牾。举例而言，在分布式账本的应用中，区块链是区块按时间顺序生成、以链的方式组合在一起，链式的结构存储方式保障了数据只能被写入或者读取，并依靠区块间的哈希指针和区块内的 Merkle 树实现链上数据的不可篡改性。① 而我国个人信息保护的法律规范在信息主体对个人信息具有控制权的理念指导下，在《网络安全法》第 43 条、《民法典》第四编、《个人信息保护法》等相关规范中均不同程度提到了个人信息的删除与更正制度②。其中《个人信息保护法》第 47 条有关个人信息的删除制度又被誉为中国本土化的"遗忘权"制度，因为被遗忘权的基本内容是数据主体有权要求信息处理者对相关信息进行删除的权利。换言之，在我国个人信息保护制度的体系中，形成了是以个人信息获取"同意"开始，以数据"更正"居中，以"被遗忘（删除）"结尾的个人信息保护全生命周期。因此，在数字人民币采用区块链技术的场景下，就不得不考虑个人信息被写入数据后面临的信息主体要求信息更正和"被遗忘权"有效行使的问题。

（五）双层运营体系中服务机构的经营和操作风险

在"双层运营体系"下，商业银行或者其他运营机构先从央行处兑换数字人民币，再将数字人民币兑换给公众。采用双层运营体系的主要目的在于在不改变现有货币发行结构的基础上，充分利用现有金融基础设施，调动商业银行积极性，提升数字人民币的接受程度，同时避免风险过度集中以及金融脱媒的问题。

但在目前双层运营体系下，处于第二层的商业银行及其他运营机构主要负责信息的收集，当用户使用数字人民币进行支付时，相关交易信息由中心化的运营商以数字化形式进行储存，伴随着货币转移次数的增加，这

---

① 参见李旭东等《比特币隐私保护综述》，《密码学报》2019 年第 2 期。
② 《个人信息保护法》规定了信息主体在处理个人信息中的权利（第 1 条、第 44 条、第 45 条、第 47 条），即个人信息自决权（das Recht auf informationelle Selbstbestimmung）。试图解决大数据信息主体在提供相关信息于信息处理者后产生的"信息不受控"难题。

条信息链上记载的信息内容也就越多，而与不同的运营主体收集的信息相区别，因此，若技术本身存在缺陷，或信息的存储空间遭遇技术攻击，抑或运营机构内部人员违规泄露个人信息，便会带来个人信息保护的安全隐患问题。

此外，当用户向信息的收集者提供了相关信息后，往往便丧失了对信息的控制权。信息的处理者往往会在授权条款中约定信息收集者有权对收集的个人信息进行转移，从而规避《个人信息保护法》中信息转移时需要重新取得同意的要求（第22条、第23条）。

（六）数字人民币个人信息保护监管机构的缺失

纵观国内外个人保护的实践，个人信息保护制度主要依靠三个领域发挥作用，即个人信息主体的权利确认、信息处理者的义务及履行、个人信息保护机构的建构。我国有关个人信息保护制度在前两个领域均有所规定，但在个人信息保护机构的设置上，由于涉及范围较广、权责分配无法达成共识、执法资源匮乏等原因，暂未实现系统的保护体系。当前政府规制存在"运动式执法""选择性执法""规制俘获"等难以完全克服的桎梏。大量侵犯个人信息的违法行为得不到及时有效的责任追究。

从监管主体角度看，《个人信息保护法》第60条第1款规定，国家网信部门负责统筹协调个人信息保护工作和相关监督管理工作。同时，公安、市场监督、电信等部门也负有个人信息保护之职责，该问题具体到数字人民币双层运营结构下的个人信息保护制度会更加复杂。试举一例说明，由于数字人民币的个人信息兼具身份属性和金融属性，且目前参与流通中的第二层指定运营机构包含商业银行、电信三大运营商、支付宝（网商银行）、微信（微众银行）等众多分属不同领域的商事主体，若为商业银行出现侵犯个人金融信息保护的情形，按照央行与银保监会职权划分，该事项应当由银保监会责令整改；如果是电信运营商出现了上述侵权，则应当由电信部门予以纠正，无疑将会出现执法主体不清的问题。更复杂的问题在于，央行与具体的数字人民币运营商之间的关系究竟如何定位，是"授权"还是"委托"，目前也尚未明确，这对于上述问题的处理将会更加复杂。最后，央行也是数字人民币相关的个人信息处理者之一，对央行的个人信息保护如何监管，也是值得讨论的问题。

四 数字人民币发行与流通过程中个人信息保护的完善路径

（一）对数字人民币个人信息收集进行类型化处理

1. 对敏感信息和个人一般信息进行区分保护

如前所述，《个人信息保护法》第 28 条通过"概括＋列举"的方式，依据"场景理论"对个人信息区分为敏感信息与一般个人信息，并对敏感个人信息设置了特殊的保护规则（《个人信息保护法》第 29 条）。依据场景理论的分析，可对数字人民币的可控匿名中的"可控"性进行分层处理，具体可分为三层框架，第一层是应用场景层面的可控，包括零售和营销场景，关注个人银行、开放银行业务中的个人信息保护①；第二层是运营商层面的可控，钱包注册、交易验证、兑换、反洗钱监控等方面；第三层是人民银行总体层面的可控，清算结算、大额交易报告。因此，在数字人民币的使用中针对信息的主体的特定身份、行踪轨迹等信息在何种场合下构成敏感信息，需要给出一定标准并结合特定场合进行判断。对个人信息进行区分保护，一方面能够更加准确地在数字人民币使用流通中适用敏感个人信息保护规则；另一方面也有助于降低"指定运营机构"企业个人信息处理的合规成本，实现个人信息保护与个人信息利用之间的平衡②。

2. 完善"知情—同意"规则在数字人民币领域内的使用

在数字人民币流通使用过程中，指定运营机构对个人信息的收集—使用主要通过"通知—同意"规则进行，针对当下"通知—同意"规则被架空的情形，相关主体至少可以从以下几个方面进行完善。一是明确收集个人信息的类型、范围、收集目的及是否用于信息共享及相关必要性，充分的信息披露是同意的前提，信息处理者如商业银行和零售批发商需要告知用户相关行为及伴随的风险并征求用户同意。二是针对敏感个人信息与一般个人信息予以不同层级、不同场景化风险评估"同意"的规范，从一次同意转变为

---

① 曹磊：《法定数字货币背景下的金融机构业务探讨》，《金融科技时代》2022 年第 5 期。
② 张新宝：《个人信息收集：告知同意原则适用的限制》，《比较法研究》2019 年第 6 期。

不同场景下多次的动态同意①，针对敏感个人信息应当单独设置同意选项以适配《个人信息保护法》中对个人敏感信息的特殊保护。三是肯定"拟制同意"的正当性，通过法律或相关行业规范，明确在合理场景下沉默或者不作为的意思表示可以被拟制为同意的意思表示，限缩用户"默示同意"的适用范围，明确"明示同意"和拟制为明示同意的法律效力，以此实现个人信息的保护与利用的平衡。

3. 平衡个人信息收集的"目的限制"与合理使用

在大数据时代，个人信息不仅涉及信息主体的人格权利，更是相关产业存在和发展的基础，因此应当平衡信息保护与信息利用之间的关系。将个人信息区分为一般个人信息与个人敏感信息，进而对"目的限制"原则采取不同的适用规则，能统筹兼顾信息主体、信息处理者、信息经济三者的关系，实现信息保护与利用之间的动态平衡。

具体而言，由于敏感个人信息一旦被泄露或者非法使用，容易导致信息主体的人格尊严受到侵害或者人身、财产安全受到危害。因此原则上应当严格限制个人敏感信息的目的外利用，要求信息处理主体恪守目的限制原则，禁止超越目的的使用。而针对个人一般信息，可以借鉴《加州隐私权法案》②中对于消费者个人信息共享的模式，允许在未增加信息主体不合理风险的前提下，适度超越目的限制原则利用信息。

（二）建立数字人民币个人信息禁止溯源与"被遗忘"制度

在肯定区块链技术应用于数字人民币领域具有广阔前景的同时，我们也不能忽视其所带来的一系列相关问题如以数据链条方式存储的个人信息在流转中存在被反向破解或者再次识别的风险，因此应当在相关立法中明确对上述匿名信息再识别技术和行为的禁止。

经过哈希函数转化并记载于数据链条中的个人信息具有不可篡改的特征，如何平衡"被遗忘权"与区块链技术特征的内生冲突。对此，人民银行可充分利用多元化的智能合约提供解决方案，通过在数字人民币的底层技

---

① 田野：《大数据时代知情同意原则的困境与出路》，《法制与社会发展》2018 年第 6 期。

② 2020 年《加州隐私权法案》（*The California Privacy Rights Act*，CPRA）调整了原有的目的限制规则，采取"初始目的"与"场景路径"双重认定模式，其规定"企业收集、使用、存储、共享消费者个人信息应当是合理的、必要的，并且与信息收集时的初始目的相符，或具有与信息收集时的情境相适应的其他披露目的"。

术架构上拓展协议层和应用程序①，在与具体使用场景交互的智能合约中保障用户的退出权与遗忘权的行使，在符合行政管理如反洗钱和外汇管理等要求下设置个人信息"被遗忘"的智能合约代码条件，保障用户符合一定条件下的退出权。此外，密钥删除②与可编辑区块链（editable blockchain）③也可以是调和区块链技术路线下不可篡改与"被遗忘权"、隐私保护与数据利用等矛盾的备选方案。

（三）明晰数字人民币双层运营机构个人信息保护的责任界限

1. 明确央行与指定运营商之间的关系

尤其明确平台的责任边界，当出现数据被盗窃、泄露、滥用或过度使用个人信息的时候，如何确定央行与位于第二层级的运营商之间的责任边界，对于保护数字人民币使用过程中个人信息的收集、处理和传输十分关键。运营商之间需要在打通个人信息数据库的基础上，区分行政监管职责和民事责任④。一方面，对于个人信息保护的合规问题，首先立法可以明确人民银行作为数字人民币个人信息保护的统筹监管机构，通过督促监管机构和运营商内部设置数字人民币个人信息保护的"防火墙"，通过专人管理、业务隔离、分级授权、岗位制衡、内部审计等机制明确个人信息收集和流转中合规管理的职责⑤。同时，人民银行和负责个人信息保护的国家网信部门协同合作，定期开展对各运营商在市场上发布的数字人民币应用程序中个人信息保护情况进行测评，迭代数字人民币软件的隐私政策，调查、处理商业银行和大型科技平台在参与发行和流转数字人民币过程中个人信息的违法处理活动。另一方面，根据个人信息处理规则和个人信息保护的一系列工具性的权利安排，当运营商涉嫌侵害相关个体的民事实体权益时，公民有权提起民事

---

① 穆长春：《加快数字人民币智能合约生态建设》，《上海证券报》2022年9月2日。

② 密钥删除是指不删除存储在区块上的数据，而是通过删除解密密钥的方式来实现删除。英国ICO发布的指南就对此做了说明。参见Information Commissioner's Office of UK, *Deleting Personal Data*, https://ico.org.uk/media/for-organisations/documents/1475/dele-ting_personal_data.pdf。

③ 可编辑区块链是指利用"变色龙哈希函数"（chameleon hash）在每个区块上安装一个可以编辑的"后门"，由此实现区块链信息的可删除、可编辑。该专利的核心目标是为了满足政府对区块链的监管需求而牺牲区块链核心的去中心化和不可撤销性的技术优势。

④ 王锡锌：《重思个人信息权利束的保障机制：行政监管还是民事诉讼》，《法学研究》2022年第5期。

⑤ 中国人民银行数字人民币研发工作组：《中国数字人民币的研发进展白皮书》，2021年7月。

诉讼，由金融机构等运营商承担平台责任和侵权责任。

2. 运营主体的自我规制义务

运营主体的自我规制义务的履行在于明确金融机构和科技公司等平台在个人信息保护中的平台责任。运营商作为个人信息的处理者和控制者，承担数字人民币兑换和流通的公用事业，理应加强"看门人"责任[1]，遵循三个方面的自我规制义务。一是在有关数字人民币个人信息的收集和存储方面。明确个人信息收集过程中的合法性、最小必要原则和多项业务功能的自主选择性，在明确授权的前提下分场景分层级收集个人信息，并对数字人民币的个人信息进行去标识化处理，严格遵循小额匿名和子账户匿名的规则。二是设置相应业务边界。商业银行等数字人民币运营商需要在内部制定数据合规的战略，设置数据合规官，对相关个人信息分级分类管理，定期开展员工数据合规培训。设置数字人民币中的个人信息使用白名单，严格管控运营商责任主体，只将个人信息运用到打击洗钱、诈骗、恐怖主义等犯罪中，而非为机构自身利益或个人利益另作他用，压缩掌握个人信息的机构工作人员操作空间[2]。三是明确数字人民币大额依法可追溯的法律依据。在明确数字人民币反洗钱"大额"标准的基础上，例如可依据《反洗钱法》第六条和《外汇管理条例》的相关规定，运营商需要明确向人民银行提供数据的责任、范围和使用反洗钱相关数据的权限，建立个人信息采集、审核、查询和发布等闭环管理流程[3]。需要注意的是，应明确"可追溯"的情形应当是涉及国家安全、市场秩序、货币金融安全等公共政策的范畴，而不应做扩大解释，将本应由市场机制和规则调节的数字人民币的数据要素流转等事宜纳入可追溯的框架。

（四）迈向独立的数字人民币个人信息保护监督机构

1. 引入第三方规制的数据安全认证

引入第三方外部力量，对运营商和人民银行施加"软法"规制，可以有效克服政府与市场的"双重失灵"。不同于数据安全检查、网络安全审查

---

[1] 侯利阳：《论互联网平台的法律主体地位》，《中外法学》2022年第2期。

[2] 许玲、洪宜、田璐璐：《数字人民币发行过程中个人信息保护机制探究》，《互联网天地》2022年第3期。

[3] 参见《中华人民共和国反洗钱法（修订草案公开征求意见稿）》第6条、第50条；冯涛：《修订反洗钱法列为今年预备审议项目》，《法治日报》2022年8月16日。

等行政行为，数据安全认证是市场化的第三方提供的兼具监督、公示、增强信任、声誉评价等功能的规制机构，保持中立地位不被政府和运营商等企业"俘获"①。在发行、兑换和营销数字人民币的过程中，如前所述，传统政府对于个人数据保护治理主要以命令与控制为主，通过"运动式监管"威慑信息处理者遵守法律，治理效果不佳。而作为第三方规制的数据安全认证，能够弥补命令控制型监管产生的信息不对称，保证独立性与专业性。具体而言，可在数字人民币的发行、兑换和流通过程中引入数据安全认证的流程，运营商开发的数字人民币钱包、第三方金融机构或商业机构开发的 App 中引入数字人民币支付的，需要向数据安全认证机构申请认证。认证内容包括数字人民币钱包硬件设施、软件安全漏洞、机构隐私政策、与软件端对接的数字人民币智能合约等。认证的标准除国家强制力的法律规范外，还应广泛包括行业标准、国际标准以及认证机构的内部标准等。

2. 探索设置大型互联网平台的内部监督机构

根据《个人信息保护法》第 58 条第 1 款的规定，提供重要互联网平台服务、用户数量巨大、业务类型复杂的个人信息处理者，应成立主要由外部成员组成的独立机构对个人信息保护情况进行监督。该法律条款的规定对数字人民币相关个人信息保护具有参考意义。在数字人民币的运营商中，与数字人民币对接的大型和超大型的互联网平台具有庞大规模的用户数量和多元化场景的数字人民币支付业务，具备影响大众利益的能力②。大型互联网平台作为个人信息处理者，有必要设置内置于平台企业内部、与企业的日常经营管理部门隔离、独立进行个人信息保护监督的机构③。外部监督机构应由具有组织独立性和业务专业性的人员组成，分别从制度、技术与组织三个方面监督大型互联网平台在数字人民币流通过程中的数据合规，借助数字人民币推广的契机，企业内部独立数据合规机构能迅速得到推广，从立法状态落地，发挥强有力的监督作用。此外，针对当前个人信息保护"九龙治水"的规制现状，有学者倡议未来设立统筹全国的个人信息保护委员会作为保护个人信息的专门机构④，也可借助数字人民币推广应用的契机，打通不同监

---

① 刘权：《数据安全认证：个人信息保护的第三方规制》，《法学评论》2022 年第 1 期。
② 高薇：《平台监管公用事业理论的话语展开》，《比较法研究》2022 年第 4 期。
③ 张新宝：《大型互联网平台企业个人信息保护独立监督机构研究》，《东方法学》2022 年第 4 期。
④ 张涛：《个人信息保护中独立监管机构的组织法构造》，《河北法学》2022 年第 7 期。

管部门、各个运营商之间的个人数据信息,以更加明确数字人民币相关主体的个人信息保护义务。

五 结语

数字人民币目前已经进入试点阶段,在参与机构与试点地区的共同努力下,数字人民币的应用场景不断创新,交易规模不断扩大,涵盖批发零售、餐饮文旅、政务缴费等各大领域。随着数字人民币生态体系的不断完善,未来正式发行后将与纸钞、硬币长期并存使用,从顶层设计完善数字人民币个人信息保护制度有助于平衡用户隐私和安全,更好保障公民个人信息权利的行使。建立数字人民币个人信息的区分保护机制、数字人民币个人信息的反溯源与被遗忘制度,强化管理运行机构的职责边界,引入第三方数据安全认证并设置大型互联网平台的内部监督机构,加强市场第三方独立力量的监督和规制。这与人民银行数研所所长穆长春设想的打造数字人民币信息隔离等机制相符,未来需要进一步明确数字钱包查询、冻结、扣划的具体法律条件,制定数字人民币运营机构的操作细则[①]。以此推进科技、法律与监管的有效融合,在提升货币治理能力现代化水平的同时,回应数字经济时代下个人信息保护的新课题。

Research on Personal Information Protection in Digital Currency Electronic Payment

Huang Zhen Zhang Qian

Abstract: Promoting the research and development of digital currency electronic payment (DCEP) is an important financial reform measure for China to

---

① 穆长春:《数字人民币的隐私与安全的平衡之道》,《当代金融家》2022年第9期。

adapt to the era of digital economy. People's Bank of China attaches great importance and leads to the research and application of the DCEP in recent years. However, there are still many debatable points about the construction of the personal information protection system in the process of the DCEP issuance, exchange and circulation, thus, this article attempts to explore the personal information protection dilemma that may be faced in the circulation of the DCEP from the existing protection rules, learns from the relevant mechanisms in the Personal Information Protection Law, and tries to propose practical solutions.

Key words: DCEP; personal information protection; informed-agreed principle; independent supervision organization

数字人民币体系下的数据合规研究*

吴仕晗 袁 曾**

摘 要：现行法律体系暂无法有效应对数字人民币源生及伴生的庞大数据治理。以数字技术风险为代表的各类风险，需构建数字人民币数据的合规治理机制以应对。通过保障合法数据权益、提升金融服务质效，以清除数字人民币跨境应用的障碍，并维护数字空间主权。不断完善金融科技监管专门法规并确立多元化监管模式，逐步拓展个人数字人民币数据信息保护应用，明确数字人民币数据治理的合规发展路径。

关键词：数字人民币；数据安全；数字经济；合规发展

数据是数字经济的核心要素。党的二十大报告明确提出加快建设"数字中国"。2020年3月，中共中央、国务院印发《关于构建更加完善的要素市场化配置体制机制的意见》，重点就加快培育数据要素市场提出了具体要求。数字人民币是推进人民币广阔应用的新型基础设施，作为法定数字货币的地位，决定了其发行、流通、清算均会产生关键性的金融、经济等基础数据。针对数字人民币的数据治理，各国均处于探索阶段，数字人民币的数据治理尚缺乏有效的法律规范及足够的治理经验，需要在合规的框架下强化数据研究与治理，全面寻求数字人民币的价值管理与释放，充分发挥数字人民币的先发优势。本文从数字人民币数据的内涵及外延出发，对其面临的合规风险进行阐释，并在此基础上提出数字人民币数据的合规发展路径。

---

* 本文系2020年度国家社会科学基金"新时代海洋强国建设"重大研究专项的阶段性研究成果，项目编号：20VHQ005。

** 吴仕晗，上海大学法学院硕士研究生。袁曾，上海大学法学院副研究员，法学博士、博士后，最高人民检察院检查理论研究所法治前海研究基地、南方海洋科学与工程广东省实验室（珠海）研究员。

一 数字人民币数据的内涵及外延

数据的定义，通说认为是在计算机及网络上流通的在二进制的基础上以0和1的组合表现出来的比特形式。[1] 我国法学界对数据性质的认识并未形成一致观点。从立法实践分析，我国民法典第127条虽有提及"数据"，但并未明确界定。我国《数据安全法》第3条规定，数据是指任何以电子或者其他方式对信息的记录。《网络安全法》第76条：网络数据是指通过网络收集、存储、传输、处理和产生的各种电子数据。立法层面对数据的定义更加强调其表现形式，即以电子化形式记录的信息。数字人民币是基于底层区块链技术构建的新型数字化法币网络，其形成的基础与发展的路径均与数据治理高度关联。笔者认为，按照现行法律的规定，数字人民币数据，其内涵是基于数字人民币的发行、流通而产生的，并通过电子化形式记录的，具有可分析性、可统计性、有使用价值的信息的总和。

窥晰数字人民币数据的外延，可以从数字人民币的体系框架着手分析。[2] 我国央行数字货币体系的核心架构为"一币、两库、三中心"。"一币"指有国家信用保证的央行数字货币，"两库"指央行数字货币发行库和商业银行库，"三中心"指认证中心、登记中心和大数据分析中心，分别负责身份登记信息管理、数字货币权属登记、反洗钱、支付行为的数据分析。系统框架梳理，可大致将数字人民币体系下的数据归为源生数据和伴生数据。基于其源生数据，即不依赖于现有数据而产生的数据，又可分为两类，第一类是身份认证数据即用户个人信息；第二类是业务数据，即支付数据、资金流转轨迹、用户全部财产余额、密钥等信息。伴生数据则指源生数据在被记录储存后，经过算法加工、计算、聚合经过脱敏处理，生成新的、系统的、可读取的、有使用价值的数据，主要包括但不限于商业银行、第三方支付机构等第三方开发者衍生的商业数据以及服务国家层面应用的国家数据。

---

[1] ［英］维克托·迈尔·舍恩伯格：《大数据时代：生活、工作与思维的大变革》，盛杨燕、周涛译，浙江人民出版社2013年版，第104页。

[2] 姚前：《理解央行数字货币：一个系统性框架》，《中国科学：信息科学》2017年第11期。

二 数字人民币数据的合规风险

（一）技术创新引发数据安全问题

数字人民币体系基于区块链技术、高速网络及人工智能、设备终端等新科技建立，具有强烈的技术依赖性。底层技术的采用应具备技术自身安全、交易安全、数据安全的相应标准。但目前数字人民币面临着技术应用的现实风险，数字人民币相关数据在生成、传输、储存、使用等各个环节亦存在数据被破坏或者泄露的隐患。

数字人民币体系的底层技术尚未完全成熟。区块链技术可基于其账本的去中心化和密码加密机制，保证数字人民币的相对安全。去中心化意味着只要面对黑客不高于固定数量账本的攻击，账本的原有信息都不会改变。但随着计算机计算能力的提升，黑客利用高级量子计算机，掌握了足够的算力，便可以成功伪造区块链数据。[①] 由于区块链技术还存在不可篡改性，相关数据被攻击利用后还存在损失结果不可逆的风险。数字人民币的流通依托于专门管理和维护的高速网络，在面临故障、设备损坏等风险时，网络账户中的法定数字货币财产存在灭失的可能性。[②] 数字人民币的发行、流通过程中，若指定运营的金融机构的业务系统遭遇网络攻击，数据或算法被篡改，极有可能诱发系统性金融风险。

数字人民币体系基于更权威的背景、更全面的信息种类以及更广阔的信息来源群体，将形成价值庞大的数据信息库，因此需要更为权威高阶的标准以规范技术应用。区块链作为封装数据的技术体系，其采用的国家标准规范仅有《区块链和分布式记账技术参考架构》《区块链和分布式记账技术智能合约实施规范》以及《区块链和分布式记账技术存证应用指南》，关于数字人民币的技术适用标准暂无统一规范。

（二）隐私数据保护制度尚不完善

数字人民币发行流通后，产生了用户个人信息、交易数据等隐私性信

[①] 崔志伟：《区块链金融：创新、风险及其法律规制》，《东方法学》2019年第3期。

[②] 刘少军：《法定数字货币的法理与权义分配研究》，《中国政法大学学报》2018年第3期。

息，这些数据一旦泄露，将对用户自身与网络造成巨大损失。从2021年初欧洲央行对数字欧元的公众咨询结果分析，公众及专业人士均将隐私性置为欧元设计发行最需要关注的特征。与个人隐私密切相关的数据治理，是所有研发法定数字货币的国家最为关注的议题。我国数字人民币隐私数据的治理存在以下问题。

一是缺乏针对性的隐私保护规制。《民法典》第六章中规定了隐私权和个人信息保护的相关内容，《刑法》也规定了侵犯个人信息罪。但对于数字人民币用户数据需要保护的范围和义务主体，均缺少明文规定。数字人民币体系中的"三中心"最为直接地接触了数字人民币所有者身份信息、金额、密钥、交易数据，涉及隐私、个人数据的保管使用等诸多根本性问题，却无法律规范明确其地位和保护责任与义务。为了避免登记中心与认证中心的数据被随意关联，在两者间设置了"防火墙"，进而实现了相应交易信息的身份"脱敏"。但不排除基于反洗钱、反恐怖融资和反逃税等监管需要的基础上，同时读取用户个人信息与交易信息。此外，数字人民币采用"中央银行—商业银行"双层运营模式，除央行主导数字人民币用户信息及交易数据外，商业银行也同时掌握大部分本金融机构经手的数据，关于商业银行业务库中的数字人民币数据如何妥善储存、数据灭失以及财产损失如何救济，此类相关规制仍待统一规定。

二是存在数字人民币数据获取与隐私保护的深层次需求矛盾。数字人民币的流通监管及衍生金融产品的创新需要获取用户交易数据，由此产生了数据获取与隐私保护的矛盾，而矛盾的集中点通常集中于数据过度采集和数据滥用。全球范围内的现有电子支付工具普遍存在过度侵犯用户隐私的行为，我国第三方支付市场形成的寡头市场格局带来的数据过度采集和滥用问题也屡见不鲜，这样的矛盾也同样可能出现在数字人民币体系当中，如何平衡两方需求，相关法规仍不明确。商业银行基于天然的营利性目的，天然会产生扩大数据获取权力并基于交易数据开展创新产品的需求，在"中央银行—商业银行"的二元信用发行机制下，账户松耦合的数字人民币模式使得商业银行成为部分数据储存的中心汇集点，如何使商业银行对数字人民币体系数据的获取和分享实现分层可控等管理机制仍不完善。目前，数字人民币数据的可获取主体、获取条件以及获取程序，都缺乏具象的程序性与实体规定。

（三）央行在相关数据治理中的主导性不足

事实上，一旦数字人民币成为国内零售支付的主要手段，那么央行对于市场交易数据的把控能力将大幅提升，传统意义上作为货币政策当局存在的中央银行应转变为负有维护国家金融交易数据主权职能的"数字央行"，因此中央银行数据治理的主导能力亟待明确。

一是央行数据监管权责不明。数字人民币应用场景不断扩大后，在一定程度上需要全方位透视数字人民币体系下市场主体规律，以预防市场风险，因此对于数字人民币的异常交易，央行需要主动进行监测和跟踪，但关于央行对数字人民币数据的监管责任尚不明晰。《中国人民银行法（修改建议稿）》中反映数字人民币的内容仅限于人民币的法律定义解释、发行主体职责等宏观概念。[①] 从数字人民币发行方式来看，央行承担着发行任务，对交易主体认证并向其分发密钥，控制着法定数字货币的运行后台。由央行主导数据监控更为高效，若以央行为主导推动跨部门间监管机制与成果共享，更有利于实现对数字人民币数据的全覆盖实时监管。但由于数字人民币的立法已落后于实践，现行数据安全法律体系未能直接有效地适用于相关数据监管。

二是"数据孤岛"问题依然存在。由于数字人民币兼容性强，融合了现有多种数字支付方式和技术，实现了数字支付间的互联互通，可跨银行、跨支付机构支付。[②]《金融业数据要素融合应用研究》报告显示，55%的被调研银行存在较为严重的数据孤岛问题。[③] 由于第三方支付存在业务壁垒，各支付平台的交易数据并未打通。在二元投放机制下，商业银行与金融机构也已接入数字人民币体系，金融机构是否会因为争夺数字人民币零售支付数据获取权而形成新的"数据孤岛"，需要纳入央行数据治理体系下整体统筹。为了防止形成新的数字人民币体系下的"数据孤岛"，需要以立法的形式明确专门机构负责相应数据的统一管理。央行若无法实现对多渠道数据的

[①] 中国人民银行：《关于〈中华人民共和国中国人民银行法（修订草案征求意见稿）〉的说明》，http：//www.gov.cn/zhengce/zhengceku/2020-10/24/content_5553847.htm。

[②] 中国人民银行：《中国数字人民币的研发进展白皮书》，http：//www.gov.cn/xinwen/2021-07/16/content_5625569.htm。

[③] 中国互联网金融协会：《金融业数据要素融合应用研究》，http：//www.ce.cn/xwzx/gnsz/gdxw/202011/17/t20201117_36020126.shtml。

主导治理权，不仅无法满足数据监管的需要，亦无法深入挖掘数字人民币支付与清算数据所蕴含的完整经济体系和社会价值。

（四）数字人民币视角下的数据分级尚未展开

对数据分类分级的要求，在网络安全和数据安全相关的法律法规中多有体现，但暂无基于数字人民币视角展开数据分级的研究。数字人民币有效推广使用后，相关数据分级体系的空缺无法满足对于数据的精准保护和建立统一数据要素大市场的发展要求。

对数字人民币体系下数据进行分级的首要目的，在于对不同级别的数据适配不同的安全保护规则。虽然数字人民币数据主要涉及用户个人信息和其交易支付数据，但个人数据在经过处理后可用于国家层面的服务和应用。如央行作为货币政策制定机构，通过对数字人民币用户生成的数据进行分析，可以及时、准确掌握金融市场变化情况，从而制定相应货币政策。当个人数据经过处理成为国家数据，牵涉国家的安全与发展利益时，需要辅以更高的安全保护守则以实现对重要级别数据的控制。但当下，无论是法律还是部门规章均未对数字人民币数据提出分级方案，缺乏以个人数据和国家数据保护进行分类的数据治理机制。目前银联、支付宝、微信等数字支付场景早已渗透至全球大部分国家，金融数据的跨境流动安全对于包括商业银行在内的金融机构存在重要意义。而对经处理后衍生的商业数据的保护和市场应用在当前数字人民币法律体系中暂无涉及，缺乏对商业数据跨境传输进行的高水平治理。

数字经济时代，分享必要的隐私数据在相当程度上可以匹配最优的商品和服务。例如，若对数据采取完全封闭化的利用方式，则数字人民币用户可能无法获得银行提供的精准匹配的高价值精准贷款服务或者相应的理财产品推荐。基于事件，有必要基于数字人民币建立数据定价交易机制，以充分培育和发展数据要素市场。通过分析数字人民币用户数据信息的隐私分级以及数据实际价值进行差异化激励，从市场和用户两者的角度分析，是一种双赢的价值选择。企业在经济利益的考量下，可以对不同类型的信息进行成本收益排序，仅在合规的前提下收集、利用产出最高价值、带来最大收益的数据信息，[①] 用户基于对不同数据的敏感程度不同，基于相应规则给予个性化的

[①] 江帆、常宇豪：《个人信息保护中"知情同意"适用的困境与出路》，《经济法论坛》2018年第2期。

差别处理模式。综上,对数字人民币数据分级是促进相关数据治理和数据经济的关键前提。

(五) 数据跨境流动面临合作壁垒

数字人民币数据跨境流动面临欧美数据主权管辖扩张的现实威胁,而国际法层面对数据流动并无相应条约的安排,直接导致数字人民币数据的跨境治理缺乏国际规则层面的依据与支持。长此以往可能导致数字人民币先发优势地位的丧失,也不利于人民币国际化的战略进程。

美国的"长臂管辖"在事实上已阻碍了数字人民币数据跨境合理流动。以美国为首的西方国家通过多种举措,在全球范围内推行符合其价值观和政治经济利益的数据跨境流动"小圈子",压缩了其他国家自主选择数据保护层级与能力的规制空间。"数字有限自由"名义下的"长臂管辖"既无充分的国际法基础,又存在对公民隐私、企业管理、国家数据主权的潜在威胁。例如,美国通过国家安全例外条款,限制数据被"非美国人"所访问,限制数据流向特定主体,使数据持续处于美国的控制之中。数字人民币数据跨境流动时,将同样面临数据"小圈子"的挤兑。从数据隐私保护合规的角度,应从底层设计上考虑数字人民币体系适用"前台自愿,后台实名"的模式,在微观上充分考虑用户的信息数据隐私权,鼓励更多国外金融机构和交易主体,参与到数字人民币体系下的交易结算。但不容忽视的是,国外用户的交易数据可能会被视为其本国隐私而逆向拒绝我国行使对数字人民币的监管权力,导致现有的反洗钱等监管模式无法实施。

数字人民币体系是一个庞大的系统,各国在设计本国数字法币时会考虑自身安全、效率、隐私保护的差异,采用不同的技术方案、系统语言和数据格式,使得数字人民币与其他国家数字法币之间可能难以兼容。[①] 各国关于数字法币数据的定义、格式、程序接口、传递协议等均缺乏衔接机制,导致境内外金融机构亦不能统一交易数据综合利用的标准,使得各国监管机构对支付交易全链条的数据难以全面保护,对它的协调监管也缺乏充足的法律支持。

[①] 卜学民、马其家:《数字人民币跨境流动:动因、挑战与制度因应》,《法治研究》2022年第1期。

三 数字人民币体系下数据合规发展前景

(一) 保障用户数据合法权益

数字人民币作为数字形式的货币,与传统货币存在本质上的区别,其依赖于数据形式进行发行流通,若无法做到数据使用合规,必然会造成对用户隐私的侵害,进而引发用户财产权等合法权益受损。数字人民币体系下,中央银行和指定运营的商业银行架构下将存在相当体量的区块节点,其对金融信息的记录和对金融活动的管理更加方便快捷,数字钱包开户注册所记录的用户信息、资金的流转轨迹以及用户的财富余额,将更加容易掌控。但也基于其高价值的特点,导致数字人民币更易成为黑客或敌对势力的重点攻击目标。若可以做到对数字人民币数据分类保护,明确相应的安全保护措施,并通过一系列数据合规治理,便有可能实现从外部层面有效保护用户个人权益。

数据安全合规同样可以避免内部过度使用的情形。美国"棱镜门"事件曾引发公众对于公权力机关如何管理和利用个人信息的担忧,以及如何在公民信息权和公共安全之间保持平衡的持续关注。对数字人民币数据的合规治理,是为了寻求个人隐私与监管需求的动态平衡,借助数据合规化治理对央行和其他金融机构使用用户数据的情形、方式、程度进行约束,进而尽量避免数据滥用的情形。合规治理的目的在于在保障数字人民币数据安全的前提下,强化对用户个人的隐私权保护。此外,数字人民币用户数据合规化治理应建立数据补偿机制,从价值补偿层面来保障用户衍生数据的合法权益。通过不断完善相关法律法规,对数据治理采取严格的合规管控,以期实现对数字人民币用户隐私、财产等权益的制度保障。

(二) 提升金融服务整体质效

大数据时代,数据对于信息控制者而言,就是生产要素和行动指引。信息控制者必然会充分利用大数据揭示的相关性,提前预测信息主体和社会的需要,提供精准的定制化产品或服务。① 因此,向市场开放适度的数据信息

---

① 周汉华:《探索激励相容的个人数据治理之道——中国个人信息保护法的立法方向》,《法学研究》2018 年第 2 期。

使用权,有利于数字人民币数据价值为用户群体共享。通过数据合规化治理,指定运营的商业银行、第三方支付机构获取和使用数据有规可循,避免数据的过度采集和滥用。

数字人民币作为金融科技产品,对其源生及伴生数据的合规采集与利用,可以更科学、更全面准确地进行信用评估,进而高效地解决传统金融机构的信用评估难的业务痛点。具体而言,商业银行可基于数字人民币数据和技术优势,为用户提供全面立体的数字信用图像。通过确定用户的行为偏好和行为特性,利用算法技术将用户行为、偏好的数据信息与信用度建立关联性,为用户生成自动化的信用评估,进而提供与其信用度相匹配的金融服务。基于此,数字人民币数据合规应用不仅改变了传统金融市场的时空边界,改变了传统金融市场中的交易成本和信息不对称程度,也改变了投资者进入金融市场的方式,形成新的金融业态,并形成更为有效的竞争与市场。[1]

此外,在数字人民币数据合规框架下,各类数据管理活动和资源得到央行等专门部门或指定机构的统一协调和管控,通过制定数据剔除、存储、分析、应用的标准与流程,可有效保障数据要素活力高质量释放。对于指定运营的商业银行和第三支付机构而言,将会从数据安全、风险管理的角度,对数字人民币数据的高质量治理提出进一步需求。在以央行居于管控中心地位的数字人民币体系下,有效推进数据合规治理,对提升金融服务整体质效意义重大。

(三) 强化金融风险预警机制

数字人民币数据合规治理,根源在于金融风险传导性与金融行业的战略重要性。随着金融行业的运营方式、服务渠道、产品体系等快速数字化,使得金融风险的传导范围更广、速度更快。若重要数据丢失或泄露,所产生的风险不但可能危及单一金融机构,还可能牵涉整个金融业乃至更大范围的重大危机。有效的数字人民币数据治理,对金融风险的预防至关重要。

随着数字人民币数据合规生态系统逐步建立,穿透式监管体系将统一央行、银保监会、商业银行内部监管部门、司法机关等法定监管机构,央行等

---

[1] 易宪容:《金融科技的内涵、实质及未来发展——基于金融理论的一般性分析》,《江海学刊》2017年第2期。

监管机构可通过充分利用金融监管科技手段对数字人民币流向、用途、用户个人信息等数据的实时监控,在监管机构内部的数据共享机制下,任一监管机构一旦发现数字人民币存在异常交易或可能的风险,即可通过该共享机制进行预警提示,充分实现监管体系对商业银行和第三方支付平台所涉交易数据的风险的全链条科学评估。数字人民币服务系统将金融数据、系统分析和研判系统进行有机整合,可以实时甚至提前预判商业银行和第三方支付平台可能存在的违规操作,并根据其掌握的信息判断风险等级,适时做出相应的应对措施以防止全局性的金融风险发生。

央行作为货币政策制定机构,合规化的数据治理模式是其制定货币政策的有力支撑。数字人民币交易数据下的每一笔交易记录都可实现理论上的获取程度可控。由货币政策委员会对数据准确分析,可以有效掌握经济运行情况并预测未来走势,以及时、准确地掌握金融市场变化,从而制定相应货币政策以减轻金融风险带来的冲击。综上,数字人民币数据的合规化治理将为强化金融风险预警效果、提升金融治理水平提供有力的决策辅助。

(四) 更有效地维护数字空间主权

央行数字货币本质上仍是主权货币,其跨境流通不可避免地牵涉主权管辖。数据主权是国家主权在大数据时代的核心表现。数据主权表现为国家对本国数据与本国国民数据的所有权、控制权、管辖权与使用权。数据主权对内体现了国家对数据的最高管辖,对外体现了国家在数据上的独立自主权与合作权。① 数字人民币的跨境流通伴随数据的跨境流动,致力于数字人民币数据跨境合规治理是维护我国数字空间主权的应有之义。

由于国际政治并未将数字空间纳入"全球公域"的范畴,也意味着当数字法币交易数据进行跨境流动后,本国将可能丧失对数据的控制权。一旦数据脱离本国管辖,所有权的概念在很大程度上就变得毫无意义。② 此外,当前国际环境下,欧美将数据管辖权延伸至域外,形成挑战他国数字空间主权的长臂管辖,这种做法实质是对他国数字空间主权的严重危害。

通过对数字人民币数据合规化治理,可对欧美数据主权的长臂管辖进行

---

① 张晓君:《数据主权规则建设的模式与借鉴——兼论中国数据主权的规则构建》,《现代法学》2020年第6期。

② 王淑敏:《全球数字鸿沟弥合:国际法何去何从》,《政法论丛》2021年第6期。

阻断。具体而言,数字人民币数据合规生态体系建立后,国内法层面将形成数字人民币数据安全的法律支撑,国际法层面可以中国方案有效促进数字法币数据安全的国际标准。在总体国家安全观的指导下,对数字人民币数据适用合规化治理,寻求一定范围内合理秩序的形成,展现可行的中国模式,以双边或多边合作克服数字鸿沟,将在平等尊重的层面上有效维护相关合作国家间的数字空间主权。

四 数字人民币数据合规治理的建构路径

(一)开展数字人民币数据安全法制定

由于数字法币高效、便捷、低成本的特点,其发行流通过程中涉及的数据风险更易被传播,进而威胁金融市场安全,需要专门的法律为其数据安全奠定治理基础。现行法律法规涉及数字人民币的只有《中国人民银行法》的宏观规定,而《个人信息保护法》《数据安全法》等规制信息数据的法律无法直接解决数字人民币的数据合规风险。而当前《金融数据安全数据安全分级指南》《金融分布式账本技术安全规范》等部门规章或行业标准,虽可以为金融服务机构数据合规提供参考意义,但并不具有强制性。综上,极有必要开展《数字人民币数据安全法》的研究制定。

立足于数字人民币数据分类分级,建议监管机构首先对掌握的数字人民币关联数据建立管理目录,并对目录里面的数据进行"差序有致"的管理,如将数据分为个人数据、商业数据、国家数据三类,确定数据在其生命周期的各个环节应采取的数据安全防护策略和管控措施,最终实现对数据资产的高效利用和有效保护。其次,明确监管对象的具体范围。一是交易系统中的数据流,对数字人民币的发行总量、交易流向、交易流量等数据进行收集分析。二是交易主体的数据,着重对数字人民币异常账户及使用者实时监管。三是服务主体的数据,确保商业银行的监管体系及时更新至符合数字人民币的监管模式。另外,需要明确数据监管机构的职责与权限,对数据监管机构的机构设置、目标定位和职责范围都应提出明确要求,如明晰"一行两会"等法定监管机构在数据风险监管方面的职权划分,确定对数据过度采集、泄露及不正当使用等方面的监管要求,同时可以借鉴欧盟的《一般数据条例》(GDPR)关于数据监管机构的规定,授权监管机构调查权、矫正性权、建议权，通过立法使数据监管更具操作性。

（二）确立多元化数据监管模式

为加快数字人民币数据合规多元化监管模式的构建，应建立以中国人民银行为核心的监管体系，最大程度上吸纳其他监管主体的监管职能。建议从以下几个方面构建数据监管模式。

一是基于央行在国家金融运行体系和金融调控体系中的中心地位，赋予央行对数字人民币数据的监管主体地位。① 二是银保监会等主体可授权成为数字人民币数据监管体系中的辅助主体。银保监会的职责之一是监督管理银行业，维护银行业合法、稳健运行，防范和化解金融风险，维护金融稳定。商业银行作为数字人民币数据汇集的中心结构点，其采集和使用交易数据的活动，属于银保监会的监管范畴，应赋予银保监会一定的监管权力。三是在指定的商业银行内部，设立数据合规监管机构。该机构应独立于数字人民币的运营部门，并与央行、银保监会形成自上而下的层级监管关系，可以同央行的法定数字货币认证登记中心和大数据分析中心共享部分数据信息，实现数据的动态实时监测。② 另外可借鉴 GDPR 中数据第三方认证制度，由央行授权委托的认证机构对指定运营的商业银行进行数据保护的审查，并对符合一定条件的给予认证，明确认证时效的最长年限，可申请续展。四是可考虑由央行授权司法机关参与数字人民币数据合规的监管与数据体系使用。因数字人民币使用产生的权责纠纷和违法犯罪行为，需要司法机关的介入以实现监管与司法的顺畅衔接。

此外，有必要在多元化治理框架下创新监管模式和构建监管数据共享机制。在大数据背景下，可通过穿透监管建立起行业监管交叉协同机制，并挤压套利空间，隔离金融风险传导机制，有效防范金融系统性风险的发生。如《金融分布式账本技术安全规范》对穿透监管做出了明确的规定，该规定为数字人民币数据的监管提供了现实方向。③ 与此同时，为确保各个监管主体对数字人民币流向、用途、用户个人信息等数据的实时监控，可搭建监管主体内部的数据共享平台。

---

① 刘少军：《国际化背景下人民币基础法规完善研究》，《北方法学》2015 年第 5 期。
② 姚前、汤莹玮：《关于央行法定数字货币的若干思考》，《金融研究》2017 年第 7 期。
③ 孟于群：《法定数字货币跨境支付的法律问题与规则构建》，《政法论丛》2021 年第 4 期。

（三）建立个人数字人民币数据信息保护机制

在实物货币的背景下，监管机关无法直接掌握货币使用人的身份信息，一般不存在个人隐私与数据保护的问题。基于数字人民币发行与流通的技术框架，有必要展开对个人信息保护机制的具象化构建。

首先，应增加用户个人数据的内涵，有必要对个人信息的内涵进行重新界定，不只局限于传统的姓名、身份证号码等关联性信息，还应当包括匿名数据等间接信息。个人数据应包括账户信息和能通过交易关联到用户的个人信息，无论是否匿名。[1] 由于数字人民币具有可控匿名的性质，用户的实名数据保留在央行后台数据库，商业银行等第三方机构理论上只能保留匿名交易数据，但随着网络黑客技术的发展，不排除不法分子通过匿名交易数据就能追踪到数字人民币用户的实名信息，进而威胁用户数据安全。

其次，应当谨慎限制用户数据的读取范围。建议通过综合化的 AML（反洗钱）和 CFT（打击恐怖主义融资）解决方案，将客户的身份和交易记录匿名，除客户指定的机构、人员外，任何第三方都无法获得客户的数据。[2] 一方面，关于隐秘数据，对其采集、处理和使用的，应当明确说明未经过本人同意，禁止向第三人提供个人信息，否则便应当追究其法律责任等内容。在范围限制上应排除数据处理出于公共利益和官方授权等正当情形，例如监管部门、公安机关、监察机关以及司法机关持有合法文书，可读取相关隐秘数据。另一方面，关于非敏感区域的数据，只要未明示反对即可进行读取和使用。同时要确保央行始终具备介入数据读取和使用的全过程能力。[3]

最后，基于数据的分类建设数据补偿机制。可考虑对数据主体的经济补偿机制作为"知情—同意"框架的补充通道，即商业部门或银行部门可以补偿方式，换取数字人民币用户同意，以处理其必要的数据。例如，美国《加利福尼亚消费者隐私法》（California Consumer Privacy Act，CCPA）规定，企业可以采用经济激励的方式，鼓励消费者不行使请求删除个人数据或者禁

---

[1] 范为：《大数据时代个人信息保护的路径重构》，《环球法律评论》2016 年第 6 期。

[2] Jason Hsu & Lindy Tsai, "An Alternative Monetary System Reimagined: The Case for Central Bank Digital Currency", *California Western International Law Journal*, 51, 2021, p. 327.

[3] 柯达：《论我国法定数字货币的法律属性》，《科技与法律》2019 年第 4 期。

止企业销售其个人数据等权利。① 建议通过补偿机制这一实现方式,激励数字人民币用户分享必要的数据信息,以匹配最优的金融商品及服务。②

(四) 构建法定数字货币数据跨境流动新格局

随着全球数字互动更为频繁,未来各国的法定数字货币跨境流通也将更为频繁,其中涉及的数字货币数据跨境流动将是所有监管者所需要共同面对的新治理领域,因此极有必要构建数据跨境流动治理的合作机制。③ 我国已于 2020 年正式签署了《区域全面经济伙伴关系协定》(RCEP),已为中国与区域全面经济伙伴之间的投融资交易和信息数据的交流合作,提供了良好的规则基础。此外,中国人民银行已与香港金融管理局、泰国中央银行、阿拉伯联合酋长国中央银行联合发起多边央行数字货币桥的研究项目,探索央行数字货币在跨境支付中的应用。

鉴于实践的发展,建议拓展当前区域合作的基础,建立高兼容性的数字人民币跨境支付体系和数据交流常规机制。数字人民币支付基础设施,应采用兼容性较高的技术方案、数据格式和处理标准,以实现数字人民币体系与他国法定数字货币体系的可衔接性,弥合跨境自由交换数据、共享文件的技术鸿沟。同时,主动加强与相关国家开展数字货币数据保护的双、多边合作,就数据保护协议加强诉求沟通与利益关切。④ 若其他国家出于宏观审慎监管的目的,对于数据的处理限制较为严格,争取通过相应的专门安全保护措施,促成数据的跨境合规流动,通过协商而非强权以满足数字人民币跨境数据保护的诉求。⑤

此外,不同国家的商业银行和金融机构可在国家层面达成共识的框架基础上,通过签订细化协议进行深化合作,并对特定的数据跨境流动机制问题作可操作的协议安排。例如参照 GDPR 所规定的数据跨境标准格式合同条款(Standard Contract Clauses,SCC)引入问责制,将相关组织明确为可问责主

---

① 蔡培如、王锡锌:《论个人信息保护中的人格保护与经济激励机制》,《比较法研究》2020年第1期。

② E. L. Sidorenko, A. A. Lykov, "Prospects for the Legal Regulation of Central Bank Digital Currency", *Springer Nature Switzerland AG*, 2020, p. 615.

③ 许多奇:《金融科技的"破坏性创新"本质与监管科技新思路》,《东方法学》2018年第2期。

④ 周仲飞、李敬伟:《金融科技背景下金融监管范式的转变》,《法学研究》2018年第5期。

⑤ 王兰:《全球数字金融监管异化的软法治理归正》,《现代法学》2021年第3期。

体,为监管机关追责提供便利。借助类似的软法规范,运用求同存异的包容力与利益迎合下的吸引力,嵌入非歧视性的信息保护标准系统,明确数据采集的限制与应用原则等,有效耦合不同货币数据跨境治理的利益鸿沟。①

当前的全球政治形势,使得数据跨境流动难以在短时间内形成合理秩序和健全规则。法定数字货币数据跨境监管制度的设计需要通过推动建立公平合理的域外数据共享调取机制,建立数据"白名单"制度,在用户身份核验、交易数据追踪、司法证据调取等方面,与友好国家实现信息共享,共同打击数字货币数据跨境流动产生的犯罪行为。推进我国所缔结的司法协助条约进行相应的升级改造,提升数据跨域监管的协作效率,尽可能回应司法实践诉求。

五 结语

现行法律框架下,数字人民币数据的监管使用,面临技术安全忧患、隐私保护机制空缺、治理职权不明等合规风险。数字人民币数据合规不仅关乎我国的基础数据安全,还将在新经济发展过程中发挥重要的龙头作用。有必要对数字人民币体系下的数据合规进行前瞻性研究,以期实现维护国家金融主权与安全的目的。为实现数字人民币数据治理合规发展的目标,可采取以下路径:一是抓紧制定数字人民币数据安全专门法,从立法层面落实数据分类分级工作,并明确数据监管对象范围、监管机构的职责权限。② 二是搭建多元监管体系,探索穿透式监管模式,并搭建监管体系内的数据共享平台。三是定性数字人民币用户个人数据的内涵,限制第三方对用户数据信息的读取范围并构建数据补偿机制,强化个人数据保护监督制度。③ 四是完善数据跨境治理合作基础,重点关注跨境数据的安全保护,完善各国监管机构的数据共享与监管协作。

---

① 洪延青:《"法律战"旋涡中的执法跨境调取数据:以美国、欧盟和中国为例》,《环球法律评论》2021年第1期。

② 张永忠、张宝山:《构建数据要素市场背景下数据确权与制度回应》,《上海政法学院学报》(法治论丛)2022年第4期。

③ 李晶:《论法定数字货币的法律性质及其监管》,《上海政法学院学报》(法治论丛)2022年第2期。

The Research on Data Compliance under the CBDC System

Wu Shihan　Yuan Zeng

Abstract: Current laws and regulations cannot effectively deal with the complex situation of the management of CBDC native data and associated data. Various risks represented by digital technology risks require the construction of data compliance governance mechanisms under the CBDC system, in order to protect the legitimate rights and interests of data, improve the quality and efficiency of financial services. Moreover, the CBDC can remove the regulatory barriers internationalization of RMB CBDC and maintain the sovereignty of digital space. Through constructing diversified supervision mode, establishing personal CBDC data protection mechanism, strengthening fintech supervision, the development path of CBDC data compliance could be clarified.

Key words: CBDC; data security; digital economy; development of compliance

数据权专论

数据生产要素市场供给的公司法路径研究[*]

张 敏 郭宇畅[**]

摘 要：随着信息经济和数字经济的兴起，数据在社会生产、交换、消费等活动中发挥着日益重要的作用，党的十九届四中全会明确指出数据可作为生产要素按贡献参与分配。在这一背景下，如何有效增加数据生产要素的市场供给、充分发挥数据资源对经济发展的驱动作用成为当前我国数据产业发展的重要任务。公司法作为我国社会主义市场经济制度的基础性法律，不仅在资本、土地、技术等传统生产要素的市场供给中发挥着重要作用，也为数据生产要素进入市场提供了新的路径选择。

关键词：数据；生产要素；公司法；出资形式

一 问题的提出

随着人类数据处理能力的提升以及全球数据总量的爆发式增长，数据的经济价值也日益凸显，并上升成为一种独立的生产要素。[①] 总体来看，我国在数据生产要素的市场供给这一首要环节还存在诸多问题。公司法是社会主义市场经济制度的基础性法律，我国公司法自1993年制定以来共经历过五次修改，逐步放宽了对于股东出资形式的限制，以"列举＋概括"的立法

---

[*] 本文系2018年度国家社会科学基金项目"交易安全视阈下大数据交易监管法律研究"的阶段性研究性成果，项目编号：18XFX015。
[**] 张敏，西北工业大学法学系教授；郭宇畅，西北工业大学民商法学硕士研究生。
[①] 何玉长、王伟：《数据要素市场化的理论阐释》，《当代经济研究》2021年第4期。

模式将出资范围扩大到货币和可以用货币估价并依法转让的非货币财产。公司资本制度在促进生产要素进入市场方面发挥着重要作用，资本、土地、技术等传统生产要素均可以通过股东出资的形式构成公司资本，从而作用于公司的生产经营之中。数据作为一种独立的生产要素符合我国《公司法》第27条对于出资形式的要求，因此，本文认为可以将数据和货币、实物、知识产权、土地使用权一同列入出资形式的正面清单，更好地引导数据生产要素有效进入市场。

二　数据的生产要素定位

（一）生产要素的内涵

一般而言，生产要素是指人类生产物品和提供服务所必须具备的各种经济资源和条件。[①] 对于生产要素的内容，马克思主义政治经济学认为，生产要素属于生产力的范畴，生产力包括劳动者、劳动资料和劳动对象三个生产要素。[②] 西方经济学领域对于生产要素的内容则历经了不同时期的变化，包括配第的劳动、土地"生产要素二元论"，萨伊的劳动、土地、资本"生产要素三元论"，马歇尔的劳动、土地、资本、企业家才能"生产要素四元论"。[③] 随着知识经济的兴起和信息技术的普及，生产六要素说逐渐形成，这六个生产要素分别为劳动力、资本、土地、科学技术、管理和信息。

随着人类认知能力和实践能力的不断提升，生产要素的种类也日益丰富，各个要素在生产过程中的配置和组合方式也在不断发生变化。[④] 农耕文明时期，人们所能掌握并使用的生产工具较为单一，因此土地成为财富的唯一源泉。18世纪蒸汽机的诞生和改良推动了工业革命的开展，人类进入大机器生产时代，资本和劳动力逐渐上升成为关键生产要素。随着知识经济的兴起和第三次科技革命的纵深发展，科技创新成为驱动经济增长的新引擎，

[①] 陈华：《生产要素演进与创新型国家的经济制度》，中国人民大学出版社2008年版，第6页。

[②] 于刃刚：《西方经济学生产要素理论述评》，《河北经贸大学学报》2002年第5期。

[③] 吴易风：《产权理论：马克思和科斯的比较》，《中国社会科学》2007年第2期。

[④] 何玉长、王伟：《数据要素市场化的理论阐释》，《当代经济研究》2021年第4期。

技术与生产的结合越来越紧密,其能够通过改进生产工艺、完善生产流程的方式促进生产效率的提高。随着信息时代的到来,知识和信息在生产中的作用逐渐被人们所重视。知识和信息一方面能够指导并促进科技创新;另一方面其能够辅助生产者进行科学决策,合理调度和安排各类生产资源,从而提高生产效率。

(二) 数据生产要素的提出

数据产生方式的变革和信息技术的发展推动了大数据时代的到来,数据已然成为新兴的生产要素。党的十九届四中全会提出"健全劳动、资本、土地、知识、技术、管理和数据等生产要素按贡献参与分配的机制",从国家层面对数据的生产要素地位予以了确定和承认。[①] 实际上,数据的生产要素属性有其深刻的发展渊源,即信息。在商业环境瞬息万变的市场经济时代,信息对于企业的生产和决策起着至关重要的作用。[②] 而信息的载体即为数据,信息需要以数据的形式记录并传输,数据的挖掘和分析是信息产生的源泉。[③] 数据作为生产要素的性质在国际上也早已形成共识,且在《二十国集团数字经济发展与合作倡议》对数字经济的定义中,数据已被明确定位为数字经济的关键生产要素。所谓关键生产要素,是指在社会发展的特定阶段中最重要且最难以被替代的生产要素。[④] 数据能够成为独立的生产要素有其必然性。随着各类各样的数据被广泛采集和深度挖掘,数据的价值也日益显现。一方面,大数据技术的发展促进了数据采集、数据分析、数据交易等新兴行业的迅速崛起;另一方面其也为传统制造业和服务业注入了新的生机与活力,以数据要素为主导的数字经济发展模式正在形成。大数据时代,数据不仅成为企业的核心竞争资源,也成为衡量一个国家综合国力的重要标志。[⑤]

[①] 《中国共产党十九届四中全会新闻发布会》,http://www.xinhuanet.com/talking/20191101z/index.htm。

[②] 李清彬:《推动大数据形成理想的生产要素形态》,《中国发展观察》2018年第15期。

[③] 黄苑辉:《从生产要素定位论数据产权的法律保护与限制》,硕士学位论文,华南理工大学,2020年。

[④] 王胜利、樊悦:《论数据生产要素对经济增长的贡献》,《上海经济研究》2020年第7期。

[⑤] 刘玉奇、王强:《数字化视角下的数据生产要素与资源配置重构研究——新零售与数字化转型》,《商业经济研究》2019年第16期。

三　数据作价出资的理论基础

公司作为重要的市场主体，能够最大限度地降低交易成本，提高生产要素的配置和流通效率。资本、土地、技术等传统生产要素均可以通过股东出资的形式构成公司资本，从而在公司的生产过程中发挥其自身效用。公司法不仅在传统生产要素的市场供给中发挥着重要作用，也为数据生产要素进入市场提供了新的路径选择。数据作为生产要素具有可用货币估价、可依法转让的财产属性，符合我国公司法第二十七条对出资形式要件的要求。

（一）数据具有非货币财产属性

随着信息技术的发展，通过对数据进行收集、存储、分析和利用，数据的经济价值日益被凸显出来并逐渐成为企业甚至国家的核心竞争资源。[1] 数据处理活动的日益复杂化导致以个人信息保护为中心的传统法律体制已经无法适应现实社会的需要，并给数据的利用和流通带来了巨大障碍，严重阻碍了数字经济的发展。数据财产化理论因此应运而生，并得到了人们的广泛支持。[2] 早在20世纪70年代初，就有学者提出应当将数据视为一种财产，1999年，莱斯格系统地提出了数据财产化理论，他认为，应认识到数据的财产属性，通过赋予相应主体数据财产权的方式，来强化数据对经济发展的驱动功能，以打破传统法律思维下依据单纯隐私权或信息绝对化过度保护用户，而限制、阻碍数据收集、流通等活动的僵化格局。[3] 在数字经济高度发达的今天，承认数据的财产属性已经成为学界的主流观点。我国民法典第127条将"数据"和"虚拟财产"并列，表明两者有相似性，隐含着立法者对数据财产属性的认可。[4]

大数据时代，数据之所以被视为重要的财产，原因就在于其具有交换价

---

[1] 刘新宇：《大数据时代数据权属分析及其体系构建》，《上海大学学报》（社会科学版）2019年第6期。

[2] 龙卫球：《数据新型财产权构建及其体系研究》，《政法论坛》2017年第4期。

[3] 石丹：《大数据时代数据权属及其保护路径研究》，《西安交通大学学报》（社会科学版）2018年第3期。

[4] 李爱君：《数据权利属性与法律特征》，《东方法学》2018年第3期。

值和使用价值,能够在人们的生产生活中发挥效用。单个数据可以记录并反映特定事物的某个或某类特征,但通过对海量数据的整理和分析,我们就能够抽象出现象背后的普遍规律和发展机理,并以此来预测未来、辅助决策。① 数据为人类认知世界和改造世界提供了新的视角,数据分析和数据挖掘成为人们发现规律的新方法。小到个人的日常生活、大到一个行业的发展和国家、社会治理,大数据的应用已经渗透到了社会生活的各个领域。② 与此同时,大数据技术的迅速发展也使得数据产业链逐渐完善,产业分工渐趋细化,对于一些企业而言,完全依靠自己的能力来收集数据并对海量原始数据进行加工分析、处理是不现实的,此时,公司可以选择通过数据交易的方式直接从卖方手中获取相应的数据产品或定制数据服务,但是,如果公司缺乏充足的资金来购买数据,此时通过向数据权利人来让渡股权从而获取相应数据的所有权或使用权也不失为一种便捷高效的选择。按照马克思主义经济学的原理,使用价值与价值是统一的,使用价值为价值提供了物质基础。因此数据在实现使用价值的过程中,也同时产生了交换价值。数据的交换价值主要通过交易、许可使用等流通环节实现。

(二) 数据可用货币估价

从公司资本制度的角度来看,出资形式要满足"可用货币估价"的要件是为了满足资本确定原则,同时明确股东的出资份额和股权分配。公司资本是公司生产经营和对外偿债的基础,根据我国公司法规定,所有非货币出资形式都必须进行评估作价。价值体现为价格,数据具有经济价值,也必然满足可用价格体现的要求。目前,在我国数据交易的实践中,主要有第三方机构定价、按次计价、协商定价、实时定价等几种定价方式。③ 数据作为无形的知识产品,其价值具有不确定性。如若数据供应方也无法确定数据的具体交易价格,此时可以通过委托第三方评估机构根据专业的数据质量评价指标和同类数据历史成交价格来对数据产品进行预定价,之后再由数据卖方根据第三方专业人员给出的合理价格区间确定数据的最终交易价格。④ 相较于其他方式,第三方机构定价具有中立性和专业性的优势,能够较好地平衡数

---

① 高富平:《数据流通理论 数据资源权利配置的基础》,《中外法学》2019 年第 6 期。
② 邬贺铨:《大数据时代的机遇与挑战》,《求是》2013 年第 4 期。
③ 李成熙、文庭孝:《我国大数据交易盈利模式研究》,《情报杂志》2020 年第 3 期。
④ 赵子瑞:《浅析国内大数据交易定价》,《信息安全与通信保密》2017 年第 5 期。

据买卖双方的利益关系，促进数据交易秩序的稳定。按次计价只针对数据使用权的交易，是指买方根据调用数据的次数向卖方付费。协议定价是指由买卖双方协商确定数据产品或服务的最终价格，这一定价方式具有较强的自由性，买卖双方可以对交易价格进行充分的沟通和协商，但是协商的过程通常耗时较长，不利于交易效率的提升。拍卖定价适用于两个以上的数据买方竞争购买同一数据产品的情形，拍卖定价旨在使商品以尽量高的价格成交，因此有利于实现数据产品价值的最大化。但是如何保证竞拍程序的公平公正、防止交易欺诈是拍卖定价方式所面临的主要问题。实时定价是指交易系统根据数据样本量和指标项价值对数据进行自动定价，并根据市场环境和供需关系的变化对价格进行实时调整的定价方式。固定定价方式是指由卖方根据数据的价值和市场供需关系直接为数据产品确定一个固定的价格，并在数据交易平台挂牌出售的定价方式。①

（三）数据具有可转让性

股东出资形式必须满足可转让性的内在逻辑在于，公司能够实际控制作为出资的财产，用于日常经营和对外承担责任。数据本身虽然不具有实物形态，但能够通过一定的物质载体存储或呈现，因此可以实现物理空间的实际转移。此外，数据与知识成果、技术成果有类似的特征，具有易复制性和非消耗性，重复利用不会减损其价值，反而可以增长价值。数据的可转让性与劳务、个人信用形成本质区别，虽然近年来创新型科技企业对劳务及个人信用出资的需求逐渐高涨，但由于二者具有人身属性而不可转让，因此即使其满足可估值性和价值性的要求，也不符合非现金出资的"可转让性"要求。但由于数据具有可分享性和可复制性，导致数据的价值和使用价值可以分离，在同一时间内，控制者可以将其售卖给多人获得价值，自身却依然能拥有其使用价值。因此数据转让的行为需要从法律层面对其进行规定。在我国目前的数据经济实践中，主要存在数据所有权转移和使用权转移两种情形。

（四）数据具有独立性

英语中的数据（data）一词最早起源于数学学科，表示的是数和量的单位。随着科学技术尤其是信息技术的迅速发展，数据这一概念的内涵与外延也在不断丰富。目前，理论界尚未对"数据"的概念达成一致，不同学科

---

① 王文平：《大数据交易定价策略研究》，《软件》2016年第10期。

视角和研究背景下的"数据"具有不同的内涵。① 在计算机科学中,数据指的是在计算机输入、处理和输出过程中的一系列数字、字母等的介质统称。实际上,其是以二进制 0 和 1 的数值单位表示的客观形式。② 还有观点认为数据实质上是一种以电子化或数字化手段记录的,可为人类所感知的信息。以上对于数据概念的不同界定实质上体现了数据形式说和数据内容说的分歧,数据形式说认为数据是信息的表现形式,而实质说认为数据就是信息内容本身。本文认为,数据这一概念兼具内容和形式两个层面,在内容层面,数据指其所传递和承载的实质信息内容,在形式层面,数据指以 0 和 1 的比特形式所呈现的电子符号。

数据生产要素具有独立性,其与有体物、知识产权客体、非专利技术具有显著区别,因此应当将数据单独作为一种出资形式在公司法中予以正面列举。由于数据的物理特征与知识产权客体具有诸多相似之处,因此有学者认为应当将数据纳入知识产权的客体予以保护,③《民法总则(草案)》曾将数据信息列为知识产权的客体,试图对数据的法律属性和保护方式予以明确,但是在 2017 年最终通过的《民法总则》中还是删除了知识产权包括数据信息的规定。事实上,数据的本质特征与法律属性与知识产权客体仍存在较大差异。第一,虽然数据产品中凝结了数据控制者的劳动,但知识产权提供保护的前提在于创造性。企业所收集、掌握的大量事实数据如消费记录、浏览历史等显然不具有创造性。第二,知识产权的权利宗旨和数字经济的发展逻辑相悖。知识产权旨在保护权利人在特定时期内对其智力创造成果的独占和排他性利用,而数据价值实现的前提在于共享和流通,只有通过对海量数据的分析和挖掘才能得出有价值的普遍规律。④ 第三,知识产权具有地域性,其效力通常只限于本国境内。而对数据权利的保护显然不应当受到地域的限制。例如,个人数据即使发生跨境流动,个人数据主体仍然应当对其享有相应的人格权和财产权。第四,二者的表现形式不同。互联网时代,大部分数据都需要以电子化的代码形式存在,以满足可被计算机处理和分析的要求,而知识产权的客体既可以通过电子化的形式呈现也可以通过书面形式呈

---

① 郑佳宁:《数据信息财产法律属性探究》,《东方法学》2021 年 9 月。
② 王珊、萨师煊:《数据库系统概论》(第 5 版),高等教育出版社 2014 年版,第 5 页。
③ 郝思洋:《知识产权视角下数据财产的制度选项》,《知识产权》2019 年第 9 期。
④ 曹建峰:《民法总则数据保护路径:概括式保护及与知识产权协调》,《大数据》2017 年第 11 期。

现。最后，知识产权权利的产生和变更大多以登记为生效要件，然而在互联网时代，人类社会每天产生的数据量呈指数增长，对数据权利进行登记显然不现实。

四　数据作价出资的现实困境

（一）数据确权的困境

数字经济时代，数据已然成为重要的生产要素。因此，只有对其进行明晰的产权界定和充分的法律保护，才能有效促进数据要素的流通和配置。确权是数据要素得以进入市场参与生产和交易的必要条件。① 但数据和土地、劳动、资本等传统意义上的生产要素相比既有很多相似之处，也有很多不同，其权属应当如何界定仍然没有确定明晰的答案。数据确权困难与数据自身的特有属性有着密不可分的关系：首先，与有体物相比，数据具有无形性，不具有物理外观，导致权利人对数据的占有通常难以对外进行公示。同时，在信息技术高度发达的当今社会，数据呈爆炸式增长的状态，每天都会有数以亿计的信息产生，因此通过登记来对所有数据集合的权利状态进行公示也缺乏现实可行性。其次，与民法上传统的物相比，数据可以同时被多个主体所占有、使用，导致数据的真正所有权人难以确定。再次，数据的生产过程是极其复杂的，从原始数据到最终的数据产品，往往要经历数据的采集、清洗、加工、处理等多个环节，如何合理分配各环节生产主体对数据享有的利益变得极为困难。另外，虽然不同数据类型之间具有差异性，但这并不意味着它们是孤立或不可转换的，个人数据、企业数据、政府数据之间的界限具有模糊性。比如，个人数据经过匿名化处理后可以转化为企业数据，企业数据在向社会公开后也可以转化为政府数据。②

《中华人民共和国民法典》第一百二十七条的规定标志着对数据的民事客体性的认可，但仅仅是对数据受法律保护进行了宣示性规定，对数据权属的界定和保护仍然处于立法空白。在现阶段的司法实践中，我国主要通过

---

① 张钦昱：《数据权利的归集：逻辑与进路》，《上海政法学院学报》（法治论丛）2021年第4期。

② 韩旭至：《数据确权的困境及破解之道》，《东方法学》2020年第1期。

《著作权法》和《反不正当竞争法》对数据进行保护。但是，上述两种路径都有其各自的局限性，难以对全部类型的数据进行有效保护。[①] 数据受《著作权法》保护的前提是其内容本身或者选择和编排具有独创性，这就将虽不具有独创性但蕴含大量经济价值的事实数据排除在外，导致其保护范围极为有限。通过《反不正当竞争法》对数据进行保护虽然具有较强的包容性，但其保护的仅是数据控制者对数据的合法权益而非财产权利，具有较大的不确定性。

（二）数据价值评估机制不完善

资本、土地、技术、劳动力等传统生产要素都可以直接或转化为实物进入生产过程，便于计量和定价，而数据要素以虚拟形态进入经济活动过程，其凝结在最终产品中的价值量大小通常难以被量化和剥离，因此数据要素价值评估困难成为当前数据作价出资所面临的困境。[②] 目前在各国的数据交易实践中，尚未形成一套为各方所普遍认可的数据定价机制。价值决定价格，数据要素的虚拟性、易复制性、非损耗性、应用的外部性等独有特征导致其价值具有较强的不确定性和波动性。影响数据价值的因素较多，主要有数据取得成本、数据时效性、数据处理深度、数据类型等。[③] 数据与有形财产一样，其取得也需要付出成本，只是其成本通常难以计量。数据取得成本一般包括数据收集成本和数据存储成本等。数据具有较强的时效性，如果不能在特定时间内对其进行挖掘利用，其使用价值将受到极大影响甚至完全不复存在。因此，数据的时效性越强，其价值也就越高。另外，数据的处理深度对数据价值也有较大影响，原始数据或仅经过初步脱敏处理的数据价值较小，而经过深度分析、挖掘所得到的最终数据产品或数据定制方案中往往凝结了数据供应方的大量劳动，因此通常具有较高的价值。数据类型能够反映该种数据在交易市场中的稀缺程度，收集和获取难度越大的数据集合，其价值也相应越高。数据的价值密度是指某一特定数据集合中有效数据量占总数据量

---

① 许可：《数据保护的三重进路——评新浪微博诉脉脉不正当竞争案》，《上海大学学报》（社会科学版）2017年第6期。

② 徐潇：《大数据的资产属性与价值评估》，《产业与科技论坛》2017年第2期。

③ 刘琦、童洋、魏永长、陈方宇：《市场法评估大数据资产的应用》，《中国资产评估》2016年第11期。

的比例。① 随着人类数据存储能力的不断提高，数据体量也在成倍增长，然而对于数据需求方来说，数据的价值并不取决于数据量的大小，而取决于其中"有效数据"的占比。有效数据占比越大，整个数据集合中所蕴含的有用信息也越多，对数据使用方的经济价值也就越大。

五 数据作价出资的公司法路径

（一）数据作价出资的前提条件

1. 数据的合法性

股东用于出资的数据必须满足合法性要件，这其中既包括《数据安全法》《个人信息保护法》等法律，也包括个人信息安全规范等国家标准。社会稳定是经济发展的前提，违法数据一旦流入市场，将对自然人的人身财产安全、企业的正常生产经营秩序甚至是国家的安全稳定发展造成严重危害。因此违法数据不受法律保护，更不能作为出资标的进入到市场流通环节之中。

具体而言，数据合法性包含三个方面的要求，一是数据来源合法，二是数据的内容和形式合法，三是数据权属合法，即作为出资标的的数据不能存在权利瑕疵。数据来源合法是指数据必须是通过合法的渠道和方式收集而来的。其一，就面向自然人数据主体收集其个人信息的情形而言，作为网络运营者的企业应当遵循"告知＋同意"的程序要求以及必要性和正当性的原则要求。首先要向自然人告知其个人信息的处理目的和方式、处理者的名称和联系方式等内容，在取得自然人的明示、自愿同意之后方可对其个人信息进行收集和处理。同时，处理个人信息应当有明确合理的目的，遵循必要原则，尽量减少对个人合法权益的影响。其二，对于面向非自然人用户收集数据的情形而言，如通过爬虫技术抓取网络空间的数据时，数据收集方同样应保证其来源的合法性，不得采取非法手段入侵他人计算机系统，不得绕过或破坏数据控制者设置的技术保护措施、侵犯数据控制者的商业秘密和知识产

---

① 方元欣、郭骁然：《数据要素价值评估方法研究》，《产业与政策》2020年第12期。

权。① 数据内容和形式合法要求数据必须经过匿名化和脱敏化处理，不得包含有原始个人信息、商业秘密和国家秘密，不得侵犯他人的合法权益。数据权属合法要求股东必须对用于出资的数据享有合法权利，以他人财产出资、以设定权利负担的财产出资都会构成股东的出资瑕疵。然而，我国目前尚未建立起完善的数据权利制度体系，在数据产权的确权、利用和保护方面还存在不少难题。② 未来我国应当尽快在相关法律法规中对数据权利归属进行明确，为数据生产要素更好地进入市场扫清障碍。

我国公司资本制度改革虽然使股东在出资时间、出资方式等方面获得了较大的自主权，但实际上并未减轻股东的出资义务与责任。我国《公司法》以及《公司法司法解释三》对于股东出资责任进行了较为详细的规定。股东不仅应当按照约定的时间向公司缴纳出资，还应当保证其用于出资的非货币财产之上不存在权利负担或瑕疵，否则股东需要承担相应的出资违约或侵权责任。就数据出资而言，如果作为出资标的的数据因包含有他人的隐私信息、知识产权或商业秘密等内容而造成对其他主体合法权益的侵害时，应当由股东个人对外承担相应的侵权责任，公司和其他股东无须承担连带责任。原因在于，大数据时代，数据获取的渠道多样，来源广泛，生产环节也较为复杂，对数据的合法性进行全面审查通常较为困难，因此，如果要求公司和其他股东对数据出资的合法性承担担保责任显然有失公平。

2. 数据的价值性

生产要素的一个重要属性表现为量的积累性，作为生产要素的数据同样应满足这一属性，单一的数据虽然也携带信息，但其价值是非常有限的，不足以上升成为生产要素。大数据时代，数据的价值主要体现在对海量原始数据进行收集、处理、分析后所得到的衍生数据产品之上，这些衍生数据能够为企业的商业决策和生产安排提供有效的指导。③ 但是，为数据集合的大小确定量的标准并不现实，因为数据的经济价值会随着不同的应用场景而变化。相较于量的标准，以可用性为标准更具有灵活性和可操作性。④ 可用性标准要求某一特定的数据集合必须能够独立地产生经济价值，因此，股东只

---

① 丁晓东：《数据到底属于谁？——从网络爬虫看平台数据权属与数据保护》，《华东政法大学学报》2019 年第 5 期。
② 戴双兴：《数据要素：主要特征、推动效应及发展路径》，《马克思主义与现实》2020 年第 6 期。
③ 魏鲁彬：《数据资源的产权分析》，硕士学位论文，山东大学，2018 年。
④ 崔国斌：《大数据有限排他权的基础理论》，《法学研究》2019 年第 5 期。

能以具有实际经济价值的数据集合向公司出资,而不能将单一的数字符号作为出资。同时,股东还应当保证其用于出资的数据质量符合相关要求,比如数据内容应当是真实有效的,不得包含虚假信息;数据应当经过清洗,剔除重复信息和残缺信息。

如前文所述,数据的价值具有较强的波动性和不确定性,即使是对于同一数据集合,不同的应用场景和使用主体也会导致其价值呈现较大的差异性,因此必须要对数据出资进行科学合理的评估作价,以保障公司资本真实,同时明确股东的股权份额和比例。具体而言,对于公司设立时的数据出资,应当由发起人委托第三方专业机构对数据进行评估作价,公司成立后,如果数据出资的实际价额显著低于公司章程所定价额的,交付该出资的股东需要补足其差额,公司设立时的其他股东承担连带责任。对于公司增资时的数据出资,应当由董事会委托第三方专业机构对数据进行评估作价,如果公司在日后的经营过程中发现数据出资的实际价值显著低于其评估价值的,应当由股东个人补足差额,其他股东对此不承担连带责任。

(二) 数据作价出资的方式选择

1. 数据使用权出资

数据使用权是指权利主体在数据所有权人的授权期和授权范围内对数据进行占有(控制)、分析、处理并在此基础之上提炼出新的数据产品的权利。数据使用权人有权在不受他人干涉的情形下利用数据进行生产活动,但不享有将数据转让他人、销毁数据等处分权能。[1] 因此,股东可以在不转移数据所有权的前提下将数据使用权让渡于公司从而获得相应比例和份额股权。一般来说,所有权人可以依据法律规定或自身意愿将物的使用权转让给他人行使,如国有土地使用权的转让。由于大部分有形物在使用过程中会出现价值损耗,并且一旦转移使用权,其所有者便不能同时使用该物品,因此绝大多数有形物的使用权和所有权都归属于同一主体行使。但是数据能够低成本复制无限份,数据的使用并不会造成数据价值的减损和数据质量的下降,因此数据使用权的转让成为数据交易实践中非常普遍的做法。但是,也正是因为数据的这些特点,数据的使用权通常不允许转授,即数据所有权人将特定数据集合的使用权授予甲使用者后,甲不能将该数据的使用权再次转

---

[1] 包晓丽:《数据产权保护的法律路径》,《中国政法大学学报》2021年第3期。

让给乙。①

2. 数据权利出资

数据权利出资能够确保公司对作为出资标的数据享有完整独立的权利，但数据权利出资需要建立在数据确权的基础之上。因此，我国应当尽快构建起数据权利体系，明晰数据产权归属。② 具体而言，数据权利包含控制、使用、收益和处分四项权能。数据控制权的功能与物权中的占有权类似，目的是保障数据权利人对数据财产实现排他性的支配，未经数据控制权人许可，其他人不得对数据进行复制、传播和使用。数据处分权既包括将数据销毁、删除等事实上的处分，也包括将数据所有权或使用权转让等法律上的处分。数据使用权是指权利人有权对数据进行分析处理并按照自己的意愿利用数据进行生产的权利。数据收益权是指权利人有权通过对数据的使用从而获得收益的权利。③

六 结语

伴随着人类生产方式的演变，数据已经成为信息时代的关键要素，在生产活动的各个环节中都发挥着其独有的价值。如何引导更多、更高质量的数据进入流通环节，充分发挥数据资源对经济发展的引擎驱动作用，对于我国数字经济的高质量发展具有重要意义。④ 然而，作为一种新型生产要素，我国数据要素市场发展还处在初期阶段，尤其是在数据要素供给这一首要环节还存在诸多问题。我国公司法不仅在传统生产要素的市场供给中发挥着重要作用，也为数据生产要素的市场供给提供了新的路径选择。数据具有可以用货币估价、可依法转让的非货币财产属性，符合我国《公司法》第 27 条对于股东出资形式的要求。此外，数据具有独立性，与物权客体、知识产权客体存在本质不同。因此，本文认为可以将数据和货币、实物、知识产权、土地使用权一同列入出资形式的正面清单，更好地引导数据生产要素有效进入

---

① 朱扬勇、熊贇：《数据的经济活动及其所需要的权利》，《大数据》2020 年第 6 期。

② 参见张永忠、张宝山《构建数据要素市场背景下数据确权与制度回应》，《上海政法学院学报》（法治论丛）2022 年第 4 期。

③ 姬蕾蕾：《数据权的民法保护研究》，博士学位论文，西南政法大学，2019 年。

④ 戚聿东、刘欢欢：《数字经济下数据的生产要素属性及其市场化配置机制研究》，《经济纵横》2020 年第 11 期。

市场。然而，就我国目前的实践情况来看，数据作价出资也面临着数据确权困难、数据资产价值评估机制不健全等诸多问题，因此，我国应当尽快完善相关法律法规和行业规范，加快构建数据权利保护体系，为数据生产要素进入市场、参与生产提供充分有效的制度保障。

Research on the Company Law Path of Data Supply in factor markets

Zhang Min Guo Yuchang

Abstract: With the rise of information economy and digital economy, data plays an increasingly important role in social production, exchange, consumption and other activities. The Fourth Plenary Session of the 19th CPC Central Committee clearly pointed out that data can be distributed as production factors according to contribution. In this context, how to effectively increase the market supply of data production factors and give full play to the driving role of data resources in economic development has become an important task for the development of China's data industry. As the basic law of China's socialist market economic system, company law not only plays an important role in the market supply of traditional production factors such as capital, land and technology, but also provides a new path choice for data production factors to enter the market.

Key words: data; factors of production; company law; form of capital contribution

我国数字经济司法治理的困境与出路*

孙 跃**

摘 要：数字经济司法治理主要由解决与预防数字经济纠纷、发展数字经济治理规则、规范数字经济市场秩序以及优化数字经济营商环境等内容构成。当前我国数字经济司法治理在理念认知、体制机制、规则供给、科技应用等层面面临诸多困境。这些困境的成因包括司法理念与认知滞后于数字经济关系、治理机制难以应对"去中心化"的数字经济活动、数字经济领域裁判规则供给能力不足、数字科技在数字经济治理中的应用不完善。探寻解决上述困境的出路，需要引入并贯彻数字正义的司法观，构建司法机关参与的多元共治模式，加强裁判规则的类型化与体系化输出，并将ODR与线上诉讼系统性地嵌入数字经济治理领域。

关键词：数字经济；司法治理；数字正义；多元共治；法律方法

数字经济是指以使用数字化的知识和信息作为关键生产要素、以现代信息网络作为重要载体、以信息通信技术的有效使用作为效率提升和经济结构优化的重要推动力的一系列经济活动①。截至2020年底，我国数字经济规模已达39.2万亿元人民币，约占我国GDP总量的38.6%，数字经济在北京、上海等发达地区的GDP占比已经过半。② 习近平总书记强调，不断做强做优做大我国数字经济，离不开数字经济的规范发展与治理体系的

---

* 本文系2022年度国家社会科学基金青年项目"法律方法在类案检索中的运用及其改进研究"的阶段性研究成果，项目编号：22CFX049。

** 孙跃，山东工商学院法学院讲师，法学博士。

① 《二十国集团数字经济发展与合作倡议》，中国网信网，http://www.cac.gov.cn/2016-09/29/c_1119648520.htm。

② 中国信息通讯研究院：《中国数字经济发展白皮书（2021）》，腾讯网，https://new.qq.com/omn/20210427/20210427A006OA00.html。

完善。最高人民法院在第十三届全国人民代表大会第四次会议上所做的工作报告将"促进数字经济健康发展"作为全国各级人民法院"积极服务高质量发展"的重点内容之一，并强调"通过依法公正裁判为数字经济发展和技术创新明晰规则，引导新技术新业态新模式在法治轨道上健康有序发展"。[1]

司法治理是国家治理和经济治理不可或缺的重要组成部分。尽管近年来法学界针对数字经济治理开展了若干研究，但相关研究主要围绕行政监管部门对数字经济的行政监管展开，对司法机关的治理活动关注明显不足，这在很大程度上会影响数字经济的治理效果。若要让司法治理在数字经济治理中发挥其应有的积极作用，司法机关需要具备与数字经济发展规律相互匹配的治理能力。基于上述问题意识，本文将在阐述数字经济司法治理构成内容的基础之上，分析我国数字经济司法治理面临的困境及其成因，并提出若干具有针对性的解决方案，为提升数字经济司法治理能力与效果提供智力参考。

一　我国数字经济司法治理的构成内容

数字经济司法治理主要由微观与宏观两大方面的内容构成。在微观层面，司法治理建立在解决与预防数字经济纠纷的基础之上；同时，司法机关还肩负着对既有的立法与执法规范体系进行发展的职责。在宏观层面，数字经济司法治理不仅要维持"秩序之道"，还要谋求"发展之道"，规范数字经济市场秩序与优化数字经济营商环境均为数字经济司法治理的应有之义。

（一）解决预防数字经济纠纷

作为一种高速发展的规模经济模式，数字经济的司法治理对解决纠纷的效率提出了更高的要求。根据"梅特卡夫法则"，数字经济的规模效应与数

---

[1] 新华社：《最高人民法院工作报告——2021年3月8日在第十三届全国人民代表大会第四次会议上》，新华网，http://www.xinhuanet.com/politics/2021lh/2021-03/15/c_1127212486.htm。

据量的增长存在指数函数关系，其增值速度远超传统经济模式。① 同时，数据收集和使用的算法以及其硬件基础也在加速迭代。② 数据、算法、硬件基础设施的快速迭代大大缩短了经济活动周期。因此，与传统经济模式产生的纠纷相比，数字经济纠纷的解决对司法效能提出了更高的要求。正如法谚所言，"迟来的正义非正义（Justice delayed is justice denied）"。如果司法解决纠纷的能力无法跟上数字经济的快节奏，即便裁判结果符合正义的要求，但由于效率低下，就会导致法律效果与经济效果的割裂。因此，数字经济的治理不仅要求司法机关能够给出正确的个案纠纷解决方案，而且这种解决方案的施行必须与数字经济活动的节奏相匹配。

在传统经济模式的分析框架下，企业的生产的边际成本会先减少后增加，当成本增速大于产量增速时，就会产生"边际收益递减"效应。由于数字经济产品具有数字化的特征，这意味着其可以被无限复制。数字产品的用户数量越多，其边际成本就会逐步下降并趋近于零。③ 因而，数字经济一旦形成规模，就几乎不存在边际收益递减问题。数字经济规模的膨胀，很容易导致某一领域内法律风险的激增和集中爆发。由于我国各级法院（特别是基层法院）长期面临"案多人少"的困境，很可能无力应对相关纠纷在短时间内集中大规模爆发的司法压力。因此，对数字经济纠纷的化解不能仅停留在纠纷解决层面，司法机关需要在现有制度与政策框架下做到未雨绸缪，尽可能运用各种司法手段来减少数字经济纠纷的发生风险。退一步讲，对于那些已经发生或无可避免即将发生的数字经济纠纷，要设法尽可能控制其造成的损失，防止相关风险的进一步扩大。质言之，纠纷的风险控制与预防也是数字经济司法治理能力构成要素的应有之义。

与行政监管的治理模式相比，司法治理具有被动性与滞后性。司法具有

---

① 根据该法则，网络价值等于网络节点数的平方，即 V=n 的平方（V 表示网络的总价值，n 表示用户数）。如果一个网络中有 n 个人，那么网络对于每个人的价值与网络中其他人的数量成正比，这样网络对于所有人的总价值与 n×（n-1）= n2-n 成正比。如果一个网络对网络中每个人价值是 1 元，那么规模为 10 倍的网络的总价值等于 100 元；规模为 100 倍的网络的总价值就等于 10000 元。网络规模增长 10 倍，其价值就增长 100 倍。李静等主编：《数字经济理论》，合肥工业大学出版社 2020 年版，第 8 页。

② 根据"摩尔定律"和"贝尔定律"，在价格不变的情况下，计算机元件的性能每隔 18—24 个月提升一倍；当 CPU 算力不变的情况下，CPU 的价格和体积每 18 个月下降一半。李静等主编：《数字经济理论》合肥工业大学出版社 2020 年版，第 9 页。

③ 参见易宪容、陈颖颖、位玉双《数字经济中的几个重大理论问题研究——基于现代经济学的一般性分析》，《经济学家》2019 年第 7 期。

"不告（诉）不理"的特性决定了司法机关在面对数字经济纠纷时不能"主动出击"。然而，"被动"并不完全等于"消极"，司法机关可以在个案裁判过程中形成作为有效的纠纷解决方案的裁判规则。通过对纠纷解决规则的输出，司法机关在事实上就可以化被动为主动，从而更加积极地参与到数字经济治理领域。司法机关通过对个案应对经验的总结，经由法定程序形成一系列司法解释、规范文件、司法案例等各种类型的裁判规则，这些裁判规则同时也具有行为指引功能。例如，交易双方因某种数字经济纠纷诉至法院，在相关法律法规不明确的情况下，司法机关可以运用法律解释和漏洞填补等方法，通过个案审理确立关于数字货币法律关系一系列的裁判规则。今后，这些裁判规则就可以对所有类似交易行为产生行为指引和规范作用，交易主体对比特币法律属性的认知也会更加明晰。

（二）发展数字经济治理规则

现代经济治理必须遵循法治的基本规律和原则，而法治本质上就是"规则之治"。从"规则之治"的角度出发进行分析，可以发现不同数字经济治理主体均存在一定的局限性。首先，立法机关主要通过制定法律的形式对数字经济进行治理。立法本身具有较强的权威性，但其局限性也较为明显。一方面，立法活动程序严格、周期漫长，其时效性有限，很难完全跟上瞬息万变的数字经济发展节奏；另一方面，立法所创制的治理规则本身具有较强的概括性和抽象性，难以精准地调控复杂的数字经济活动。其次，行政机关主要通过制定行政法规、部门规章、规范性文件等方式来创制数字经济治理规则。这些规则在内容上一般比立法（法律）规则更加细致，制定周期也更短。再加之行政机关本身具有监督和执法权力，因而能够运用行政手段更加直接地开展治理活动。但行政机关创制的规则主要停留在行政法、经济法领域，其无法覆盖与数字经济相关的民事法律关系、刑事法律关系以及其他法律关系。因此，仅依靠行政机关创制数字经济的治理规则，难以满足数字经济治理的全部需求。最后，平台自治规则在数字经济治理规则体系中也扮演着重要角色。然而，在巨额利润的诱惑下，诞生于资本自身的规则很难对资本运作本身产生良好的约束效果，实践中电商平台运用不公平的格式条款进行垄断或侵害消费者权益的现象也屡见不鲜。

在单纯依靠立法机关、行政机关和平台企业创制的规则无法形成一个完整的治理规则体系的情况下，司法机关就需要通过解释法律或填补法律漏洞，来丰富和完善数字经济治理规则，使数字经济的治理能够有据可循、有法可依。例如，欧洲是较早推动数据保护法治实践的地区之一，其在2016年通过了著名的《通用数据保护条例》（简称GDPR）。表面上看，GDPR是立法机关的杰作，但欧洲的司法机关在GDPR的产生、适用及完善中均发挥了重要作用。在规则创制层面，GDPR中关于删除权（被遗忘权）和数据跨境流动的规则，就是分别吸收了"冈萨雷斯案"和"微软海外数据案"等司法判例规则的产物。① 在规则的适用及完善层面，欧盟法院2016年通过判决中对数据的共同控制者的认定给予了扩大解释，进一步完善了GDPR对数据权利的保护规则。通过司法裁判，不仅可以弥补和发展立法机关、行政机关以及平台创制的治理规则体系，而且也可以将这些静态的规则转化为动态的治理实践，为数字经济发展提供切实保障。

（三）规范数字经济市场秩序

数据是数字经济的关键生产要素，数字经济的治理活动应当围绕数据及其产生的权益展开。由于资本具有逐利性特点，市场经济具有自发性特点，数字交易活动必然会糅杂无序要素。为了实现"以有序应对无序"，司法机关有必要对数字经济市场活动进行规范，以维护市场秩序。

从民商经济法律关系角度来看，数字经济的司法治理主要致力于对"平台—平台"和"平台—用户"两种经济关系的调整。在"平台—平台"关系层面，作为数字经济的主要组织形式，互联网平台的经营模式与传统企业存在较大差异，其能够在短时间内收集大量的用户数据，并以此为资源利益相关方提供服务，从而获取超额利润。近年来数字经济市场中的不正当竞争行为与滥用市场支配地位现象日益增多，行政监管部门在上述领域中的执法活动也日益频繁。在"平台—用户"关系层面，司法机关应当具有充分保护用户（消费者）权益的能力。借助现代计算机与网络技术手段，平台企业往往可以在用户不知不觉的情况下获取其个人信息与消费偏好，并运用其对数据的控制优势谋取不合理商业利益。② 平台企业借助大数据等手段可以

---

① 参见王文华、李东方《论司法实务对数据保护立法的推进——以欧盟〈通用数据保护条例〉（GDPR）为例》，《中国应用法学》2020年第3期。

② 实践中较为常见的"大数据杀熟"现象，即部分互联网平台企业借助其掌握的数据对不同消费偏好的用户进行分类，对于那些经常在某一产品或服务中进行消费的用户设定更高的产品或服务价格，其本质上是一种"价格歧视"行为。参见梁正、曾雄《"大数据杀熟"的政策应对：行为定性、监管困境与治理出路》，《科技与法律》（中英文）2021年第2期。

在短时间内获取大量的消费者数据信息，一旦实施侵权行为，其波及范围远高于传统意义上的消费者权益侵害行为的损害后果。由于平台企业在资金、科技、法律等方面掌握了大量优势资源，相关案件在证据收集、保存与认定等方面门槛较高，引发消费者维权面临成本过高、难度大、获取救济有限等难题。此种情形下，消费维权积极性很容易遭受打击，这会变相助长部分平台企业继续违法侵权行为的势头。鉴于以上特点，司法机关有必要综合运用多种司法手段强化数字经济消费者权益保护。

从行政法律关系的角度来看，数字经济的司法治理应当兼顾"规制资本活动"和"规范行政监管与执法行为"的双重目标。数字经济蓬勃发展经常伴随着互联网资本的"野蛮生长"。互联网资本在壮大的过程中，不可避免地会利用法律和政策的漏洞，从而破坏市场经营秩序。同时，由于我国数字经济的行政监管与执法体制还不够健全，行政机关在治理数字经济时也往往伴随着执法不当的情况。当涉及数字经济监管的行政纠纷流入司法系统后，司法机关不仅要通过依法裁判与行政监管的执法活动形成治理合力，也要对行政监管与执法行为本身的合法性与合理性进行审查，保障数字经济活动及其行政监管行为都能在法治轨道上运行。

从刑事法律关系角度来看，数字经济的司法治理以打击数字经济犯罪为主要目标。数字经济犯罪的主要形态是互联网犯罪，其具有四个主要特点：一是传统犯罪日益向网络空间迁移扩张；二是新型网络犯罪迭代更新；三是网络犯罪公司化和产业链化特征突出；四是网络犯罪跨域性和跨国性趋势明显。[1] 其特点一是很容易导致办案人员被"互联网技术外衣"的表现所迷惑，从而在案件事实认定和法律适用方面出现偏差。特点二是要求司法机关具有厘清技术规则与法律规则的判别能力，在防止技术滥用的同时支持数字科技创新。特点三则意味着互联网犯罪已经初步形成了诸多"黑灰产业链"，司法机关需要更新对传统共犯认定的认识。特点四是督促司法机关需要重视数字经济治理的国际司法协作，在打击数字经济犯罪的同时也要重视数据的跨国安全和数据主权问题。

---

[1] 参见蒋安杰《孙谦：要认真研究主动应对网络犯罪四大新特点——孙谦在最高检"网络犯罪研究中心"首次会议上强调要认真研究主动应对网络犯罪四大新特点》，中华人民共和国最高人民检察院，https://www.spp.gov.cn/spp/zdgz/202006/t20200617_465570.shtml。

(四) 优化数字经济营商环境

法律制度可以被视为一种经济激励系统，其通过引导人们追求利益最大化来激励人们从事（或不从事）特定的行为。[1] 司法裁判不仅要规范数字经济市场竞争的秩序，还要激励市场主体创新科技、提升产品与服务质量、承担与之相匹配的社会责任，由此才能将数字经济变成一种持续增长且具有普惠性的发展模式，增加社会的整体福祉。公正合理的司法活动可以在一定程度上优化数字经济营商环境，从而对数字经济的发展起到促进作用。

首先，通过司法治理形成公开、明确的数字经济市场调节规制，有助于提高营商环境的透明度，增强市场主体交易活动的可预测性。根据世界银行《营商环境报告》各项指标体现的精神，良好的营商环境需要具备稳定、公平、透明、可预期等要素。[2] 这些要素与法治追求的价值不谋而合，正所谓"法治是最好的营商环境"。一方面，司法机关可以通过解释法律与统一法律适用，为数字经济活动提供相对明确与稳固的行为预期标准，防止因信息不对称引发的市场活动秩序混乱；另一方面，司法机关还可以通过特定的公共政策引导形成正确的价值观，营造风清气正的数字经济营商氛围。

其次，司法通过妥当的利益平衡与分配行为，可以激发市场主体的创造欲望与创新能力，进而提升数字经济营商环境的整体活力。正如科斯所强调的那样，权利的清晰界定是市场交易的前提[3]。数字经济是一种以数据作为核心与关键生产要素的"数据驱动型"经济模式，数字经济活动基本上都是围绕着数据权益的产生与分配展开。虽然我国《民法典》《数据安全法》对数据权进行了基本规定，但相关规定并未对数字经济不同环节（如数据产生、数据挖掘与收集等）中的权属问题进行明确。一旦发生纠纷，数据权（利益）归属分配等问题就不得不由司法机关来判定。这种判定不仅涉及个案裁判意义上的定纷止争，而且也关乎司法对数字经济活动整体意义上的激励效应。[4] 司法活动若能妥当地平衡与分配各方的复杂利益，将有助于激

---

[1] Richard A. Posner, *Economic Analysis of Law*, Littler, Brown and Company, 2d ed., 1977, p. 5.

[2] 参见胡晓霞《论法治化营商环境之司法方案》，《中国应用法学》2021年第6期。

[3] R. H. Coase, "The Federal Communications Commission", *The Journal of Law and Economics*, Vol. II, October 1959, p. 27.

[4] 参见陈永伟《数据产权应划归平台企业还是消费者?》，《财经问题研究》2018年第2期。

发市场主体参与数字经济的积极性，进而提升整个营商环境的活力。

最后，司法治理通过对部分重点领域的营商环境进行优化，有助于形成我国数字经济"后发优势"，使市场主体享受更多的"数字红利"。作为发展中国家，我国虽然在相关领域起步较晚，但却具有"后发优势"带来的巨大潜力。加强芯片、人工智能、大数据、5G通信网络、区块链等数字科技领域的司法保障与治理，将有助于提升这些领域对资本要素、人力要素、技术要素的吸引力，从而将我国数字科技领域的后发优势转化为数字红利。在经济全球化背景下，数字经济已经成为各国经济增长的主要驱动力之一，数字经济的规模和质量对一国经济前景的影响举足轻重。可见，通过司法治理增强我国数字经济对国民经济的驱动力以及在国际经济中的竞争力具有深远的发展战略意义。

二　我国数字经济司法治理的困境及其成因

尽管近年来我国各级司法机关已愈发重视对数字经济的治理，但囿于理念认知、体制机制、规则供给以及科技应用等方面的复杂因素，我国数字经济治理依然面临诸多困境。在理念认知层面，传统司法理念滞后于建立在"物理＋虚拟"双重空间架构之上的数字经济活动；在体制机制层面，单纯依靠司法机关的传统司法治理模式难以应对具有"去中心化"特征的数字经济活动带来的挑战；在规则供给层面，现有裁判规则供给能力难以满足数字经济类案件裁判需求；在科技应用层面，数字科技在数字经济司法治理中的应用存在诸多问题。

（一）理念认知层面的困境及其成因

数字经济治理在司法理念与认知层面的困境主要体现为，基于传统物理空间形成的司法理念及认知模式明显滞后于数字化程度日益提高数字经济关系。数字时代的经济社会关系最大的特点就是实现了从物理空间向虚拟空间的扩展，司法治理的对象不再局限于传统意义上的物理领域的经济关系，而是要面向"物理＋虚拟"的双重空间。例如，传统的司法理念可以清晰地界定一张纸币或一辆汽车的法律属性，却很难对虚拟财产、数字货币、NFT（非同质化通证）等法律性质进行判定。未来随着虚拟现实技术的发展，基于物理空间与虚拟空间深度交融的元宇宙（Metaverse）可能会付诸实践，司法理念如果不能与时俱进地实现认知迭代,将难以穿透这些新兴事物的本质,无法为其治理提供总体思路。

造成上述困境的主要原因在于,司法理念的现代化总体上是伴随着工业化的发展进行的,传统司法理念总体上是治理工业时代经济与社会关系的产物。① 随着互联网时代及数字科技时代的来临,相对滞后的司法理念与数字经济治理实践的需求产生紧张关系,进而阻碍了数字经济司法治理整体水平的提高。在传统司法理念的支配下,具体的司法适用活动无法为数字经济治理对象匹配妥当的法律概念、法律关系以及法律后果。基于传统法理学与部门法学的法律教义学概念及其规范体系,在面对数据权益、个人信息保护等数字经济与社会关系时捉襟见肘。例如,作为数字经济基本要素的"数据"因具有排他性与非排他性并存、可复制等特点,其产生的权益难以完全归入传统民法教义学意义上的人格权(利益)或财产权范畴,相关交易活动与产权变动也很难运用传统物权与债权交易理论进行分析。②《民法典》虽然将个人信息与隐私保护编入同一章节,但个人信息本身也具有公共属性,很难完全依靠私法规范体系进行保护。③ 司法在面对数字经济活动时,往往需要运用民商法、行政法、刑法、经济法、社会法等不同法律部门的知识体系。然而,跨部门法律知识体系的引入如果缺乏明确法理的指引,容易引发规范之间的冲突与竞合,进而破坏整体法秩序的统一性与体系性。

(二) 体制机制层面的困境及其成因

由于数字经济关系已经从物理空间延伸到虚拟空间,而虚拟空间中的经济活动具有"去中心化"特征,这意味着市场主体呈现出一种分布式结构,主体与主体之间的关系日益扁平化和原子化。④ 传统司法治理机制将法院作为司法治理活动的中心(甚至是唯一中心),而数字经济活动的"去中心化"特征意味着其治理活动无法依靠单一主体自身的活动实现。上述紧张关系增加了数字经济司法治理机制失灵的可能性,此即数字经济司法治理在机制层面面临的主要困境。

---

① 参见帅奕男《数字时代的司法范式转型》,《求是学刊》2021年第6期。
② 参见武长海主编《数据法学》,法律出版社2022年版,第5页。
③ 参见丁晓东《个人信息私法保护的困境与出路》,《法学研究》2018年第6期。
④ 参见郑戈《在法律与科技之间——智慧法院与未来司法》,《中国社会科学评价》2021年第1期。

上述困境的成因需要从司法机关与行政机关在数字经济治理体制机制方面的差异及相互关系角度进行分析。数字经济司法治理的主体是司法机关（各级法院），但这并不意味着这种治理活动完全依靠司法机关的资源实现。由于司法活动本身具有被动性、滞后性等特点，其往往需要与其他治理主体进行联动，通过司法治理吸收整合各方治理资源，才有助于产生较好的治理效果。就应然角度来看，数字经济的行政治理与司法治理之间具有明显职能互补与权力制衡关系。在依法行政的语境下，任何行政治理行为也必须符合法律规定，司法机关拥有对行政治理活动合法性的终局性（或部分终局性）判断权力。行政机关制定的法规与部门规章是司法治理活动的重要依据之一；司法机关制定的司法解释与发布的重要案例对行政治理具有重要的指引与规范作用。然而在实然层面上，司法机关与行政机关尚未建立完备的常态化沟通与协作机制；行政监管部门制定的法规或规范性文件的司法影响力比较有限。① 相对于传统经济领域，数字经济本身就具有较高的治理难度，司法与行政监管配合不足导致司法系统与行政系统的治理资源难以被有效地整合，会严重降低数字经济的整体治理能力。

同时，去中心化虽然加大了监管与治理难度，但同时也为新的治理模式创造了契机，那就是建立在公权力机关（行政机关与司法机关）治理与平台治理相互配合基础上的共同治理模式。平台企业是一种承担大量管理职能的特殊企业，在互联网虚拟空间中拥有了类似政府的公共权力和公共属性，平台自治被视为平台企业运作的根本原则之一。② 平台企业本身就是一个具有自动化决策与诉讼替代性纠纷解决能力的主体。例如，早在2011年，美国电商平台eBay每年处理的纠纷数量就已经超过了6000万。③ 从数字经济纠纷解决的视角来看，平台企业有时可以比司法系统更加高效和低成本地运作。遗憾的是，在现有的数字经济治理框架下，司法机关与平台企业之间的关系主要停留在"治理—被治理"的层面，司法机关并没有充分地吸收与整合互联网平台企业的资源来化解数字经济领域中的各种纠纷，从而进一步

---

① "行政与司法分立式监管"的现象在传统经济治理领域长期存在，有研究者从金融监管与治理的角度对此进行了研究，参见鲁篱《论金融司法与金融监管协同治理机制》，《中国法学》2021年第2期。

② 参见王坤、周鲁耀《平台企业的自治与共治》，《浙江学刊》2021年第1期。

③ 参见[美]伊森·凯什、[以色列]奥娜·拉比诺维奇·艾尼《数字正义：当纠纷解决遇见互联网科技》，赵蕾等译，法律出版社2019年版，第47页。

加剧了数字经济治理机制层面的困境。

(三) 规则供给层面的困境及其成因

在裁判规则供给层面，数字经济治理面临严重的规则稀缺困境。数字经济的司法治理在微观层面主要通过具体案件的裁判实现，"依法裁判"意味着司法机关在处理具体数字经济纠纷时必须"有法（规则）可依"。我国司法机关可以适用的裁判规则主要来自制定法、司法解释以及指导性案例等具有一定权威性的法律渊源。就制定法而言，司法裁判的最主要的依据是法律和行政法规。尽管我国《民法典》第127条对"数据""网络虚拟财产"等数字经济的主要载体进行了总括性规定，《数据安全法》《个人信息保护法》也已经出台，但相关立法不仅概括性较强，且其内容多以行为规则为主，在规范结构上兼有法律构成要件和法律后果的裁判规则数量非常有限。以《数据安全法》为例，该法虽然是我国数据领域中第一部专门性法律，但其中大部分内容带有较强的计划性与行动纲领性色彩，能够直接作为裁判依据的只有第44至第50条共七个条文。

由于缺乏明确的裁判规则作为理由或依据，新型数字类案件的裁判结果无法有效说服当事人和社会公众，司法的权威性与可接受性就会大打折扣。不仅如此，这一问题还会造成"同案不同判"的现象。例如，在实体法适用方面，近年来我国法院关于"比特币"等数字货币交易合同效力判定就同时存在"有效"和"无效"两种截然不同的判决结果。① 在程序法适用方面，实践中曾经普遍存在对《最高人民法院关于互联网法院审理案件若干问题的规定》第2条中的"互联网服务合同纠纷"理解差异而造成的案件管辖规则适用的差异问题，导致同一案件在互联网法院间产生不同立案处理方式的结构。② 无论是实体层面还是程序层面的"同案不同判"，都不利于稳定数字经济交易主体的行为预期，也不利于发挥司法治理对市场交易规则体系的塑造作用。

上述困境主要归因于司法机关在数字经济领域的裁判规则供给能力不足。在制定法的裁判规则供给能力无法满足数字经济治理的情况下，最高人民法院（以及最高人民检察院）发布的司法解释就成为裁判规则供给的主

---

① 参见王伟《区块链数字货币合规指南》，法律出版社2021年版，第145—146页。
② 参见姜颖、李文超《互联网法院管辖范围的优化方案》，《人民司法》2021年第19期，第67页。

力军。近年来最高人民法院虽然发布了一些与数字经济领域有关的司法解释，但其类型和内容对数据使用与权益、数字货币、个人信息保护、虚拟财产、平台企业规制等数字经济的新兴领域的覆盖明显不足。除司法解释外，实践中权威性较高的裁判规则来源还包括最高人民法院发布的指导性案例。① 然而，截至2022年10月1日最高人民法院发布的185个指导性案例中，只有7个是关于计算机互联网犯罪的案例，尚未有与数字经济治理有关的民商事以及行政类案例。② 在司法解释与指导性案例供给均严重不足的情况下，一些数字经济较为发达的地方法院开始尝试发布与数字经济治理相关的案例。③ 不过，由于这些案例毕竟不属于指导性案例，其权威性与司法拘束力都比较弱，难以填补权威裁判规则体系供给的巨大缺口。④

（四）科技赋能层面的困境及其成因

数字经济司法治理的困境还体现在科技应用层面，即现有司法治理所依赖的机制与技术手段也滞后于数字经济治理对象。数字经济诞生于数字时代，是数字科技与经济活动进行深度耦合的产物。数字时代催生的数字经济模式虽然增加了司法治理的难度，但也可能为司法治理带来"科技红利"。这意味着，数字经济的治理不仅蕴含着治理对象的数字化，也暗含着治理手段的数字化。然而，目前数字科技手段在数字经济司法治理中的应用存在"应用深度不足""应用领域过窄"以及"应用程度地域间严重不平衡"等问题。这些问题使得司法机关错失"数字红利"，并催生了数字经济司法治理在科技应用层面的困境。

首先，数字科技手段在数字经济司法治理中的应用深度不足。所谓"浅

---

① 参见孙光宁《社会主义核心价值观的法源地位及其作用提升》，《中国法学》2022年第2期，第213页。

② 即指导案例102、103、104、105、106、145、146号。

③ 例如，杭州市中级人民法院曾于2020年发布过"杭州法院司法保障数字经济十大案例"，参见孙磊等《司法如何服务数字经济？杭州中院发布十大案例》，浙江新闻，https://zj.zjol.com.cn/news.html？id=1442976，最后访问日期：2021年6月。苏州市中级人民法院也于2021年发布了"涉数字经济和数字化发展典型案例"，参见苏州市中级人民法院《"数字"里的生机与法度——苏州法院涉数字经济和数字化发展典型案例》，腾讯网，https://new.qq.com/rain/a/20210116A02J6F-00。

④ 参见孙跃《案例指导制度的改革目标及路径——基于权威与共识的分析》，《法制与社会发展》2020年第6期。

层",是指数字科技对数字经济纠纷解决的介入深度不够,其一般只停留在网上立案、远程视频庭审、案件电子档案、电子送达等方面,对涉及关键事实认定与法律适用等重要司法环节的介入明显不足。其次,数字科技手段在数字经济司法治理中的应用领域过窄。现有的数字经济纠纷解决依然适用的是传统经济纠纷解决的科技手段,人工智能、大数据、云计算等现代科技手段并没有实现对数字经济司法治理各个环节的全覆盖。最后,数字司法技术对北京、上海、杭州、深圳等数字经济较为发达地区以及互联网法院的审判活动渗透程度较高,对于那些数字经济产业发展相对滞后地区的司法机关渗透明显不足。不同地区之间在科技赋能司法方面存在的"数字鸿沟"。作为数字经济核心生产要素的数据能够以低成本跨区域流动配置,因而数字经济的发展在理论上的确有助于促进产业的分散发展,进而缓和地区发展不平衡问题。[1] 数字司法技术的区域分布不均衡,会导致不同地区数字营商环境存在较大差异。由于司法活动对于经济活动具有一定激励效应,这难免会导致数字化欠发达地区的市场主体无法享有与发达地区同等的营商法治环节,容易进一步加剧地区经济发展的不均衡。

三 我国数字经济司法治理困境的出路

基于本文上一部分的分析结论,数字经济司法治理的困境来自理念认知、体制机制、规则供给、科技应用等多个方面。因此,需要从以上四个方面采取针对性措施,为数字经济司法治理的困境探寻出路。具体而言,为了实现数字经济司法治理认知理念的迭代,需要树立并贯彻数字正义司法理念;为了应对数字经济活动"去中心化"特点,需要健全司法机关与行政机关、平台企业共同参与的多元共治体制机制;为了应对数字经济领域内的各种新型纠纷,需要通过个案裁判与司法解释、案例指导等制度路径提升裁判规则供给能力;为了提升数字经济司法治理效率与效果,需要强化数字科技司法赋能效应。

---

[1] 参见张钦昱《数据权利的归集:逻辑与进路》,《上海政法学院学报》(法治论丛)2021年第4期。

（一）理念认知层面：数字正义司法观的引入与贯彻

数字时代的来临和数字经济的司法治理需要"数字正义"的观念支持，以此实现对传统司法理念及认知的迭代，并作为具体司法适用活动的统一方向及价值目标。在法学界，有研究者指出："由于政府与社会、群体与个人、企业与用户、自我与他人的界限发生了深刻变化，数字鸿沟、算法黑箱、算法歧视、数据画像、社会监控等问题日渐突出，自由、平等、权利、公平等价值诉求及其现实利益也随之面临着变革与重建，因此，这就需要按照数字时代的发展规律和治理要求来确立数字正义。"① 北京互联网法院2021年发布的《数字正义视阈下的互联网司法白皮书》认为："数字正义是人类发展到数字社会对公平正义更高水平需求的体现，是数字社会司法文明的重要组成部分，也是互联网司法的最高价值目标，以保护数字社会主体合法权益为出发点，以激励和保护数字经济依法有序发展为原则，以互联网司法模式的深度改革和高度发展为保障，以多方联动的数字治理为手段，以满足数字经济高质量发展对司法的新需求、规范数字空间秩序和数字技术应用伦理、消减因数字技术发展带来的数字鸿沟，进而实现数字社会更高水平的公平正义为目标"。② 尽管目前法学界和法律实务界对数字正义的内涵还尚未形成完全统一的看法，但综合国内外主流观点，数字正义至少包含了两个方面的内涵。

第一个层面的内涵可以从"运用数字思维和科技手段更加高效便捷地实现正义"的角度加以阐释。阿玛蒂亚·森将正义分为"超验正义"与"对比正义"，前者旨在寻求理想情况下完美正义的制度设计，后者则更加关注如何消除现实中阻碍正义实现的不利因素。③ 根据上述分类标准，数字正义主要属于"对比正义"的范畴。数字正义是一种强调运用数字科技更好地实现传统正义的新型正义观念，即数字正义强调应当通过数字科技的应用来克服那些实现正义的阻碍因素，是一种帮助人们更加方便地"接近正义"

---

① 参见马长山《数字社会的治理逻辑及其法治化展开》，《法律科学》2020年第5期。
② 参见张凌寒《算法评估制度如何在平台问责中发挥作用》，《上海政法学院学报》（法治论丛）2021年第3期。
③ Amartya Sen, *The Idea of Justice* (2009), Emphasisadded, pp.5-7.

的模式。① 数字时代的到来对司法机制与技术产生了深刻而广泛的影响，为降低司法治理成本创造了物质层面的有利条件。因而，数字正义并非是对传统正义观的完全超越或替代，其本质上是对传统正义观念在数字时代语境下的扩展和补充。

数字正义第二个层面的内涵，则可以理解为"通过法治来设定约束数字科技的规范标准"。数字科技在为社会经济发展带来新红利的同时，也暗藏诸多新的风险隐患。例如，基于信息不对称和专业认知能力的差异，普通人很难充分理解算法的运行规则。② 一旦算法歧视被应用到商业领域，数字科技应用产生的红利将完全被资本所垄断，从而严重侵害用户权益并降低社会整体福祉。同时，数字经济发展也容易引发"数字鸿沟"，从而损害"数字弱势群体"的基本权利。③ 类似上述风险也会随着数字科技对司法活动的渗透而传递到司法中并引发裁判不公，这与数字正义所追求的"接近正义"之理念南辕北辙。因此，强调通过法律规范、技术伦理以及必要的技术措施来规制数字科技的应用，也是数字正义的题中之义。

司法机关若要在数字经济治理中贯彻数字正义观，需要在以下几个方面树立相应的司法理念。首先，司法机关要善于运用数字思维和数字科技来提升正义实现的效率，构建和完善"用户（当事人）友好型"的数字经济治理模式，使数字经济司法治理的效率与数字经济发展的需求相互匹配，帮助数字经济纠纷中当事人更加便捷地"接近正义"。其次，司法活动需要将传统意义上的平等、公正、诚信、自由等法的价值追求重构为适用于数字经济关系的法律原则与法律规则，通过妥当的裁判来消解数字科技发展带来的"明显的不正义"及其产生的负面影响，以此引导数字经济持续健康发展，对数字经济发展中可能产生的风险问题保持高度警惕。④ 最后，司法机关自身在将互联网通信、大数据、区块链、人工智能、虚拟现实（VR）等技术引入司法治理活动的同时，也必须为这些技术的应

---

① 参见［英］理查德·萨斯坎德《线上法院与未来司法》，何广越译，北京大学出版社2021年版，第64—69页。

② Maayan Perel & Niva Elkin-Koren, "Black Box Tinkering: Beyond Disclosure in Algorithmic Enforcement", *Fla. L. Rev.* Vol. 69, p. 181, p. 184 (2017).

③ 参见宋保振《"数字弱势群体"权利及其法治化保障》，《法律科学》2020年第6期。

④ 例如，"公正"价值观在算法治理和个人信息保护领域分别体现为"算法公正（非歧视）"与"正当目的"原则；"诚信"价值观在个人信息数据处理领域体现为"告知—同意"规则，在算法治理领域体现为"算法透明（可解释）"原则。

用设定完备的司法技术伦理规范，防止数字科技对司法权的僭越造成"远离正义"的效应。

（二）体制机制层面：司法机关参与的多元共治模式构建

数字经济治理中司法机关与多方主体的联动协调机制需要以数据共享为物质基础。司法机关可以与行政监管部门、平台企业建立数据共享机制，为多方共同治理提供决策参考。就司法与行政监管的数据而言，司法机关从行政监管部门和平台企业获取数据，可以为司法裁判中的事实认定和法律适用提供大数据层面的决策支持，从而提升裁判精确度。① 司法机关向行政监管部门共享数据，有助于行政监管部门突出监管与执法重点并以此规范自身的执法活动。同时，司法机关还可以通过"司法建议"等方式向行政监管部门提示法律风险，从而克服司法治理的被动性缺陷，同时也可以增强行政监管的法律专业性。就司法机关与平台企业的数据共享机制而言，司法机关与平台企业可以建立常态化数据合规沟通机制，并通过"诉源治理"提前化解数字经济纠纷。反之，法院也可以将其对数字经济案件的裁判规则及时公开，督促平台合规经营，降低数字经济法律风险。② 出于个人信息及数据权益保护的考虑，司法机关掌握的数据（包括从行政机关、其他平台企业收集的）在与平台企业共享时要进行数据分级处理，对于敏感涉密数据要建立专有的封闭式数据库进行管理。

在具体司法活动中，司法机关应当尊重行政机关的监管规定以及平台企业自治中产生的合理规则。由于数字经济领域立法的粗疏和滞后，行政机关发布了大量的部门规章和规范性文件为相关领域的执法活动提供依据。尽管司法治理与行政监管的方式存在差异，但通过对这些规范性文件进行解释与适用，能够在很大程度上缓解裁判规则的紧缺问题，同时也体现了司法机关

---

① 例如，杭州市中级人民法院就在探索通过数字经济治理的府院联动与调研走访机制。参见余建华、钟法《杭州中院：精准发力为数字经济保驾护航》，中国法院网，https：//www.chinacourt.org/article/detail/2020/05/id/5185283.shtml。

② 这一思路也可用于检察机关与平台企业的互动之中，即平台企业合规治理。例如，检察机关可以与行政监管部门、第三方机构可以共同建立司法数据共享机制，对涉案平台企业的违法行为进行充分评估，根据违法行为的性质与具体程度选择性或综合运用企业合规、公益诉讼等手段来降低数字经济治理成本。

对行政监管的尊重。① 例如，在"比特币"等数字货币的司法纠纷中，中国人民银行等国务院七部委制定的《关于防范代币发行融资风险的公告》就为数字货币属性的判断提供了司法依据。② 除行政监管规定外，司法机关还可以从平台企业自治规则中吸取裁判资源。平台企业的内部纠纷解决规则本质上是一种带有个别规范性质的多方契约，其不仅是数字经济意识自治的体现，而且能够为数字经济纠纷解决提供了不少有益的解决方案，可以被用于分担部分司法治理的压力。当然，无论是行政监管规定还是平台自治规则都可能存在不合理甚至不合法之处，司法机关不能无条件适用。对于行政监管规范文件以及平台企业自治规则的合法性与正当性，司法机关依然负有审查义务。司法机关对行政监管规定和平台规则的附条件适用，不仅是数字经济多方共治机制的基石，而且也进一步丰富了治理依据与治理方案。

（三）规则供给层面：裁判规则的类型化与体系化输出

目前数字经济领域内的疑难案件主要分为三类。第一类为"根据数字经济新特征适用既有规则类案件"。例如，因数字产品采购招投标引发的招标方、技术中介方、技术服务提供方之间的法律纠纷，尽管带有一定的数字经济色彩，但其法律关系适用代理合同、买卖合同的相关裁判规则即可解决。应对此类案件，应采用"释法型"裁判规则供给模式，司法机关只需根据合同约定对现有法律规定进行解释，厘清各方权利义务关系并判定违约方责任即可。③

第二类为"创制关于数字经济新型案件裁判规则类案件"，应对此类案件应采用"造法型"裁判规则供给模式。例如，近年来我国网络游戏娱乐产业高速发展，关于网络游戏能否获得著作权法保护、具体的保护路径选择、游戏侵权比对方法、游戏侵权救济模式等问题均存在争议。在"上海恺英网络科技有限公司、浙江盛和网络科技有限公司诉苏州仙峰网络科技股份有限公司著作权纠纷案"中，司法机关不仅结合具体案件事实用一篇数

---

① 参见李晶《论法定数字货币的法律性质及其监管》，《上海政法学院学报》（法治论丛）2022年第2期。

② 参见（2020）苏03民终394号民事判决书、（2020）粤01民终5543号民事判决书。

③ 如"杭州引跑数据技术有限公司诉杭州易康信计算机系统工程有限公司买卖合同纠纷案"，参见（2018）浙0106民初5912号民事判决书、（2018）浙01民终8464号民事判决书。

万字的判决书对上述问题进行了回应，而且还采用了"先行判决＋临时禁令"的创新模式为当事人提供救济。① 对于存在法律漏洞的数字经济类案件，司法机关不能持有消极裁判的理念，而是应当将自身作为裁判规则的创造者，在制度允许的范围内通过个案裁判为弥补数字经济治理依据空缺创造可能。

第三类案件需要司法机关对平台企业、消费者、行政监管部门等多方权益进行平衡，并充分考量个案裁判对整个数字经济产业的普遍激励效应，实现法律效果与经济效果的统一。② 例如，在近年来较为火爆的"网红带货"经济模式中，时常发生商家过于迷信网红对粉丝消费行为的引导能力而与之签订较为苛刻的合同条款（如约定"收益保底"等内容）引发的纠纷。在带货压力过大的情况下，"网红"难免就会过度引导（甚至误导）消费者进行非理性消费。此种情况下，司法机关就应当通过审慎处理合同中的收益保底条款来平衡"网红"与商家之间的利益，在引导商家合理评估"网红"的消费引导能力的同时，保护"网红"群体的合法利益并兼顾消费者的潜在利益。③ 在一起涉及平台算法自动化决策规则的案例中，法院通过对算法自动化决策的司法审查，厘清了平台行使算法权力的合理边界，明确了算法自动化决策的程序正当性标准，确定了平台公开算法规则、合理解释技术原理、第三方专业机构验证等判定规则。④ 通过上述裁判活动，司法对平台利益、用户利益及公共利益之间进行了动态平衡，以此促进数字经济健康发展。

司法机关可以通过综合运用司法解释、司法解释性质文件、指导性案例、典型案例、司法政策等各种多种方式，来打造层级有序、形式多样的数字经济案件裁判规则体系，以满足不同类型案件的裁判需求。⑤ 当某一领域积累的优质判决与案例数量足够多时，可以运用"提公因式"方法将其裁判要点和裁判经验转化为抽象司法解释规则，通过司法解释与司法案例间的

---

① 参见（2018）浙01民初3728号民事判决书（先行判决）。

② 有研究者将这种裁判思路称之为"向前看的司法态度"。参见桑本谦、李秀霞《"向前看"：一种真正负责任的司法态度》，《中国法律评论》2014年第3期。

③ 参见（2019）浙0109民初16158号民事判决书。

④ 杭州互联网法院：《平台能否根据算法自动化决策进行处罚？法院回应来了》，百度，https://baijiahao.baidu.com/s?id=1711391531543441337&wfr=spider&for=pc。

⑤ 参见孙跃《指导性案例与抽象司法解释的互动及其完善》，《法学家》2020年第2期。

良性互动形成数字经济的治理合力。① 新产生的裁判规则在后续适用时，再借助个案裁判进一步细化。如此循环往复，就可以逐步打造相对完备的数字经济裁判规则体系，同时也可以为后续立法完善提供反馈与参考。

（四）科技赋能层面：ODR 与线上诉讼的系统性嵌入

数字科技赋能司法治理具有两方面的作用：其一，通过科技赋能，提升传统司法模式在应对数字经济挑战时的能力；其二，数字化司法能够创造更加契合于特定数字经济领域（如电子商务）治理活动的外部有利条件。深化数字技术的治理赋能效应，需要从"框架"和"模块"两个角度入手。在纠纷解决的基本框架搭建方面，可以将"ODR＋在线诉讼"嵌入现有的"传统 ADR＋线下诉讼"系统之中，打造线上与线下互联互通、诉讼与非诉讼互补的"一站式"数字经济纠纷解决服务平台。

ODR 即"在线纠纷解决机制"（Online Dispute Resolution），是指运用互联网技术在线上对纠纷进行调解、控制和解决。② 因此，ODR 可以视为传统的线下 ADR 在数字时代的扩展和迭代。类似的，在数字技术的加持下，传统的线下诉讼纠纷解决模式也开始向线上拓展。2021 年我国最高人民法院发布了《人民法院在线诉讼规则》，将在线诉讼的范围界定为"依托电子诉讼平台，通过互联网或者专用网络在线完成立案、调解、证据交换、询问、庭审、送达等全部或者部分诉讼环节"。就诉讼解决成本而言，线下诉讼和传统 ADR 等线下纠纷解决机制一般要高于在线诉讼和 ODR 等线上纠纷解决机制，因为后者可以借助互联网技术大大降低纠纷解决在物理层面上的成本。在效率方面，ODR 和在线诉讼依托于数据平台和算法辅助，可以实现纠纷解决的"自动化"或"半自动化"，从而提升纠纷解决效率。就普适性而言，传统的线下诉讼最为广泛，因为无论民事、行政、刑事案件都属于其适用范围。在线诉讼模式次之，其主要用于民事、行政案件以及部分刑事案件的审理。传统的 ADR 则主要通过仲裁、调解等方式来解决民商经济领域

---

① 例如，2021 年 4 月我国"人脸识别第一案"终审宣判，其裁判规则与 2021 年 7 月最高人民法院发布的《关于审理使用人脸识别技术处理个人信息相关民事案件适用法律若干问题的规定》基本保持一致。参见人民法院报《"人脸识别第一案"二审宣判》，中国法院网，https：// www.chinacourt.org/article/detail/2021/04/id/5956124.shtml。

② 参见［英］理查德·萨斯坎德《线上法院与未来司法》，何广越译，北京大学出版社 2021 年版，第 60—63 页。

中的纠纷。① ODR 的普适性相对最低,因为目前 ODR 主要应用于数量众多、标的额不大的电子商务纠纷解决。

由于上述四种在数字时代并存的纠纷解决方式各有优缺点,因此应当强化这四种机制之间的衔接配合,以实现优势互补。由于 ODR 和在线诉讼的适用范围较传统 ADR 和线下诉讼较窄,因而应当通过纠纷分流机制,将那些适合通过线上模式解决争议引导进入 ODR 或在线诉讼。可以建立由司法机关主导、第三方平台参与的在线纠纷解决服务平台,实现 ODR 和在线诉讼的无缝衔接。以电子商务纠纷为例,消费者与商家发生纠纷后,可以直接通过 ODR 进行解决;解决不成的,相关纠纷事实和证据以数据化直接共享给在线诉讼服务平台,纠纷双方只需转入在线诉讼程序即可。对于那些不适用线上诉讼的案件,再根据具体案件类型和性质转入传统 ADR 或线下诉讼进行解决。

数字科技对数字经济纠纷解决的赋能效应不仅体现在机制层面,还体现在具体的司法程序层面。以民事诉讼为例,数字经济纠纷中有不少证据属于电子证据,区块链技术借助数据的分布式存储与哈希校验加密方式,可以有效保证电子数据的原始性,降低存证与认证成本。②《人民法院在线诉讼规则》对区块链存证的认证规则进行了初步规定。未来需要结合具体的司法实践需求进一步细化司法实践中区块链存证和认证的裁判规则,并加强司法机关对第三方存证平台的监管。同时,区块链存证也可以被引入 ODR 机制中,进一步确保 ODR 与在线诉讼衔接过程中电子数据的真实性。在法律适用方面,可以借助司法大数据与人工智能辅助为数字经济纠纷中的司法决策提供参考和辅助,以提高裁判结果的合理性与裁判效率。例如,在数字经济反垄断案件中,司法大数据可以为"相关市场"的界定提供统计学上的支持。③ 在数字经济纠纷案件繁简分流程序中,人工智能辅助系统具有的案件要素识别、类案检索与智能推送、案件自动化处理等功能,则可以有效提高纠纷解决效率,提升数字经济司法治理的总体效能。

---

① Colin Rule, *Online Dispute Resolution for Business: B2B, Ecommerce, Consumer, Employment, Insurance, and Other Commercial Conflicts*, Jossey-Bass Press, 2002, p.103.

② 参见史明洲《区块链时代的民事司法》,《东方法学》2019 年第 2 期。

③ 例如,最高人民法院指导案例 78 号("3Q 大战案")在界定"相关市场"时,就运用了假定垄断者测试(HMT)、价格上涨(SSNIP)、质量下降(SSNDQ)等数据分析模型。只是囿于当时技术手段的限制,司法大数据在本案的处理中尚未得到深度应用。

总结

在数字经济发展和国家治理体系与治理能力现代化的背景下,司法治理是数字经济治理中不可或缺的重要环节。数字经济的司法治理需要引入数字正义观念,为数字经济司法治理能力提升的实践活动提供了指引,明确了数字经济司法治理的总体方向、基本理念以及规范底线,降低了各项司法改革措施和具体个案裁判活动过度偏离正义的可能性。同时,数字正义本身在理论上还是一种不够成熟和完备的法律价值追求,其需要从司法实践中萃取经验和资源以丰富自身的内涵、实现自我迭代。司法与行政监管部门以及平台企业的多元共治机制,有助于司法机关从行政规范和平台自治规范中吸取规则;日益丰富的数字经济裁判规则体系,也为规范多方共治机制提供了更加充实的正当性依据。数字科技赋能司法治理,为司法机关与多方主体的联动治理机制提供了技术支持;随着数字科技赋能司法治理的效应日益突出,司法机关与行政机关、平台企业之间的联系也日益紧密和顺畅。基于司法观念、体制机制、裁判规则、科技赋能等多方面举措的实施,司法得以早日走出困境,为规范与促进数字经济健康、持续、高速发展创造全方位条件。

The Predicament and Outlet of Judicial Governance of Digital Economy in China

Sun Yue

Abstract: The judicial governance of digital economy is mainly composed of resolving and preventing digital economic disputes, developing digital economic governance rules, standardizing the market order of digital economy and optimizing the business environment of digital economy. At present, China's judicial governance of digital economy is facing many difficulties in the aspects of concept cognition, system mechanism, rule supply, science and technology application, etc. The causes of these dilemmas include that the judicial concept and cognition lag behind the relationship of the digital economy, the governance mechanism is difficult to deal with the "decentralized" digital economic activities, the supply capacity of judicial rules in the field of digital economy is insufficient, and the application of digital technology in the governance of the digital economy is not perfect. To explore the way out of the above predicament, we need to introduce and implement the judicial concept of digital justice, build a pluralistic co-governance model in which judicial authorities participate, strengthen the typology and systematization of the output of judicial rules, and systematically embed ODR and online litigation into the field of digital economic governance.

Key words: digital economy; judicial governance; digital Justice; multiple co governance; legal methods

网络平台版权治理的兴起及其路径考量[*]

刘学涛[**]

摘　要：相较于传统的以提供影视作品为主要内容的长视频平台，集合直播和短视频功能的新类型平台呈现出诸多新特点，使得该类平台在信息管理、平台治理等方面有别于传统网络平台，由此在版权保护上产生了新的争议和冲突。"通知—删除"规则在现阶段不会因过时而被摒弃，而是应该在适用做出适当的调整；版权过滤技术或许是未来的发展趋势，但不是现阶段中国互联网发展所必需的。因此，网络平台版权治理未来的发展趋势可以考虑重新的路径：即在坚守"通知—删除"规则价值基础上，根据不同网络平台的特性，强化建立权利人和网络平台之间的"通知—删除"规则衔接流程，在司法实践中逐步确立不同平台注意义务的合理边界。具体来说：加快信用体系建设、加大司法保护力度、引入集体管理机制，从而让广大作家、知识分子从知识的创作、传播和版权保护中获得尊重，获得应得的版权回报与激励，不断增强获得感、幸福感、安全感。

关键词：网络平台；版权；"通知—删除"规则；版权过滤

习近平总书记在党的二十大报告中鲜明提到"加快建设网络强国、数字中国""加强全媒体传播体系建设，推动形成良好网络生态""坚定维护国家政权安全、制度安全、意识形态安全"等关键词语和信息。在数字时代，版权人的利益受到了前所未有的威胁。"大数据背景下数字化运用是推进国

---

[*] 本文系西安市2022年度社会科学规划基金重点项目"新时代'枫桥经验'促进西安市域社会治理现代化研究"的阶段性研究成果，项目编号：202203。

[**] 刘学涛，西北政法大学法治陕西建设协同创新中心、西北政法大学枫桥经验与社会治理研究院研究员，法学博士。

家治理体系和治理能力现代化的一场深刻变革"，①数字技术使复制和传播作品完美复制件的盗版行为几乎无须任何成本。通过计算机和网络，任何人都可以对数字化作品进行低成本、高质量和无限次的复制，并将其传送给其他用户，或上传至网络站点供公众自由下载。对于消费者而言，如果可以以极低的价格购买，甚至免费从网上下载"原汁原味"的盗版复制件，也就不会再向版权人付费购买其作品了。而版权人却难以通过传统手段对数字化作品的复制和传播进行有效的控制。虽然各国相关法律都赋予了版权人一定程度的专有权利，如"复制权""发行权"和"信息网络传播权"等，并规定相应的法律救济途径以保护其合法利益，但这种方法在数字时代已经很难有效地起到保护作用了。其原因在于，法律救济多属于事后救济，即只有在发现侵权行为或出现损害后果之后法律才能进行干预。而数字化作品一旦被非法复制、置于网络中传播，在短期内就可以形成成千上万份非法复制件被人们所使用，法律救济手段的实效性大打折扣。与此同时，侵权者往往是众多缺乏经济赔偿能力的个人用户，逐一寻找这些侵权用户并追究其法律责任并不现实。"因此在数字时代，仅依靠传统的法律保护方法很难充分保护版权人的利益。"②党的十九届四中全会提出要推进国家治理体系和治理能力现代化，在中央全面依法治国工作会议上，习近平法治思想继而指出了法治的重要依托作用，这一新的时代背景赋予了包括平台治理在内的数字社会治理新的价值和意义。"网络安全关涉国家利益、群体性个人信息权益、儿童权益等多种公共利益。"③网络平台不仅是信息、服务的汇集之处，也是各种矛盾、力量的汇集之处，不可避免地会出现各种问题。与此相伴随的是，新技术发展迅猛，在互联网行业大规模应用的同时，对于网络平台版权治理带来了新变化、提出了新要求，值得深入研究。

一 网络平台版权治理的兴起

20世纪90年代后，随着网络技术的迅速发展与社会化，网络逐渐突破

---

① 刘学涛、李月：《大数据时代被遗忘权本土化的考量——兼以与个人信息删除权的比较为视角》，《科技与法律》2020年第2期。

② 王迁：《版权法对技术措施的保护与规制研究》，中国人民大学出版社2018年版，第1页。

③ 肖新喜：《论网络安全的公益诉讼保护》，《上海政法学院学报》（法治论丛）2022年第3期。

了原有信息传播媒介与生活工作工具的初始功能，不断改变形塑着人类社会形态，在此基础上，形成了全新的社会领域——网络社会。① 网络社会并非"乌托邦"，也存在着诸多的问题，如虚假不良信息、网络侵权、网络犯罪、网络安全问题等。② 网络社会治理遂成为我们所处时代的重要命题。就网络社会的治理模式而言，一直存在着两种声音：一者认为网络社会不同于现实社会，无须国家的治理，通过网络技术即可实现自我治理；另一者则认为网络空间仍是现实社会的重要组成部分，基于维护网络社会秩序、保护网络社会主体权益、现实组织权威等因素，仍应由国家加以治理。③ 相应地，形成了网络社会治理的两种主要模式：技术自治模式与国家中心模式。技术自治模式可能带来的无序性与国家中心模式的相对低效，使得人们开始寻找网络社会治理的全新进路。随着 WEB 2.0 时代的到来，网络平台成为网络社会的主流服务提供者，其通过技术优势能够有效地规范平台内信息传播行为，行政机关在坚持国家中心模式的同时，开始尝试更大限度地发挥网络平台的技术自治，以此在保证网络社会秩序的同时提高治理的效率。

"数字网络技术改变了版权内容拥有者、传播者、使用者三者之间的利益格局，实现了版权制度从'印刷版权'、'电子版权'到'网络版权'的转变，推动我国以《信息网络传播权保护条例》为主要标志的网络版权制度的建立。"④ 版权在法律意义上指的是"组织或者个人有权享有对某个作品或者成果的出版权和销售权，其他人如果未经本人允许进行复制、倒卖，则是对当事人的一种侵犯版权行为"。⑤ 何为网络平台？笔者认为网络平台就是利用互联网技术搭建一个网站或者 App，通过提供内容等服务，促进双方或者多方需求平衡。这种需求根据内容可能是新闻资讯、娱乐购物或者沟通交流等。在网络空间，尤其是"互联网＋"时代，网络平台则承担着组织、交流、管理等多项职能，相应地承担着更多义务。网络平台治理，是指对以网络平台为核心而构建的网络空间的治理，特别是对网络平台所传输、

---

① 参见邹晓玫《网络服务提供者之角色构造研究》，《中南大学学报》（社会科学版）2017 年第 3 期。
② 参见孙午生《网络社会治理法治化研究》，法律出版社 2014 年版，第 32—74 页。
③ 参见丁春燕《网络社会法律规制论》，中国政法大学出版社 2016 年版，第 15—19 页。
④ 田小军、柏玉：《我国网络版权制度演化的现状、挑战与应对》，《中国版权》2016 年第 3 期。
⑤ 王素玉：《版权法的经济分析》，经济科学出版社 2016 年版，第 35 页。

存储和传播的信息内容与服务的治理,其治理的主体可以是多元的,既包括政府机构,也包括政府以外的公共机构、网络平台企业、互联网行业协会以及网络用户等。"面对产业发展中网络盗版问题,平台企业应当探索通过技术升级与规则创新等方式进行网络版权治理,从而促进平台生态的良性发展。"①

二 "通知—删除"规则在网络平台版权领域的发展

1996年12月,世界知识产权组织(World Intellectual Property Organization,即WIPO)通过了《世界知识产权组织著作权条约》《世界知识产权组织表演人与录音物条约》两项条约,试图在国际范围内指导解决因国际互联网蓬勃发展而引起的著作权问题。为了将1996年世界知识产权组织通过的以上两项著作权条约纳入美国的著作权法,美国于1998年10月颁布了《数字千禧年版权法案》(DMCA)以实现此目的。起源于《数字千禧年版权法案》的"通知—删除"规则是对平台责任影响最为深远的法律规则之一。根据此规则,网络服务提供者对其用户或者所链接对象的侵权行为需承担间接/共同侵权责任时,可以主张责任豁免。正如有学者所言"网络服务提供者是为网络用户提供各种技术服务而并不参与网络用户的信息制作或推荐的各类网络组织或个人。"②此规则在设立之初,主要是在提供信息存储和搜索定位的网络服务提供者与版权人、使用人之间,建立快速合作机制,以推动作品的网上发布和分享。我国引进了该"通知—删除"规则,《信息网络传播权保护条例》将网络服务提供者分为自动传输、自动接入、自动存储、信息存储空间以及搜索、链接服务提供者。该条例明确在信息网络传播权领域,信息存储空间以及搜索、链接服务提供者适用"通知—删除"规则,而自动传输、自动接入和自动存储服务提供者不适用"通知—删除"

---

① 黄嘉慧、黄汉章:《平台生态时代的网络版权治理新规则》,《出版发行研究》2017年第1期。

② 张翀:《网络服务提供者法律义务的同质化困境及其解决途径》,《学术交流》2021年第5期。

规则。① 然而，从实践情况来看，其引发诸多争议。当前，不论是美国，还是借鉴该制度的中国，都在考虑调整该规则。

三 "通知—删除"规则的规范依据

（一）比较法的法律规定

"通知—删除"规则是指在网络用户利用网络服务者提供的网络实施侵权行为时，如果网络服务提供者不知道侵权行为存在，则只有在受害人通知网络服务提供者侵权行为存在，并要求其采取必要措施以后，网络服务提供者才有义务采取必要措施以避免损害的扩大。在美国，又称为"避风港"规则。这个概念最早由美国1998年《数字千禧年版权法案》提出，旨在解决互联网时代著作权保护的法律问题。随后，"避风港"规则成为处理网络服务提供者与版权人纠纷解决的核心原则。

---

① 《信息网络传播权保护条例》第二十条　网络服务提供者根据服务对象的指令提供网络自动接入服务，或者对服务对象提供的作品、表演、录音录像制品提供自动传输服务，并具备下列条件的，不承担赔偿责任：（一）未选择并且未改变所传输的作品、表演、录音录像制品；（二）向指定的服务对象提供该作品、表演、录音录像制品，并防止指定的服务对象以外的其他人获得。《信息网络传播权保护条例》第二十一条　网络服务提供者为提高网络传输效率，自动存储从其他网络服务提供者获得的作品、表演、录音录像制品，根据技术安排自动向服务对象提供，并具备下列条件的，不承担赔偿责任：（一）未改变自动存储的作品、表演、录音录像制品；（二）不影响提供作品、表演、录音录像制品的原网络服务提供者掌握服务对象获取该作品、表演、录音录像制品的情况；（三）在原网络服务提供者修改、删除或者屏蔽该作品、表演、录音录像制品时，根据技术安排自动予以修改、删除或者屏蔽。《信息网络传播权保护条例》第二十二条　网络服务提供者为服务对象提供信息存储空间，供服务对象通过信息网络向公众提供作品、表演、录音录像制品，并具备下列条件的，不承担赔偿责任：（一）明确标示该信息存储空间是为服务对象所提供，并公开网络服务提供者的名称、联系人、网络地址；（二）未改变服务对象所提供的作品、表演、录音录像制品；（三）不知道也没有合理的理由应当知道服务对象提供的作品、表演、录音录像制品侵权；（四）未从服务对象提供作品、表演、录音录像制品中直接获得经济利益；（五）在接到权利人的通知书后，根据本条例规定删除权利人认为侵权的作品、表演、录音录像制品。《信息网络传播权保护条例》第二十三条　网络服务提供者为服务对象提供搜索或者链接服务，在接到权利人的通知书后，根据本条例规定断开与侵权的作品、表演、录音录像制品的链接的，不承担赔偿责任；但是，明知或者应知所链接的作品、表演、录音录像制品侵权的，应当承担共同侵权责任。

依照此原则，网络服务提供者对用户上传内容并不负有一般性的审查义务。部分欧盟国家认为，网络服务提供者仅承担"通知—删除"义务。如，根据法国《信任数字经济法》第6条第2款的规定，网络服务提供者不承担一般性的审查义务。但是，本法同时规定：自网络服务提供者知道相关信息构成侵权之日起，应立即删除侵权信息。相应地，如果网络服务提供者对侵权信息不知情，则不应承担相关责任。德国1997年《规定信息和通讯服务的一般条件的联邦立法》规定，网络服务提供者一般不对第三人的信息承担责任，除非他们对信息进行了有意的利用。欧盟1998年发布的《电子商务指令》第12条规定，网络服务提供者一旦得到权利人提出异议的通知，都应当迅速地删除侵权信息。如果信息服务商仅仅只是转发，并没有选择特定的发送对象且没有对转发的内容做出修改，则其将不对转发的信息内容承担责任。

（二）国内法的法律规定

"数据是信息的主要表现和转换形式，数据共享已成为个人信息利用的一种极为快捷便利的有效方式"①，信息网络传播权是网络版权保护发展到一定阶段的产物。1996年《世界知识产权组织版权条约》（简称WCT）确定了"公开传播权"，这是我国信息网络传播权的直接来源。2001年，我国通过修订后的《著作权法》，首次设立了"信息网络传播权"。为了解决作品网络传播多方主体利益平衡问题，2006年我国制定了《信息网络传播权保护条例》并于2013年进行了修订。"'通知—删除'规则在侵害信息网络传播权领域中得以正式确立，为网络服务提供者在信息网络传播权侵权中提供了免责条件。"② 自《信息网络传播权保护条例》引入"通知—删除"规则以来，各地法院不仅在信息网络传播权领域适用这一规则，而且在涉及网络的商标、专利等知识产权案件中也参照适用。随后，《侵权责任法》在总结既有经验的基础上，再次引入"通知—删除"规则，将其适用范围扩大至该法保护范围内的所有民事权益类型，并确立了"通知—删除"规则在网络侵权案件中的一般规则地位。《侵权责任法》施行以后，"通知—删除"

---

① 宋才发：《个人信息保护的法律规制与法治路径》，《重庆邮电大学学报》（社会科学版）2022年第5期。

② 姚震：《论"通知—删除"规则对云服务器提供商的豁免——兼议"转权利人通知"》，《南通大学学报》（社会科学版）2020年第5期。

规则在除信息网络传播权以外的知识产权案件中就不再是参照适用了,而是直接适用。

四 "通知—删除"规则在互联网知识产权保护领域的应用

"通知—删除"规则最初在美国被应用于调整互联网的版权侵权现象,而后适用和调整的范围不断扩大,甚至超出了版权范围,而后我国根据自身发展情况也引进了这一规则。在《电子商务法》施行前,我国已在互联网领域,尤其是互联网知识产权保护领域的立法应用了"通知—删除"规则。早在2005年,我国便以规章形式规定了"通知—删除"规则。根据《互联网著作权行政保护办法》第5条、第7条的规定,互联网信息服务提供者接到著作权人的通知后应当立即采取措施移除相关内容,接到互联网内容提供者反通知后即可恢复被移除的内容,此情形下无须承担行政法律责任。2006年颁布的《信息网络传播权保护条例》第14条至第17条对"通知—删除"规则进行了规定,其中第14条对适用主体的外延进行了限缩,"通知—删除"规则不适用于自动接入、自动缓存和自动传输服务提供者,而只适用于提供信息存储空间或提供搜索、链接服务的网络提供者。《侵权责任法》第36条则将"通知—删除"规则的主体适用范围扩张至利用网络服务实施的所有侵权行为。由此得知,我国在《信息网络传播权保护条例》中首次借鉴"通知—删除"规则,之后在《侵权责任法》《电子商务法》等法律中不断修正。目前,该规则的适用范围已经从著作权扩展到全部知识产权,从电子商务交易扩展到整个网络服务。2020年5月28日颁布的《民法典》进一步对《侵权责任法》的"通知—删除"规则进行了优化,明确了网络服务提供者对权利人通知的"转通知"义务,增加了"反通知"规定,且明确了平台可以根据服务类型的不同采取必要措施。《民法典》"侵权责任编"在《侵权责任法》的基础上对"通知—删除"规则继续修正,并吸收了《电子商务法》第42—45条的主要规定,最终确立了《民法典》"侵权责任编"第1194—1197条的"通知与必要措施"规则。对"通知—删除"规则的重大修正与完善,主要体现在如下四个方面:

（一）"通知"的构成要素

《民法典》规定，权利人的通知应当包括构成侵权的初步证据及权利人的真实身份信息。① 与此相对应，网络用户的不侵权声明也应当包括不存在侵权行为的初步证据及网络用户的真实身份信息。② 要求权利人和网络用户在通知和声明中提供初步证据及真实身份信息的规定，有利于降低错误和恶意投诉的风险。

（二）审查不限于形式审查

《民法典》规定，网络服务提供者接到通知后，应当及时将该通知转送相关网络用户，并根据构成侵权的初步证据和服务类型采取必要措施。③ "这一规定有别于《电子商务法》把平台仅作为行使转通知的'信使'角色。"④ 相反，它规定网络服务者必须就初步证据的侵权可能性进行审查和判断，排除合理的怀疑，之后再根据服务类型的不同采取必要措施。不同类型的网络服务提供者对网络用户的管理与控制能力各不相同，可以根据不同

---

① 《民法典》第 1195 条 网络用户利用网络服务实施侵权行为的，权利人有权通知网络服务提供者采取删除、屏蔽、断开链接等必要措施。通知应当包括构成侵权的初步证据及权利人的真实身份信息。网络服务提供者接到通知后，应当及时将该通知转送相关网络用户，并根据构成侵权的初步证据和服务类型采取必要措施；未及时采取必要措施的，对损害的扩大部分与该网络用户承担连带责任。权利人因错误通知造成网络用户或者网络服务提供者损害的，应当承担侵权责任。法律另有规定的，依照其规定。

② 《民法典》第 1196 条 网络用户接到转送的通知后，可以向网络服务提供者提交不存在侵权行为的声明。声明应当包括不存在侵权行为的初步证据及网络用户的真实身份信息。网络服务提供者接到声明后，应当将该声明转送发出通知的权利人，并告知其可以向有关部门投诉或者向人民法院提起诉讼。网络服务提供者在转送声明到达权利人后的合理期限内，未收到权利人已经投诉或者提起诉讼通知的，应当及时终止所采取的措施。

③ 《民法典》第 1195 条 网络用户利用网络服务实施侵权行为的，权利人有权通知网络服务提供者采取删除、屏蔽、断开链接等必要措施。通知应当包括构成侵权的初步证据及权利人的真实身份信息。网络服务提供者接到通知后，应当及时将该通知转送相关网络用户，并根据构成侵权的初步证据和服务类型采取必要措施；未及时采取必要措施的，对损害的扩大部分与该网络用户承担连带责任。权利人因错误通知造成网络用户或者网络服务提供者损害的，应当承担侵权责任。法律另有规定的，依照其规定。

④ 参见兰昊《电商领域知识产权"通知—删除"规则的困境与出路》，《知识产权》2020 年第 4 期。

服务类型以及不同的知识产权类型区分对待,按照比例原则,采取更加多元化的必要措施。

(三) 错误通知的责任承担

《民法典》规定权利人因错误通知造成网络用户或者网络服务提供者损害的,应当承担侵权责任。① 该规定并未区分权利人的故意或过失,也没有关于恶意通知责任的规定,而是引导致其他法律的另有规定。例如《电子商务法》规定了恶意发出错误通知的加倍赔偿责任。② 更重要的是,《电子商务法》仅规定了对造成平台内经营者损害承担民事责任的情况,而《民法典》增加了对造成网络服务提供者的损害进行同样救济的规定,从而对发出错误通知的权利人进行了制衡。

(四) 反通知的等待期

《民法典》规定网络服务提供者在转送声明到达权利人后的合理期限内,未收到权利人已经投诉或者提起诉讼通知的,应当及时终止所采取的措施。③ 该规定优化了备受诟病的《电子商务法》对"十五日"等待期规定,有利于权利人与网络用户利益的平衡,赋予网络经营者更多的自治空间,避免部分网络用户在销售、促销旺季错失销售良机。

五 现行"通知—删除"在网络领域的发展困境

"通知—删除"规则被美国《数字千禧年版权法案》最先运用,在版权领域,网络服务提供者并不承担对用户内容的事前审查义务,如接到权利人的合格侵权投诉通知并及时删除该侵权作品或断开链接后,更可进入免责的"避

---

① 《民法典》第 1195 条。

② 《电子商务法》第 42 条:知识产权权利人认为其知识产权受到侵害的,有权通知电子商务平台经营者采取删除、屏蔽、断开链接、终止交易和服务等必要措施。通知应当包括构成侵权的初步证据。电子商务平台经营者接到通知后,应当及时采取必要措施,并将该通知转送平台内经营者;未及时采取必要措施的,对损害的扩大部分与平台内经营者承担连带责任。因通知错误造成平台内经营者损害的,依法承担民事责任。恶意发出错误通知,造成平台内经营者损失的,加倍承担赔偿责任。

③ 《民法典》第 1196 条。

风港"。因此,"通知—删除"规则的初衷是平衡著作权人和网络服务提供者两者间的利益,在保护权利人著作权的同时,避免对网络服务提供者的过分苛责。"通知—删除"规则在我国立法体系和司法实践中已经形成了较为完备的规范流程,知识产权权利人的有效通知将触发"删屏断终"的法律效果。然而,知识产权权利人通知中的诉求应当合理,需要有事实和法律依据,需要结合所查证和掌握的侵权线索针对不同的侵权行为提出不同的诉求。同时,在司法实践中将同一条款中的"通知—删除"规则适用于所有类型的知识产权实际上存在不妥,其不合理之处并不在于某种知识产权完全不能以"通知—删除"规则来进行调整,而是因为不同类型的知识产权具有不同的特性:著作权保护的是独创性的作品、专利权保护的是具有三性的技术方案、商标权保护的是具有识别性的标志,三种类型的知识产权在侵权认定方面具有不同的标准,复杂程度亦不同。网络环境复杂多变,知识产权权利人的合法权利一旦被侵犯且无法及时获得救济,侵权的损害后果就会迅速扩大。"如何及时终止可能存在侵权行为但又能有效保障相对人的合法权益,构成平台对涉及知识产权信息保护的症结。"① "通知—删除"规则作为处理平台实体争议的一项重要制度,在对知识产权权利人的保护上也应当允许适用。

随着网络技术的不断发展和实践的不断深化,最早起源于美国"避风港原则"的"通知—删除"规则的内涵和适用已经发生了较大变化。自《侵权责任法》实施开始,我国的"通知—删除"规则在名义上已经调整为"通知—必要措施"规则。"通知—删除"规则从最开始的较为宽松的"避风港"转变为逐渐强化平台义务的"通知—必要措施"规则。在网络平台类型不断细分的背景下,不同类型网络平台的运营模式、信息管理能力的差异日趋明显。在平台责任判定上,既要关注不同网络平台责任判定面临的共性问题,也要充分考虑不同类型网络平台的特点,在查明事实和符合产业实际的基础上,使得"通知—必要措施"规则的解释与适用和网络平台的过错认定,更具针对性和现实指引作用。

六 版权过滤义务的提出与适用

事实上,由于"通知—删除"规则脱胎于1998年美国版权法,设立该

---

① 吴方程:《网络平台参与内容治理的局限性及其优化》,《法治研究》2021年第6期。

规则的技术前提具有一定的局限性。受到技术进步的影响，在原本技术前提下预设的网络服务提供者、著作权人和社会公众的侵权预防成本也已发生了相对变化，这就使"通知—删除"规则的利益平衡价值产生动摇。因此，很多学者在此基础上提出"版权过滤义务，以寻找网络主体利益关系的再平衡。"① 版权过滤义务，实质是对现有"通知—删除"规则的否定。近年以来，中央各部门大力加强对网络内容安全的整治行动。目前，保障信息内容安全，是网络平台的第一要务。网络服务提供者承担对违规内容进行过滤的责任，这一规定在实践中已经实行了十几年。更进一步，现有规则下的网站平台承担主动过滤违规内容的义务，否则将面临责令关闭等行政处罚，严重者将被追究刑事责任。

（一）版权过滤义务规定的出现

"避风港"规则是特定历史背景下的制度安排，网络技术的发展以及网络服务平台的成长都远远超出了当年的立法预期，"避风港"原则在调整网络版权侵权问题上有些"力不从心"，易催生与鼓励网络平台的"鸵鸟心态"。② 当前，大数据、区块链、人工智能等新技术的发展，也使得网络平台服务提供者具备了过滤内容的能力，欧盟在此领域已经进行了率先的立法探索。

2019年4月15日，欧盟理事会通过了《数字单一市场版权指令》(*Directiveon Copyright in the Digital Single Market*，以下简称《版权指令》)。新的指令要求在线内容分享平台承担特殊责任，包括可能的版权过滤措施。根据新指令第17条的要求，在线内容分享服务提供者应尽力与版权人进行合作获得授权许可。一旦用户上传的内容侵害著作权，分享平台就要为自己实施的向公众提供的行为承担责任，而不是仅仅承担事后移除侵权内容的义务。除非其已经尽力获得授权；以及根据相关产业的高标准注意义务，已尽力确保"权利人提供了相关必要信息的作品和其他内容"在其平台上不被公众获得；以及在收到权利人发出的充分实质性通知后，迅速采取措施切断链接，或者从网站上移除侵权内容。

数字挖掘、链接税、平台过滤责任等都是欧盟版权指令的讨论争议点，

---

① 李杨芳：《主播擅播〈盗墓笔记〉，虎牙为何不担责?》，《中国知识产权报》2020年4月13日。

② 参见张今、田小军《欧盟著作权法改革与中国借鉴》，《中国出版》2019年第6期。

欧盟立法者在信息生产者和使用者之间的利益平衡考量中，开始将更多责任施加给信息使用者，《版权指令》第十七条平台过滤义务即体现了这一总体趋势，也反映了欧洲社会现状和欧盟数字版权法的整体价值取向。《版权指令》第十七条规定互联网平台应当鉴别用户上传的信息，积极发现并删除侵犯其他作品版权的违法内容，如果互联网平台没能阻止侵犯版权的行为发生，就要对侵权行为负责，该条被外界称为"过滤器"条款。

（二）版权过滤技术引入需谨慎对待

"随着数字时代的全面来临，各主体数字化转型加快，数据将成为万事万物的表现形式和联结方式，呈现海量、动态、多样的特征，进行数据汇聚、整合、挖掘、利用、分析、研判将是政府治理活动的重要内容。"① 版权过滤机制的建立需要权利人与平台方进行友好合作，即权利人提供正版作品信息，平台方建立正版作品数据库，然后通过技术扫描进行识别过滤。如前述，"通知—删除"规则的引入，是平衡利益之后的结果，是符合中国互联网发展趋势的选择。

"制度改造与技术利用需要同步进行，以合理制度搭载技术之翼可能更易于提高制度的社会效果。"② 版权过滤技术引入的前提是技术已经成熟，并可以在互联网中大规模使用。但是迄今为止，并没有太多的信息表明版权过滤技术已经成熟，而且现有技术尚未能很好地解决对合理使用的误伤、多种业务结合带来的误判、过滤标准设计对网络平台治理的影响等问题。这些年中国互联网的发展很快，但互联网发展的逻辑没有实质变化，以技术平台等服务为引擎，内容为支撑，共同促进了互联网的发展。虽然现阶段技术平台型的互联网企业严重冲击到了权利人（包括内容型互联网企业），但是适用"通知—删除"规则的互联网发展逻辑尚未发生改变。另外，与部分发达国家相比，我国的互联网科技尚有进一步提升空间，版权过滤技术会极大加重国内互联网企业的审查义务，增加企业运营的成本，在一定程度上阻碍其发展。同时，新技术的发展催生了新型知识产权侵权形态，用户创造内容产业的发展、海量通知的涌现、自动过滤机制的兴起等，给版权法带来了新

---

① 刘学涛：《行政法典编纂进路中数字政府的形塑》，《法治社会》2022年第2期。
② 刘学涛、张翱鹏：《被遗忘权的制度缺失、发展困境与中国构建路径》，《重庆邮电大学学报》（社会科学版）2019年第3期。

的考验。① 是否应当将过滤机制设定为"过滤义务"仍需探讨，而且应当结合"避风港"规则进行讨论。对此，欧盟、美国和中国立法者持有不同的立场。目前人工智能应用下的自动过滤机制极大动摇了版权法中原有"通知—移除"的基础架构，但如何设计算法以便正确区分合理使用和侵权滥用，仍是自动过滤机制面临的考验。在著作权法的修订中，中国立法者不妨将其作为自愿性安排交给市场去调节。欧盟、中国、美国各自的互联网市场都是矛盾发展的有机体，在监管和冲突中不断做出治理模式选择。欧盟的《数字化单一市场版权指令》改变了在线内容分享平台的基本规则，同时又规定了集体管理等多项内容，反映了其本土市场发展的矛盾心态。中国目前可以总结为"监管＋技术措施＋平台规则"的治理模式，能够有效实现动态调整。此外，不仅技术过滤，版权资产管理也将是未来互联网平台要解决的重要问题。

欧盟在立法过程中，也有三个重要妥协：①将泛化的平台改成在线内容分享平台；②将明确的过滤技术，改成内涵过滤措施的权利人与平台合作措施；③有严格的例外条款，充分考虑了非营利平台、小微企业的利益。另外，还有救济条款，对平台错误行为进行及时纠正。2017年至今，我国著作权法第三次修法再次提上日程，有学者和企业建议在著作权法中正式确认部分网络服务提供者的版权过滤义务。我国是否应当借鉴《欧盟版权指令》第17条的规定，给平台设定版权过滤义务和授权寻求义务，需要认真研究和实践，我们应考察其法律修改的特定背景与目的。

七 未来网络平台版权治理的出路

由于数字内容具有易于复制、分发和网络海量存储、快速传输等特点，随意传播应该受知识产权保护的数字内容和产品的现象普遍存在。数字版权保护成为近年来各国法律界、出版产业界共同探讨的热点和难点问题。各国的经验表明，"数字网络环境下的版权保护需要法律、技术双管齐下，法律

---

① 参见李雨峰、马玄《互联网领域知识产权治理的构造与路径》，《知识产权》2021年第11期。

是版权保护的根本，技术是版权保护的手段。"[1] 互联网"通知—删除"规则是一项重要的互联网治理措施，这一规则最初的制度价值是保护互联网技术的创新和商业模式的发展，但目前已演化成为知识产权权利人进行维权的便捷工具，借助这一制度价值，权利人低成本高效率地制止了大量的侵权行为。基于以上分析我们可以发现，"通知—删除"规则的价值基础并未过时，但适用上确实存在问题，而版权过滤技术又有待进一步实证。基于上述论证，本文提出一种全新的中间线路：在坚守"通知—删除"规则价值基础上，根据不同网络平台的特性，强化建立权利人和网络平台之间的"通知—删除"规则衔接流程，在司法实践中逐步确立不同平台注意义务的合理边界。[2] 具体如下：

（一）加快信用体系建设

党中央、国务院高度重视社会信用体系建设，出台了一系列政策，将故意侵犯知识产权、严重破坏市场公平竞争秩序和社会正常秩序的行为信息纳入失信记录，建立健全知识产权诚信管理制度，形成行政性、市场性和行业性等惩戒措施多管齐下，社会力量广泛参与的失信联合惩戒大格局，提升全社会的知识产权保护意识。2021年12月，国家版权局发布的《版权工作"十四五"规划》明确提出了"版权信用体系建设项目"，推动建立版权领域市场主体信用分级分类监管模式。国家版权局将会同市场监管、发展改革等部门，建立健全版权信用监管体系，制定版权领域严重违法行为清单和惩戒措施清单，建立完善市场主体诚信档案"黑名单"制度，建立重复侵权、故意侵权企业名录社会公布制度，依法依规对版权领域严重失信行为实施联合惩戒。此外，相关行业协会、学术团体也应发挥引导、协调、教育、服务功能，加强行业自律，根据主管部门要求和权利人投诉，对平台、期刊、培养机构进行法治宣传，要求完善内部管理制度，纠正侵权违法违规行为，甚至开除会籍。同时也可以向监管执法部门投诉，要求对其行政处罚。综上，多部门多方发力，综合运用行政执法监管、司法审判、著作权集体管理、信用体系建设、行业自律等手段，加强社会共治，妥善处理作者、期刊、知识

---

[1] 张立、张从龙：《数字版权保护技术研发工程过程管理与质量控制》，中国书籍出版社2016年版，第1页。

[2] 参见周园、谭丽玲《通知删除规则适用之阙如及其完善》，《科技与法律》（中英文）2021年第3期。

资源平台之间关系和利益分配机制,充分发挥著作权集体管理组织的优势和作用,解决知识资源平台的核心问题,完善、规范知识服务授权链条,增强平台的版权意识、规则意识和社会责任意识,从根本上纠正、改革"知网模式",推动知识资源平台规范、健康发展,建设知识创作、生产、传播的健康生态。

(二) 加大司法保护力度

"人类已进入数字空间,数字化时代将重塑政府与市场、政府与公民等各种关系。"① 回顾我国网络版权纠纷处理的司法历程,网络版权纠纷的案件类型与产业发展进程密切相关。网络版权案件类型的不断更替,既是技术变化、产业迭代的体现,也是特定时期下网络产业相关主体各自立场、彼此竞争冲突的集中体现。针对不同时期的网络版权纠纷,司法机关在解释、适用法律时始终注重秉持利益平衡的理念,在不同类型案件的处理中不断界定和调整利益攸关方的平衡点,从而发挥司法裁判的规则指引作用。对于当前颇具争议的新类型平台版权责任界定,同样需要坚持上述经验智慧。对于相关法律规则的解释适用,既要充分关注权利保护的必要性、有效性,也需要考虑不同平台的实际技术能力、相关注意义务界定和必要措施要求在现实操作上的可行性以及由此产生的预防侵权成本负担的合理性。司法机关也要加强研究新问题新现象,不能让司法机关、诉讼程序成为知识资源平台在大量侵权纠纷案件败诉后一再申请再审,拖垮、消减权利人维权意志的工具,防止平台滥用诉权,浪费司法资源。

(三) 引入集体管理机制

在全面依法治国的今天,知识资源平台应该遵守国家政策和法律,以习近平新时代中国特色社会主义思想为指导,践行社会主义核心价值观,坚持"人民至上"的发展思想,尊重权利人的合法权益。知识资源平台向社会提供知识资源、学术文献服务,是为了满足人民群众对美好生活的向往。知识可以共享,但是版权不能被侵犯、被剥夺。知识资源平台建设与运营,应充分发挥著作权集体管理组织的功能,减少交易成本,提高交易安全性,降低甚至化解平台法律风险。集体管理组织可解决个体作者维权之困。版权是最基本的人

---

① 钱锦宇、刘学涛:《营商环境优化和高质量发展视角下的政府机构改革:功能定位及路径分析》,《西北大学学报》(哲学社会科学版) 2019 年第 3 期。

权,"法律不保护在权利人上睡觉的人"。在涉知网的一系列侵权案件中,作者胜诉获得赔偿,正义在一定程度得到了伸张,解决了个案的诉讼问题。但是,个体作者就文章继续传播的版权授权问题不具备与平台对话、谈判、议价的能力。在这种情况下,文著协发挥优势,集合众多作者授权,与平台谈判,统一向法院起诉和著作权主管部门投诉,就可以免除个人维权的后顾之忧。文著协代表众多作者与平台谈判授权和维权,可以极大降低平台需要获得众多作者授权的交易成本和众多个体作者的诉讼维权成本,推动平台向规范化、法治化方向发展。这对众多个体作者和平台而言,是双赢结局。

结语

"数据作为信息时代重要的生产要素和社会财富"[①],数字化和互联网正在以前所未有的力量和速度,改变着出版产业的发展方式。数字出版应用的发展,给出版行业的版权保护带来了很多新的政策与技术课题。人们在充分享受数字化和互联网带来的便利的同时,也正遭受着因作品版权被有意或无意非法使用而造成的市场秩序混乱问题。得益于信息革命和通信技术的进步,受惠于我国先进、广泛的网络基础设施,互联网信息技术正在造福无数网民,网络空间已经成为亿万人的精神家园。特别是在网络信息内容领域,新业态新模式新应用层出不穷,新思想新观念新理论不断创生,新创意新文化新产品花样迭出,新问题新思考新平台多元丰富。多元的内容生产、迅捷的消息传递、及时的信息共享、智慧的信息分发,前所未有地为人类赋能。在"人人都是创作者、人人都是传播者"的时代,版权制度需要与时俱进。我们期待着,在政府部门和社会各界的多方参与下,对网络平台版权治理进行多方共治、有效监管,建设规范发展、利益分配均衡的服务体系。让广大作家、知识分子从知识的创作、传播和版权保护中获得尊重,获得应得的版权回报与激励,不断增强获得感、幸福感、安全感,体会到社会主义制度的优越性和法治国家、法治政府、法治社会建设带来的温暖,为文化强国、版权强国建设和知识服务行业高质量发展创作更多优秀作品,促进国家人文社会科学事业繁荣发展。

---

① 包晓丽:《数据共享的风险与应对——以网络借贷平台为例》,《上海政法学院学报》(法治论丛)2021年第5期。

The Rise of Copyright Governance on Network Platform and its Path

Liu Xuetao

Abstract: Compared with the traditional long video platform, which provides film and television works as the main content, the new type of platform integrating live broadcast and short video functions presents many new features, which makes this type of platform different from the traditional network platform in terms of information management, platform governance, etc., thus generating new disputes and conflicts in copyright protection. The "notification deletion" rule will not be abandoned at this stage due to obsolescence, but should be appropriately adjusted at the application level; copyright filtering technology may be the future development trend, but it is not necessary for the development of China's Internet at this stage. Therefore, the future development trend of network platform copyright governance can consider a new path: that is, on the basis of adhering to the value of the "notice delete" rule, according to the characteristics of different network platforms, strengthen the establishment of the "notice delete" rule connection process between the obligee and the network platform, and gradually establish the reasonable boundary of the duty of care of different platforms in judicial practice. Specifically, we should accelerate the construction of the credit system, strengthen judicial protection, and introduce a collective management mechanism, so that writers and intellectuals can get respect from the creation, dissemination and copyright protection of knowledge, get the copyright rewards and incentives they deserve, and constantly enhance their sense of gain, happiness, and security.

Key words: network platform; copyright; "notification-delete" rule; copyright filtering

个人信息保护

大数据时代个人信息权的证成[*]
——从利益衡量到权利实现

陈琬珠[**]

摘　要：个人信息权成立与否，关涉《个人信息保护法》的法律定位。现有研究基于外源性因素视角，无法有力地证成个人信息权。个人信息权的证成应当立足于一般权利理论。信息主体在信息处理过程中享有的控制个人信息传播利益具有正当性，能够证立信息处理者的义务，符合权利成立的相对重要性标准。我国法律体系为个人信息权的成立预留了充足的空间，司法层面已明确承认控制个人信息传播利益是个人信息权的核心，其应当是宪法性权利。从现实性角度分析，该权利有利于降低司法成本，并且得到了政策性支持。所以，个人信息权与权利成立的利益要求、法定要求及现实要求相契合，是一项独立的权利。

关键词：个人信息；控制个人信息传播利益；利益相对重要性；权利证成

一　问题的提出

大数据开启了重大的时代转型，人类进入了"数据红利"的时代。但

---

[*] 本文系 2018 年度国家社会科学基金一般项目"新型国家安全观下的个人数据保护研究"的阶段性研究成果，项目编号：18BTQ084。

[**] 陈琬珠，山西大学法学院 2019 级博士研究生。

与此同时，个人信息①安全也面临很大的挑战。个人作为个人信息的生产者与使用者，对自己的数据足迹丧失了控制，个人信息泄露及信息犯罪案件频发。② 为此，我国 2020 年 5 月 28 日通过的《中华人民共和国民法典》（以下简称《民法典》）及 2021 年 8 月 20 日通过的《个人信息保护法》（以下简称《个保法》），明确规定了个人信息权益受法律保护。但是立法并未明确其究竟是权利，还是被保护的利益？权利和利益的区分将直接影响到信息主体作为人的主体资格。特别是在大数据背景下，信息主体无法真正掌控个人信息，与信息处理者处于天然的"信息不对等"地位。所以需要考量在信息处理过程中，信息主体应否、是否及能否享有有限的个人信息权。正所谓权利是规则产生的基础，而规则又进一步强化或者保护权利。③

目前学界对个人信息法律属性的研究主要有三种进路：第一种研究进路是从外源性因素角度分析，着眼于个人信息权成立的重要性研究，这是最直接、最省力的一种研究方法，但存在一个很大的问题：缺乏内源性分析。④ 既没有注意到大数据时代个人信息呈现出的新变化，也没有关注到权利本身。外源性因素视角无法为个人信息权益的性质判断提供实质性依据，只能作为辅助性论证依据。

第二种研究进路中，学者们将研究的视野回归到大数据时代个人信息本身，通过分析大数据背景下个人信息的属性及特征，证成个人信息权成立与否。有学者通过分析个人信息的个体和公共双重属性，认为其无法成为权利，只是一种利益。⑤ 还有学者立足大数据时代个人信息的新样态，分析该权利与其他近似权利在主体、客体、内容及责任方面的差异，进而认为其是

---

① 个人信息、个人数据只是表述差异，欧盟多采用"个人数据"的表述，我国及众多亚洲国家习惯用"个人信息"，本文交叉使用两种表述，在涉及欧盟法律制度表述时，采用"个人数据"的表述，其他情况采"个人信息"。

② 参见何渊《大数据战争：人工智能时代不能不说的事》，北京大学出版社 2020 年版，第 12—15 页。

③ 参见［加］萨姆纳《权利的道德基础》，李茂森译，中国人民大学出版社 2011 年版，第 47—48 页。

④ 参见孙平《"信息人"时代：网络安全下的个人信息权宪法保护》，北京大学出版社 2018 年版，第 255—259 页。

⑤ 参见吴伟光《大数据技术下个人数据信息私权保护论批判》，《政治与法律》2016 年第 7 期；高富平《个人信息保护：从个人控制到社会控制》，《法学研究》2018 年第 3 期；丁晓东《个人信息的双重属性与行为主义规制》，《法学家》2020 年第 1 期等。

一项权利。① 这部分学者敏锐地观察到了大数据时代个人信息所展现出的新变化，但忽视了这种新变化与权利之间的关系。② 大数据时代个人信息的新变化只能证明他与现有的利益、权利不相同，但无法证明这种新变化必然产生新权利。

在第二种研究进路的基础上，有学者认识到应当回归权利本身，立足权利理论证明其成立与否，于是产生了第三种研究进路：部门法学者立足于各部门的权利理论，试图在现有的法律框架内找寻个人信息权的立足之地。申言之，民法学者多以侵权法中的"权益区分三标准说"以及与之对应的救济手段为依据；③ 刑法学者偏重从侵犯公民个人信息罪所保护的法益角度研究，佐证个人信息权成立与否。④ 该研究进路认识到应当从权利本身出发，但囿于部门法的研究视角，只能实现本部门法内的自圆其说，存在"铁路警察只管一段"之嫌，难以实现部门法之间的沟通与协调。而且我国民法的权益理论与刑法的法益理论，在内涵和范围上都不尽相同，两者缺乏共识。⑤ 很可能出现从民法角度论证个人信息是一项利益，而从刑法论证则是一项权利的现象。⑥ 产生这一问题的根源在于缺少一般权利理论的介入，应当在一般的权利理论下探讨个人信息权能否成立。有少数学者认识到这一问题，试图阐释个人信息权的内在正当性与一般权利理论的契合，佐证个人信

---

① 参见王利明《论个人信息权的法律保护——以个人信息权与隐私权的界分为中心》，《现代法学》2013年第4期；张里安、韩旭至《大数据时代下个人信息权的私法属性》，《法学论坛》2016年第3期；周汉华《个人信息保护的法律定位》，《法商研究》2020年第3期等。

② 参见郑飞、李思言《大数据时代的权利演进与竞合：从隐私权、个人信息权到个人数据权》，《上海政法学院学报》（法治论丛）2021年第5期。

③ 参见叶名怡《论个人信息权的基本范畴》，《清华法学》2018年第5期；杨立新《个人信息：法益抑或民事权利——对〈民法总则〉第111条规定的"个人信息"之解读》，《法学论坛》2018年第1期；王成《个人信息民法保护的模式选择》，《中国社会科学》2019年第6期。

④ 参见刘艳红《侵犯公民个人信息罪法益：个人法益及新型权利之确证——以〈个人信息保护法（草案）〉为视角之分析》，《中国刑事法杂志》2019年第5期；冀洋《法益自决权与侵犯公民个人信息罪的司法边界》，《中国法学》2019年第4期；张忆然《大数据时代"个人信息"的权利变迁与刑法保护的教义学限缩——以"数据财产权"与"信息自决权"的二分为视角》，《政治与法律》2020年第6期等。

⑤ 参见孙山《民法上"法益"概念的探源与本土化》，《河北法学》2020年第4期。

⑥ 根据民法中的"权益区别三标准"，张力等人认为个人信息是一项法益（利益）；根据刑法中法益保护理论，刘艳红等人认为个人信息是一项权利。

息权的成立。① 但目前的研究侧重于个人信息的价值分析，既未深入探讨其内在正当性与一般权利理论的契合，也未关注到一般权利理论的合法性和现实性要求。

因此，本文将试图从一般权利理论出发，证成个人信息权应否、是否、能否成立。从一般权利理论出发，权利的证成需满足三个要件：其一，满足权利成立的正当性要求，即符合权利成立的利益性要求；其二，符合权利成立的法定标准，即该权利能否被现有的法律制度体系和司法体系所容纳；其三，在现实中具有实现的可能性。② 信息主体所主张的个人信息权若与权利成立的要求相契合，即为一项独立的法律权利；反之该权利主张是一种利益。

二 个人信息权成立的合理性标准：权利的利益标准

权利成立的合理性标准，目前有三种主流标准：权利成立的内在理由标准、权利的利益论标准及意志论标准。内在理由标准主张某需求（权利主张）能否成为衍生权利取决于支持该需求的内在理由。③ 该标准适用于衍生权利的证成，只要证明所主张权利的内在理由契合基本权利的核心价值，该权利便成立。但随即有学者提出找到内在理由并不能证成权利的存在，否则所有的需求都是权利，应当将某种利益作为寻求权利的理由。④ 权利的利益性标准意味着个体的某种利益是构成他人关系性义务的证立理由。⑤ 意志论标准权利使得权利拥有者成为一个小型主权者。⑥ 在权利的利益论标准和意

---

① 参见郝思洋《个人信息权确立的双重价值——兼评〈民法总则〉第 111 条》，《河北法学》2017 年第 10 期；杨惟钦《个人信息之私权属性与内涵思辨——以实现个人信息权益的合理保护为视角》，《晋阳学刊》2019 年第 2 期；郑维炜《个人信息权的权利属性、法理基础与保护路径》，《法制与社会发展》2020 年第 6 期等。

② 参见雷磊《新兴（新型）权利的证成标准》，《法学论坛》2019 年第 3 期。

③ See Harel, Alon, "What Demands are Rights-An Investigation into the Relation between Rights and Reasons", *Oxford Journal of Legal Studies*, Vol. 17, No. 1 (Spring 1997), pp. 113-114.

④ See Halpin, Andrew, "Rights and Reasons: A Response to Harel", *Oxford Journal of Legal Studies*, Vol. 18, No. 3 (Autumn 1998), pp. 485-496.

⑤ See Joseph Raz, *The Morality of Freedom*, New York: Oxford University Press, 1986, p. 166.

⑥ 参见朱振等《权利理论》，上海三联书店 2020 年版，第 32 页。

志论标准中，利益论更适合作为权利合理性的证成标准。"比较而言，在理论上，利益论是一种更具有综合性的权利理论；在现实层面，利益论能够更加开放地面对复杂的关系，体现出权利的动态性特征"。① 因此个人信息权利的正当性证成标准，应选择利益论标准。但并非所有的利益都能成为权利，只有合理的利益才能上升为权利。所以，需要对信息主体所主张权利的合理性与否作出判断。合理性判断标准，一方面需要考量信息主体主张的个人信息权所保护的利益是否具有正当性；权利是关于利益正当性的主张，利益的正当性是判断权利能否成立的前置条件。另一方面，在确定其具有正当性的基础上，还应判准该利益是否具有相对重要性，能否成为证立信息处理者不得擅自处理信息义务的理由，这是权利成立合理性标准的关键。

（一）前置条件：控制个人信息传播利益的正当性

我国《民法典》和个保法明确规定了信息处理者负有合法、正当处理个人信息的义务。处理者若违背该义务，信息主体的众多利益会受到损害，如个人信息泄露、个人丧失对信息处理的控制、破坏个人生活安宁、个人经济利益受损、被不平等对待，甚至会损害主体的生命利益。② 在这些受损害的利益中，个人丧失对信息传播的控制利益是直接受损害的利益，其他受损害的利益是间接损害。只要信息处理者非法擅自处理个人信息，一定会损害信息主体控制个人信息传播的利益，但未必会造成经济利益受损或被不平等对待等。所以，可以初步得出一个结论：保护个人信息实则是保护信息主体控制个人信息传播的利益。该利益能否上升到权利的高度还须进一步考证。

1. 控制个人信息传播利益具有相对独立性

控制个人信息传播利益是指信息主体自由自主地决定个人信息如何被处理者处理。申言之，信息主体可以决定收集信息的主体是 A 或是 B，处理者以何种方式收集，处理者使用信息的期限，信息是否公开等事项。这种利益本身就是一种独立的利益，倘若信息主体失去对信息的控制，被他人决定其

---

① 刘小平：《何选择"利益论"？——反思"宜兴冷冻胚胎案"一、二审判决之权利论证路径》，《法学家》2019 年第 2 期。

② 参见倪艳楠《央广独家采访徐玉玉案第一公诉人：7 名被告都做有罪供述》，央广网，http://china.cnr.cn/xwwgf/20170418/t20170418_523713817.shtml。

个人信息的处理这本身就是损害利益。① 有学者认为这种利益无法独立存在，该利益的存在是为了"防御因个人数据被非法收集和利用而侵害既有的人格权与财产权"。② Ralf Poscher 更是直接提出该利益仅仅是一项工具性利益，首要目的是保护其他基本权利。③ 按照这一观点，若信息处理者非法处理个人信息，未造成其他既有权利的损害，那么信息主体受损的利益便得不到保护。这为信息处理者非法处理个人信息留下了空间，处理者只要确保处理行为不会对既有的权利造成损害，就可以在信息主体不知情的情况下处理个人信息。信息主体所享有的控制个人信息传播利益将形同虚设，主体在很大程度上将无从知晓个人信息何时、何地、以何种方式、在多大程度上被收集，更无从了解个人信息会被如何利用产生怎样的效果。④ 既有权利是否受损本身并不是检验控制个人信息处理利益成立的标准，这无疑会忽视人之为人的目的。所以，信息主体所享有的控制个人信息传播利益是一种独立的利益。

2. 控制个人信息传播利益符合权利的自由价值

信息主体所享有的控制个人信息传播利益是正当的。利益正当与否的评价标准是价值判断。人类经历了从早期群居到后期制度化的生活，在这一过程中形成了一定的共识，这就决定了人类能形成共同的、普世的价值标准。⑤ 大数据时代信息主体所享有的控制个人信息传播利益实则是一种主体自由处理信息的利益，符合自由价值的内在要求，即积极自由和消极自由的要求，更体现了人之为人的基本利益。一方面，这一利益与消极自由的要求相一致。消极自由意味着主体不受他人干涉地做自己有能力做的事。⑥ 信息主体享有的控制个人信息传播利益，符合消极自由的要求。该利益所表达的是，信息主体在不受他人干涉的情况下，完整地享有控制个人信息传播利

---

① 参见于柏华《处理个人信息行为的合法性判准——从〈民法典〉第 111 条的规范目的出发》，《华东政法大学学报》2020 年第 3 期。

② 程啸：《论大数据时代的个人数据权利》，《中国社会科学》2018 年第 3 期。

③ 参见［德］托马斯·威施迈朗、蒂莫·拉德马赫《人工智能与法律的对话 2》，韩旭至、李辉等译，韩旭至、陈吉栋校，上海人民出版社 2020 年版，第 42 页。

④ 参见马长山《数字时代的人权保护境遇及其应对》，《求是学刊》2020 年第 4 期。

⑤ 参见彭诚信《从利益到权利——以正义为中介与内核》，《法制与社会发展》2004 年第 5 期。

⑥ 参见［英］以赛亚·伯林《自由论》（修订版），胡传胜译，译林出版社 2011 年版，第 170—171 页。

益。具体要求为，任何他人不得非法收集、使用、加工、传输、买卖及非法提供信息主体的个人信息，破坏信息主体对信息传播利益的控制。另一方面，该利益体现了积极自由的内在要求。积极自由是指个体希望成为自己的主人，自己能够了解自己的目标及策略并且能够主动地去实现它们。① 信息主体主要通过三种方式积极行使控制个人信息传播利益，一是信息主体能够自主地塑造"信息人"的形象，即由自己在白色画板上描绘自己的人生，② 构建自己的人格。大数据时代的到来，"数据和信息已成为每个人不可分割的构成性要素，它描绘、表达和构建了人们的自然本性、社会角色和个性特征，呈现着人们的尊严和主体价值"。③ 控制个人信息传播利益就意味着，信息主体通过塑造"他人眼中的自己"，描绘自身的人格。④ 人具有多重维度，信息主体在不同的场合对不同的主体，会自主地展现出不同的行为信息、身份信息、关系信息等信息，塑造不同的"信息人"人格。二是信息主体通过许可的方式应允信息处理者处理个人信息。信息主体在准确了解处理者处理数据的范围、目的、方式及可能给主体带来的风险等基础上，自由自主地选择许可处理个人信息的主体、范围及时限等事项。需要注意的是，信息主体的许可行为只是为处理者处理信息提供了一个正当性的依据，而非转让自身的利益。三是在处理者处理个人信息的过程中，信息主体可以控制个人信息的传播利益。例如，信息主体可以随时查阅、复制个人信息，要求更正处理不完整或不准确的个人信息，请求删除个人信息等行为。

（二）核心条件：控制个人信息传播利益的相对重要性

1. 利益相对重要性的衡量标准

利益的正当性是权利成立的前置性条件，正当利益能否成为权利，还须考证其是否满足权利成立的核心标准——"利益的相对重要性"⑤，即在特定的冲突情境中，利益主体所主张的利益比义务人所减损的利益更重要。只

---

① 参见［英］以赛亚·伯林《自由论》（修订版），胡传胜译，译林出版社2011年版，第218—221页。

② 参见［日］福田雅树、林秀弥、成原慧《AI联结的社会：人工智能网络化时代的伦理与法律》，宋爱译，社会科学文献出版社2020年版，第324页。

③ 马长山：《智慧社会背景下的"第四代人权"及其保障》，《中国法学》2019年第5期。

④ 参见于柏华《处理个人信息行为的合法性判准——从〈民法典〉第111条的规范目的出发》，《华东政法大学学报》2020年第3期。

⑤ 参见于柏华《权利认定的利益判准》，《法学家》2017年第6期。

有所主张的利益具有相对重要性时,该利益才能为他人义务的成立提供充足的理由,该权利才能成立。反过来说,"利益相对重要性"理论也是个人信息权和个人信息利益保护区分的关键理由,权利可以直接证立他人的义务,而利益却无法直接证立义务。① 这意味着,若个人信息权成立,信息主体将享有一种要求信息处理者保护其个人信息义务的道德资格;若个人信息权不成立,信息处理者保护个人信息的义务只能来源于法律的规定,而不是来源于信息主体的权利,这会直接削弱信息主体的地位,忽视主体作为人的尊严和自主性。② 同时,信息主体在信息处理过程中享有并非绝对、完全的控制权,同时需要兼顾数据的利用及国家与社会公共利益,这就需要按照比例原则严格地考量个人信息权的证立范围。

在具体冲突情境中,利益相对重要性的衡量,主要有两个标准:利益自身的重要性及利益的干涉程度。在具体的冲突情境中,利益自身越重要,受干涉的程度越大,该利益就越重要。③ 利益自身重要性的判断,有两个标准:第一,利益构成了人的理想目标;第二,该利益是实现理想目标必不可少的条件(基础利益)。④ 为判断行动对利益的干涉程度,需要将被主张的行为与其他可能适用于此语境的行为相比较。行动之间主要有四个比较点:干涉的力度、范围、概率及持续性。所主张的行为对利益的干涉力度越大、速度越快、概率越大、持续时间越长,那么其对利益的干涉程度就越高。⑤

2. 控制个人信息传播利益相对重要性的证成

信息主体对个人信息享有控制传播的利益,为保障该利益的实现,要求信息处理者不得擅自处理个人信息。这意味着他人的自由及其他相关利益会受到损害。从该层面看,信息处理者受损的利益与信息主体所享有的传播信息自由利益在自身重要性方面具有一致性。故而,相关处理信息的行为对双方利益的干涉的程度成为解决这一问题的关键。

构成处理个人信息行为的基本要素为:处理主体、处理目的、处理对象及处理方式。因此,要想明确相关处理信息行为对双方利益的干涉的程度,则须判断其基本要素对双方的干涉程度。本文将深入分析处理目的及对象对

---

① See Joseph Raz, "Rights and Individual Well-Being", *Ratio Juris*, Vol. 1, 1992, pp. 127-142.
② 参见付新华《个人信息权的权利证成》,《法制与社会发展》2021年第5期。
③ 参见于柏华《权利认定的利益判准》,《法学家》2017年第6期。
④ 参见[美]乔尔·范伯格《对他人的损害》,方泉译,商务印书馆2013年版,第228页。
⑤ 参见于柏华《权利认定的利益判准》,《法学家》2017年第6期。

双方利益的干涉程度。于信息处理方式对双方利益的干涉程度而言，已有学者经过充分论证，结论为在传统处理信息的模式下，控制个人信息利益不具有相对重要性，无法证立处理者的义务；在现代处理信息的模式下，控制个人信息利益具有相对重要性，个人信息权成立。① 本文将不再赘述。于信息处理主体对双方利益的干涉程度而言，因处理主体与处理目的对双方利益的干涉程度具有高度重合性，且处理目的所涉及的主体范围更广。所以本文立足于这一基础，将深入分析处理目的及对象对双方利益的干涉程度。

处理个人信息行为在对象上分为：对个人敏感信息的处理行为和对个人一般信息的处理行为。就个人敏感信息处理行为对控制个人信息传播利益的干涉程度分析：第一，个人敏感信息具有高度敏感性，个人信息的敏感度越高，信息处理行为对个人信息造成的风险就越大，控制个人信息传播利益受损害程度就越大；② 第二，个人敏感信息的延展性强，能够识别更多的信息主体，传播范围更广，如个人健康信息，不仅涉及本人的个人信息，更能揭示家族的遗传信息；第三，个人敏感信息本身所蕴含的经济价值和公共价值属性比较高，增加了信息传播的概率；第四，对个人敏感信息的处理所产生的影响更为持久。个人敏感信息是个人信息中风险要素较大的一部分数据，非法处理这些信息对主体造成的损害更为持久。这些信息即使被处理者删除后，所造成的损害也会一直持续，如对个人征信信息、健康信息等非法处理可能会使信息主体在之后的应聘和投保情形中持续性地受到歧视。综合这些因素，若对处理个人敏感信息的行为缺乏限制，会严重损害控制个人信息传播利益。对于信息处理者的利益而言，限制对该信息的处理，同样会造成损害，但是这种损害小于信息主体利益受到的损害。所以在这一情境中，控制个人信息传播利益要比处理者自由利用信息的利益更为重要，他人负有不得擅自处理个人信息的义务。

就个人一般信息的处理而言，单独的个人一般信息敏感性较弱，信息处理行为对其造成的风险相对较小。但是随着大数据技术的发展，个人一般信息和个人敏感信息的界限越发模糊，很多一般信息可以推导出敏感信息，而

---

① 参见于柏华《处理个人信息行为的合法性判准——从〈民法典〉第111条的规范目的出发》，《华东政法大学学报》2020年第3期。

② 参见孔令杰《个人资料隐私的法律保护》，武汉大学出版社2009年版，第213页。

且信息处理者也不可能仅对单个个人信息进行处理,① 所以个人一般信息的处理行为同样会产生较大的损害,且损害时间持续性比较久。其次,个人一般信息的范围广,包含的信息种类众多,这就决定了传播信息的范围广。再者,个人一般信息是信息主体进行社会交往的载体,② 如个人的姓名、性别及电话等,这增加信息传播的概率。综合上述因素的分析,允许无限制地处理行为会对控制个人信息传播利益造成重大的损害。但若禁止无限制的处理行为,处理者的利益不会受到重大的损害,最有可能受损的是其经济利益。所以在这种处理行为中,控制个人信息传播利益能够证立他人不得擅自处理信息的义务。但是在大数据时代,个人信息已经成为社会治理、经济发展的重要资源,绝对的"知情同意"制度一定会给信息处理者造成损害。所以在具体的制度设计中,针对个人敏感信息和一般信息可以分别设置明示同意和默示同意的制度机制。③

处理个人信息行为在目的上分为:基于公共利益目的的处理行为和基于个人利益目的的处理行为。"公共利益是指不特定人可以享受的利益,也是社会公共秩序所维护的利益"。④ 此处的公共利益包括基于公权力职能目的（履行法定职责或法定义务）的公共利益和非基于公权力职能目的的公共利益。信息处理者在基于公共利益处理个人信息的情境中,经常会出现未经信息主体同意处理个人信息的情形。这是因为公共利益代表着不特定多数人的整体利益,其对整个社会的发展具有根本性的价值。⑤ 如在重大疫情防控中,为疫情防控处理个人信息如需得到所有信息主体的同意,是不现实的,而且会错过最佳防控期。所以在此种情境中,若禁止处理者处理个人信息,会对全民福祉都造成不可估量的损失。就该行为对控制个人信息传播利益的干涉程度而言,一方面,公共利益是以特定的公益目的为指向,处理个人信息以实现该目的为目标,信息传播的范围以目的的实现为界限;另一方面,基于公共利益处理个人信息的主体,必须是法定主体或经过授权的主体。这些主体处理个人信息的行为应按照相关法律的明确规定,不能擅自随意处理

---

① See Zarsky, Tal Z., "Incompatible: The GDPR in the Age of Big Data", *Seton Hall Law Review*, Vol. 47, No. 4 (2017), p. 1013.

② 参见高富平《个人信息保护:从个人控制到社会控制》,《法学研究》2018年第3期。

③ 参见胡文涛《我国个人敏感信息界定之构想》,《中国法学》2018年第5期。

④ 高富平:《个人信息使用的合法性基础——数据上利益分析视角》,《比较法研究》2019年第2期。

⑤ 参见梁上上《公共利益与利益衡量》,《政法论坛》2016年第6期。

个人信息。所以信息被传播的概率及受损的力度都是可控且较小的。综合这些因素，基于公共利益处理个人信息的行为对控制个人信息传播利益造成的损害较小，控制个人信息传播利益在该情境中不具有相对重要性，不能证立他人不得擅自处理个人信息的义务。值得注意的是，公共利益具有不确定性，在不同时代、不同社会、不同国家社会公共利益都是有所差异的，切不可泛化公共利益，公共利益的泛化"无异将当事人之资讯自决权架空，保障资讯自决权即形同具文"。① 因此，应当明确个人信息保护领域中公共利益的范围。

在以个人利益为目的处理个人信息行为的情境中，处理者基于自身的利益处理个人信息，且多以实现经济利益为主，在逐利的过程中，会尽可能多地收集、加工个人信息，这对信息传播的干涉力度较强且扩大了信息传播范围。同时在该情境中，信息处理者并非法定主体或授权主体，这些主体处理个人信息的随意性较大，增加了信息传播概率。相反而言，若禁止处理者擅自处理个人信息的行为，只是增加了信息处理者处理信息的成本，而且可以通过修正传统知情同意制度降低处理者的成本。② 所以在这一情境中，控制个人信息传播利益具有相对重要性，能够证立他人不得擅自处理个人信息的义务。

综上所述，个人信息权满足权利成立的正当性要求。个人信息权所保护的核心利益为控制个人信息传播利益，该利益具有正当性，且在特定的情境中具有相对重要性。面对大数据时代个人信息呈现出的复杂性和不确定性特征，应当深入不同的情境中判断该权利能否成立，以明确个人信息权的范围。这也表明个人信息权不是绝对控制性权利，其权利行使范围是有限度的，这一限度依赖于权利合理性的判断。

三 个人信息权成立的法定标准：法律与司法体系的可容纳性

"权利是一个具有发展性的概念，某种利益具有加以保护的必要时，

---

① 余启民：《由肺结核病患名单资料外泄谈公务机关就医资讯管控与监督》，《月旦民商法》2009年第24期。

② 马新彦、张传才：《知情同意规则的现实困境与对策检视》，《上海政法学院学报》（法治论丛）2021年第5期。

得经由立法或判例学说赋予法律之力，使其成为权利"。① 所以，信息主体所主张的利益究竟能否上升为一项权利，不仅需要考量合理性标准，同样还要佐证其是否契合权利的合法性标准，是否具备实体法的规范力。判断权利能否被现行法律体系所容纳，主要依赖两种途径：第一，由立法机关认可并明文规定于法律当中；第二，司法机关在适用法律过程中将其解读。② 所以个人信息权的合法性的考证，须围绕我国现行法律制度和司法裁判对个人信息权的可容纳性。

（一）法律体系的可容纳性——提供个人信息权成立的基础

我国现行的《宪法》及法律制度未明确规定个人信息权，但现行的法律制度体系为个人信息权的成立提供了坚实的基础，为个人信息权的成立预留了充足的空间。其一，《宪法》是国家的根本大法，《宪法》为个人信息权的成立提供了制度体系的价值基础。德国"个人信息自决权"的法律价值来源《德国宪法》中规定的"人性尊严"和"人格自由发展"。③ 我国《宪法》中保护"人权"和"人格尊严"的规定，同样发挥着这样的功能，我国的人权条款为宪法未列举权利的安身之所，自然也是其他权利的安身之所。④ 个人信息以"识别或可识别"作为判别标准，其直接指向个人，体现着人的人格利益。侵犯个人信息，直接影响其人格利益。从该层面看，宪法至少为个人信息权的成立提供了一种制度价值基础。其二，法律及相关的司法解释为个人信息权的成立提供了制度基础。我国目前的法律规范及司法解释中交叉使用个人信息权利和个人信息权益。如最高人民法院 2014 年发布的《最高人民法院关于审理利用信息网络侵害人身权益民事纠纷案件适用法律若干问题的规定》明确了侵犯个人信息权益的侵权法保护；2021 年最高人民法院发布的《最高人民法院关于人民法院为海南自由贸易港建设提供司法服务和保障的意见》中规定"依法追究侵犯个人信息权利行为人的法律责任"。这表明目前的法律制度体系对该权利有容纳度，至少现存的相关法律制度为个人信息权的成立提供了基础性的依据。《民法典》和个保法

---

① 王泽鉴：《民法总则》，北京大学出版社 2020 年版，第 96 页。
② 参见雷磊《新兴（新型）权利的证成标准》，《法学论坛》2019 年第 3 期。
③ 参见杨芳《个人信息自决权理论及其检讨——兼论个人信息保护法之保护客体》，《比较法研究》2015 年第 6 期。
④ 参见张薇薇《"人权条款"：宪法未列举权利的"安身之所"》，《法学评论》2011 年第 1 期。

规定保护自然人的个人信息权益,但未明确表达个人信息权益究竟是"权利"还是"利益"。有学者认为,《民法典》对"个人信息权益"的保护实则是承认了"个人信息权"。① 也有学者提出对个人信息权益的保护"更近似于一种受法律保护的客观秩序所反射的利益,所以本身未明确为权利"。② 个保法虽然在第一条明确规定了该法的目的之一是为了保护个人信息权益,但又在第四章中明确规定了"个人在个人信息处理活动中的权利",作为保护个人信息的基本法,该法明确规定了个人在信息处理活动中的知情、决定、复制、查阅及删除等信息主体享有的具体权利。有观点认为个保法中"个人信息权益"的规定受《民法典》的影响,该法实则已经确立了对个人信息利用的一系列规则,这些规则正是基于承认个人信息权的基础上得以确立的。③ 也有观点认为第一条中的"个人信息权益"是"本权权益",而非权利,第四章中的权利规定实则是保护"本权利益"的权利。④ 本文认为第一种观点更为合理,个保法依据宪法制定,意味着个保法是实施《宪法》的基本法,是保护公民基本权利的基本法,个人信息权应当是公民的基本权。作为宪法基本权利的个人信息权具有双重性质,能同时面向"主权权利"和"客观法"。⑤ 作为主观权利的个人信息权,能对抗公权力对个人信息权的侵害,形成公法的保护。发挥客观法功能的个人信息权,能够对抗私人和其他除公权力以外的信息处理者对个人信息权的侵害。因此,将个人信息权定位为公民的基本权利,有利于形成一套横跨公私领域的个人信息权保护法律体系。

由上述分析可知,虽然目前立法机关没有在法律层面明文规定个人信息权,但《宪法》为个人信息权的成立提供了价值基础,相关法律及司法解释为个人信息权的成立提供了制度基础,这为个人信息权的"正名"提供了充足空间。

(二) 司法裁判的可容纳性——明确承认个人信息权

虽然我国目前法律层面尚未明确规定个人信息权,但从我国目前的司法

---

① 参见杨立新《中华人民共和国民法典释义与案例评注·人格权编》,中国法制出版社 2020 年版,第 241—243 页。
② 龙卫球:《中华人民共和国民法典总则编释义》,中国法制出版社 2020 年版,第 292 页。
③ 参见申卫星《论个人信息权的构建及其体系化》,《比较法研究》2021 年第 5 期。
④ 参见张新宝《论个人信息权益的构造》,《中外法学》2021 年第 5 期。
⑤ 参见张翔《基本权利的双重性质》,《法学研究》2005 年第 3 期。

裁判文书看，个人信息权在司法层面得到了确认。截至 2022 年 1 月 20 日，笔者利用"中国裁判文书网"和"北大法宝"平台，以"个人信息权""个人信息权益"为主题词进行检索。经检索筛选，共有 295 起案件，包括刑事案件 186 起、民事案件 109 起。

通过对上述司法判决的分析发现，我国在司法层面已经明确承认个人信息权。首先，在司法裁判文书中明确采用了"个人信息权"的术语。在 2012 年福建省安溪人民法院审理"吴添贵非法获取公民个人信息案"中，法院明确承认了"个人信息权"，认为吴某一非法方法获取公民个人信息，侵犯了"公民个人信息权"，已经构成了"非法获取公民个人信息罪"，这是我国裁判文书中首次出现"个人信息权"的术语。① 之后 2014 年广州市中级人民法院审理的"莫丕向与温国强不当得利纠纷上诉案"中，上诉人提出被上诉人提供的证据"侵犯个人信息权，不能作为定案依据"，个人信息权第一次出现在民事裁判文书中。②

其次，司法适用中明晰了个人信息权所保护的利益是控制个人信息传播利益。对于信息主体而言，个人信息权所保护的是控制个人信息传播的利益，上文已从合理性的角度予以证成。在具体的司法适用过程中，司法机关同样对其予以确认。2018 年上海市金山区人民法院在审理"柯学成侵犯公民个人信息案"时，法院认定被告侵犯公民个人信息权利的核心理由之一是："被告人柯学成在未取得信息权利人同意及授权的前提下，在网站上公开房源信息，使信息陷入失控及泄露风险……"③ 法院认定侵犯个人信息权利的核心标准是，信息主体是否丧失了对个人信息传播利益的控制，也就是判决理由中所提及的"信息陷入失控的状态"，一旦陷入这种状态，就会侵犯个人信息权利。这一标准在 2018 年苏州工业园区人民法院审理的"伊某与苏州贝尔塔数据技术有限公司人格权纠纷"案中再次得到了确认。一审法院认定贝尔塔公司侵犯伊某个人信息权的标准为，贝尔塔公司在未征得伊某同意，亦未获得相关单位的授权非法使用伊某的个人信息，使得当事人的个人信息传播范围被扩大。贝尔塔公司的非法使用行为使伊某的个人信息处于失控状态，伊某失去了对个人信息传播的控制利益。但二审法院改判为，贝尔塔公司在伊某首次提出删除相关裁判文书的要求后仍未删除的行为，侵

---

① 参见福建省安溪县人民法院刑事判决书（2012）安刑初字第 579 号。
② 参见广东省广州市中级人民法院民事裁定书（2014）穗中法立民终字第 2604 号。
③ 上海市金山区人民法院刑事判决书（2018）沪 0116 刑初 839 号。

犯了伊某的个人信息权益，在此之前的行为，并未侵犯不构成侵权。① 二审法院的改判并非因为"权益"和"权利"的区别。真正影响二审改判的原因在于，二审法院认识到信息主体所享有的个人信息权不是绝对控制性权利，权利在一定情境中才能成立，这便要求在特定情境中判断利益的相对重要性。二审法院认为，该案涉及对已经合法公开的个人信息流通与个人信息主体对已公开个人信息的再次传播控制之间的利益衡量，应在兼顾两者利益考量的基础上有所侧重。这表明法院在具体的司法适用中并未将信息主体的知情同意作为处理者处理信息的唯一合法性依据，通过利益相对重要性的考量，引入了合法利益的豁免机制，有效地平衡了个人信息上所承载各方主体的利益。② 一审法院在审理的过程中并未注意到这一问题。所以，二审法院在判决理由中写道"个人信息权益的核心在于自然人对其个人信息的知情同意权和对信息传播的控制权"。③ 实则依旧是对个人信息权的解释，再次确认了个人信息权所保护的核心利益是控制个人信息传播利益，并且明确了该权利非绝对控制性权利。

最后，司法裁判中明确将个人信息权作为判决理由。一方面，司法机关普遍地适用个人信息权作为判决依据。在上述 295 起案件中，分别有 183 起刑事案件、60 起民事案件以"个人信息权"作为判决理由。即使在《民法典》出台后，法院在审理案件的过程中依旧多采用个人信息权作为判案依据。④ 例如"杨澧群、孙卫东、凯迪网络信息技术（海南）有限公司人格权纠纷"案，该案的一审在《民法典》出台前审理，法院认为"孙某在网络上公布杨澧群的具体户籍住址、现住址、银行卡号的行为构成侵害原告个人信息权"。⑤ 被告不服提起二审，该案的二审是在《民法典》出台后予以审理，二审判决确认了原审法院的判决，但将侵害个人信息权改为了侵害个人信息权益，且未对这种修改予以解释，在判决理由部分继续沿用了一审的观

---

① 参见江苏省苏州市中级人民法院民事判决书，（2019）苏 05 民终 4745 号。
② 参见谢琳《大数据时代个人信息使用的合法利益豁免》，《政法论坛》2019 年第 1 期。
③ 江苏省苏州市中级人民法院民事判决书，（2019）苏 05 民终 4745 号。
④ 在《民法典》颁布后，在可搜索范围内共检索出 4 起刑事案件、12 起民事案件。刑事案件法院都以"个人信息权"为判决依据：2020 年 10 月 16 日的"陈水强侵犯公民个人信息罪"案；2020 年 8 月 26 日"王剑波诈骗罪"案；2020 年 6 月 24 日"李小伟、陈燕凤侵犯公民个人信息罪"案；2020 年 6 月 3 日"白小亮、陈棋林、白枞阳等开设赌场罪"案。民事案件找那个各法院个人信息权与个人信息权益交叉使用，作为判案理由。
⑤ 杭州互联网法院民事判决书，（2019）浙 0192 民初 2435 号。

点。从该案至少可以发现，二审法院在判决中虽以"个人信息权益"做判决，但实质依旧是对"个人信息权"的保护。另一方面，个人信息权利在法院发布的典型案例中予以确认。典型性案例意义在于，其作为指导性案例的有效补充，在一定地域范围内，相对局限性的专业案件领域中发挥着"准指导"的参考作用。① 2016年《最高人民法院发布六起惩治电信诈骗犯罪典型案例》之案例六——"杨海鸿、黄晋河、吴彩云诈骗，杨海鸿、黄晋河侵犯公民个人信息案"中，最高人民法院指出，该案的典型意义在于"公民个人信息权利保护已成为信息化社会中公民权利保护的一个重点。要从源头整治电信网络诈骗犯罪，信息安全保护是关键"。② 当然这并不意味着对个人信息权是绝对权，对个人信息权的保护同样要兼顾数据的流通价值。这一观点在2020年《杭州互联网法院发布服务保障数字经济发展十大典型案例》之三——"徐某诉芝麻信用管理有限公司隐私权纠纷案"中得到了证实，法院认为该案的典型意义在于：数字经济的发展应建立在数据安全和个人信息权利得到保障的基础上。③

通过对我国现行法律制度和司法裁判的考证发现，我国立法机关虽然未在法律中明文规定个人信息权，但为个人信息权的成立预留了充足的空间，为个人信息权的成立奠定了基础。在第二种权利证成路径——司法适用层面，个人信息权已经得到明确承认。无论民事领域还是刑事领域，"个人信息权"在尚未明确规定的情况下，判决中已经先行适用，并且妥善处理好纠纷。所以从合法性角度论证，个人信息权是一项独立的权利。

四 个人信息权成立的现实性要求：权利实现的可能性

个人信息作为权利的合理性、合法性论证，分别解决了个人信息"应否""是否"是一项权利的问题。个人信息权能否在现实社会生活中实现，

---

① 参见张忠民《典型环境案例的案例指导功能之辨——以最高人民法院公布的23个典型环境案例为样本》，《法学》2015年第10期。
② 《杨海鸿、黄晋河、吴彩云诈骗，杨海鸿、黄晋河侵犯公民个人信息案》，中国法院网，https://www.chinacourt.org/article/detail/2016/09/id/2257560.shtml。
③ 参见《杭州互联网法院发布服务保障数字经济发展十大典型案例》，杭州互联网法院网，https://www.thepaper.cn/newsDetail_forward_6922276。

则需要论证个人信息"能否"成为一项权利。这是因为权利并非处于真空之中,"权利在现实生活中得以存在的基本根据归根结底有赖于个人与社会关系问题的解决"。① 若权利实现的现实条件不成熟,权利则可能形同虚设,无法发挥出预期的效果,有效解决个人与社会关系的问题,反而会降低权利的权威性。所谓"权利就是当时在政治和司法上价值很高的利益"。② 因此,考证信息主体享有的究竟是利益还是权利,须考量个人信息权实现的政治条件和司法成本。

(一) 个人信息权成立的司法成本要素考证

以权利的方式保护个人信息,方便司法操作,有利于提高司法效率,减轻司法机关的办案压力;同时能保障当事人控制个人信息处理的利益的在有效时间内得到保护。这是因为权利在证立过程中,已经做了复杂的事实论证和价值论证,形成了相对统一、类似规则的结论,而利益不具备这一特征。两者的实质也是有所差异的,"鉴于利益总是量的问题,因而包含着权衡和妥协;而权利是一个原则问题,需要一种咬紧牙关、立场坚定的不妥协的态度"。③ 所以在具体的案件中,个人信息权能实现明确、稳定且直接的保护;但仅作为一种利益保护,则须均衡具体案件中的各种利益,以此做出判决。大数据时代,侵犯个人信息案件的数量呈指数级增长,根据大数据法治发展报告的结论"现代社会中,几乎每一个人都是信息泄露的受害者。个人信息的泄露影响了其日常生活,对其造成了困扰。……还使近34%的受访者遭到了直接经济损失"。④ 我国人口基数大,若所有的个人信息纠纷案件,都须法官做个案衡量、价值判断,很明显会浪费司法资源,加大司法成本。相反明确个人信息权,则能规避这一问题。

(二) 个人信息权成立的政策因素考证

无论是出于维护国家整体安全,还是促进经济发展的目的,个人信息权

---

① 尹奎杰、卢学英:《现代西方权利理论的三重证成维度及其启示》,《云南大学学报》(社会科学版) 2011 年第 2 期。

② [美] 史蒂芬·霍尔姆斯、凯斯·R. 桑斯坦:《权利的成本——为什么自由依赖于税》,毕竞悦译,北京大学出版社 2011 年版,第 72 页。

③ [美] 史蒂芬·霍尔姆斯、凯斯·R. 桑斯坦:《权利的成本——为什么自由依赖于税》,毕竞悦译,北京大学出版社 2011 年版,第 68 页。

④ 李爱君:《中国大数据法治发展报告 (2018)》,法律出版社 2019 年版,139—140 页。

的成立都是十分必要的。"在信息化时代,个人信息保护已经成为广大人民群众最关心最直接最现实的利益问题之一。"① 2014年,习近平总书记在主持召开中央国家安全委员会第一次会议时,首次提出要坚持总体国家安全观。"信息安全"是国家安全观之一,没有公民的个人信息安全,就没有国家的信息安全,公民一跃成为国家安全的主体,个人信息安全被提到了前所未有的高度。2020年,中央第一份关于要素市场化配置的文件发布,提出:数据是继土地、劳动、资本及技术后的第五大生产要素,个人信息作为一种重要的数据,在经济发展中发挥着无可比拟的作用。而且,大数据技术的关键要素就在于将个人数据视为原始数据的起点。所以,无论从国家政治安全的角度,还是经济发展的方向,国家都将个人信息安全保护的问题提升到国家战略的角度,为个人信息权的成立提供了政治基础。

所以从现实角度分析,个人信息权能够成立。一方面,能够有利于节约司法成本,节省了时间和精力;另一方面,将个人信息利益上升到权利高度,符合国家政策导向。

五 结论

随着大数据技术的深入发展,人类将进入高度数据化的社会,对个人信息予以独立的权利保护越发重要和紧迫。尽管大数据时代的个人信息具有动态性和复杂性的特征,但这并非是阻碍个人信息权成立的理由。在这一背景下,更需要制定与之配套的法律规则,为个人信息权的良好运行营造良好的环境。

个人信息权的证成不是一项简单的识别工作,而是一项涉及价值判断、利益衡量、制度解读及现实考量的复杂活动,关涉到个人信息权的合理性、合法性及现实性的考证。个人信息权所保护的核心利益是控制个人信息传播利益,该利益是正当的且在特定情景中具有相对重要性,满足权利成立的合理性要求。现行的法律体系也为个人信息权预留了充足的空间,而且该权利在司法实践中已经得到了明确承认,这与权利成立的合法性要求相契合。在此基础上,个人信息权还具备实现的可能性,能够降低司法成本并且得到了

---

① 《关于〈中华人民共和国个人信息保护法(草案)〉的说明》,中国政府网,http://www.npc.gov.cn/npc/c30834/202005/50c0b507ad32464aba87c2ea65bea00d.shtml。

国家政策的支持。所以,个人信息权同时具备权利成立的合理性、合法性及现实性,是一项独立的权利。

The Justification of Personal Information Rights in the Era of Big Data:
From the Measurement of Benefits to the Realization of Rights

Chen Wanzhu

Abstract: Whether the right to personal information is established or not is related to the legal positioning of the Personal Information Protection Law. Based on the perspective of exogenous factors, the existing research cannot convincingly justify the right to personal information. The justification of the right to personal information should be based on the general theory of rights. The interests of the information subject to control the dissemination of personal information in the process of information processing are legitimate, can justify the obligations of the information processor, and meet the relative importance standard for the establishment of rights. China legal system has reserved sufficient space for the establishment of the right to personal information. The judicial level has clearly recognized that the interests of controlling the dissemination of personal information are the core of the right to personal information, and it should be a constitutional right. From a practical point of view, this right is conducive to reducing judicial costs and has received policy support. Therefore, the personal information right is an independent right in line with the interest requirements, legal requirements and practical requirements for the establishment of the right.

Key words: personal information; controlling personal information dissemination interests; relative importance of interests; justification of rights

帮助信息网络犯罪活动罪的独立性及限缩解释*
——基于犯罪参与转型的思考

刘方可**

摘 要：网络犯罪中，单中心化的传统犯罪参与转变为多中心化的新型犯罪参与，法律规范予以了确认。目前，帮助信息网络犯罪活动罪有共犯立场与正犯立场两种解读方案。共犯立场无视传统犯罪参与解构、共犯性基础丧失的事实，立场选择错误。帮助行为正犯化、从犯主犯化、量刑规则等基于共犯立场的观点本身也存在诸多不合理。正犯性立场有借鉴意义，但"正犯性"的提法容易陷入与"共犯性"的纠葛之中。中立帮助行为说、积量构罪说、不作为处罚说等正犯立场下的观点存在共犯关系脱离不彻底与构成要件行为的片段化认识之问题。应突出该罪与关联犯罪的非共犯性与独立性地位，将研究重点转向该罪犯罪构成的限缩解释上。具体来讲，可以从"明知"的双重性；"他人未利用信息网络事实犯罪"时本罪系未遂；客观构成要件行为的非法性；"情节严重"标准提高与明确等几个方向上限制其适用。

关键词：犯罪参与；帮助信息网络犯罪活动罪；共犯立场；独立性；限缩解释

卡尔·拉伦茨曾经指出，法律与其时代有一种功能上的关联性，规范环境的演变会导致现有的事实关系与既有的法律理解产生紧张关系，需透过变

---

* 本文系 2019 年度国家社会科学基金项目"风险社会背景下行政犯扩张及其适用限缩研究"的阶段性研究成果，项目编号：19BFX061。

** 刘方可，湘潭大学法学院博士研究生。

更解释，寻求新的解答。① 在当下的网络时代，网络犯罪日益错综复杂，产业化、链条化、网格化成为常态，不仅给网络安全、网络秩序造成破坏，也使人民群众的财产安全、信息安全处在风险之中。犯罪参与的结构悄然发生着变化，刑事立法部门对此做出回应，尤其是体现共犯独立地位立法规定的强化，对传统区分制犯罪参与形成挑战。② 新的犯罪情势的确对既有法律规范及刑法理论提出了严峻而现实的挑战。在风险社会的逻辑支配下，一种新的刑事法律体系和一种新的刑法理论应当而且必须建立。③ 帮助信息网络犯罪活动罪（本文简称"帮信罪"）的设立就是"新的刑事法律体系"的反馈之一。目前，关于该罪的研究中，共犯立场及其派生观点是强有力见解，但也面临正犯立场及其见解的质疑。本文认为，帮信罪的研究应跳出"正犯""共犯"的术语体系，突出该罪的独立性地位。同时，为因应司法实践对该罪的"爆炸性"适用，应将研究重点转移到该罪之独立犯罪构成的限缩解释上。

一 新型犯罪参与及规范确认

传统线下犯罪参与是单中心的，围绕一个特定犯罪构成展开。但是，线上网络犯罪则展现了不同的犯罪参与类型。在治理网络犯罪过程中，我国的法律规范确认了此种类型。

（一）单中心化的传统犯罪参与

传统犯罪参与包括我国刑法中规定的共同犯罪与德国、日本所称谓的区分制犯罪参与两种。它们的共同特点是围绕某一特定犯罪构成（正犯）形成单中心、短线条型犯罪参与，正犯所触犯的罪名、正犯行为、被损害的法益都是具体而明确的指向某一特定犯罪构成。这种特点具体体现在以下几个方面：第一，罪名的单中心。无论是中国还是德国、日本，犯罪参与人构成的罪名总是正犯所触犯的罪名。虽然在德、日，由于行为共同说、违法共犯

---

① ［德］卡尔·拉伦茨：《法学方法论》，陈爱娥译，商务印书馆 2003 年版，第 225 页。
② 参见陈兴良《区分制与单一制：共犯教义学的学术站位》，《上海政法学院学报》（法治论丛）2022 年第 6 期。
③ 陈晓明：《风险社会之刑法应对》，《法学研究》2009 年第 6 期。

论等影响,可能正犯并不一定构成犯罪。但是,无论如何,犯罪参与人最终被认定的罪名肯定逃脱不了正犯行为所触犯的那个罪名,这在刑法理论上被称之为罪名从属。第二,法益侵害的单中心。在传统的犯罪参与形态中,共犯是不可能独自侵害法益的。其必须从属于正犯的行为,才能触碰到正犯罪名所保护的法益。故,共同犯罪之共同,一定程度上虽然说是罪名共同、行为共同,但更是法益侵害的共同。而这个被侵害的法益只能是正犯罪名所保护的单中心法益,共犯行为没有自己的法益。第三,因果流程的单中心。因果关系是行为客观归责的基础。鉴于法益是正犯为中心的法益,共犯要进行归责必须与正犯建立联系,围绕这个单独的中心,自身不能与被侵害法益建立因果关系。这正是区分制参与体系所称的因果共犯论(惹起说)。尽管单一制犯罪参与体系认为,犯罪参与人之行为只需与法益侵害结果之间具有条件关系,行为人就能够构成正犯之罪。似乎不需要正犯这个桥梁,犯罪参与仍然能够成立。但是,笔者认为,条件关系是较因果关系、离法益侵害较远的一种联系,其系间接联系。间接联系不是间断联系,其必然需要与最终法益侵害之间的连接线。而这个连接线(桥梁)就是正犯行为。第四,正犯的中心地位还体现在帮助犯双重犯罪故意上。帮助犯的故意是双重的。不仅需要帮助他人从事特定犯罪行为的故意,还需要具有帮助他人实现犯罪构成要件的故意。① 所以,犯罪参与人要想构成犯罪,必须将正犯的行为及其构成要件的实现作为认识内容之一。

上述某一特定犯罪构成必须是具体而明确的,否则,不仅正犯的罪名无法确定,法益无所依存,犯罪参与人也不可能受到刑事归责。换言之,传统共犯理论要求共同犯罪的参与人必须围绕某一核心主体形成犯罪的意思联络或共同行为。②

(二) 多中心化的新型犯罪参与

随着传统犯罪日益网络化,网络犯罪行为人与其参与人之间分工更加精细,彼此之间分工合作,心照不宣、各司其职现象越来越普遍。这导致网络犯罪参与结构演变为多中心、网格型犯罪参与类型,打破了区分制以及单一

---

① 刘艳红:《网络犯罪帮助行为正犯化之批判》,《法商研究》2016年第3期。
② 王肃之:《论为信息网络犯罪活动提供支持行为的正犯性——兼论帮助行为正犯化的边界》,载江溯主编《刑事法评论》(第42卷),北京大学出版社2020年版,第443页。

制犯罪参与理论赖以生存的基础。①

以典型的电信网络诈骗为例。电信网络诈骗是公认的网络犯罪。在电信网络诈骗中,其被精细切割为准备犯罪工具、搭建网络平台、应用软件开发、拨打电话诈骗、资金变现转移等若干环节,完整的犯罪被拆分开来,打破了传统犯罪构成中预备行为、实行行为、事后行为的分隔,彼此之间的界限变得模糊。② 换言之,电信网络诈骗内部产生细致的分工合作的产业化分工,每个环节以独立身份参与到网络诈骗中,它们是电信网络诈骗链条上的独立一环,同时,分工合作的细化导致那些能够为电信网络诈骗最终结果"出力"的参与者越来越多,电信网络诈骗的犯罪链条越拉越长。这种网络犯罪参与的新现象、新样态,被有的学者形象地概括为"犯罪协作"模式、③ "网状形、聚合射线形和链条形的结构"④ 和"链式的扁平结构"⑤。

网络犯罪参与是一种有别于传统犯罪参与的新类型,其具有明显的多中心、网格型特点。第一,每个环节可能成立独立的罪名,罪名出现多中心化。传统犯罪参与中,参与人最终的罪名只能是正犯罪名。而在网络犯罪参与中,虽然所有能够为网络犯罪提供作用力的人都是"一根绳上的蚂蚱",但是,准备犯罪工具环节的参与人可能构成帮助信息网络犯罪活动罪,搭建网络平台环节的参与人可能构成非法利用信息网络罪,应用软件开发环节的参与人可能构成提供非法侵入、破坏计算机信息系统程序、工具罪,拨打电话诈骗实施诈骗的人构成诈骗罪,资金变现环节的参与人可能构成掩饰、隐瞒犯罪所得罪或者洗钱罪。可见,网络犯罪参与人的罪名认定已经摆脱

---

① 由于传统犯罪的网络异化,理论上讲,所有的犯罪都可能利用信息网络实施从而被称之为网络犯罪。网络犯罪的参与中不乏有的提供信息网络帮助的人与正犯之间具有意思联络或者与正犯所侵害的法益之间具有较紧密的因果联系,从而与正犯构成共同犯罪,以正犯之罪名定罪处罚的情形。例如著名的"快播案"就是如此。快播公司明知他人传播淫秽视频,为其提供网络存储、上传下载服务并获取利益,最终被认定为传播淫秽物品牟利罪。所以说,严格来讲,网络犯罪参与即包含部分能够运用传统犯罪参与理论解决的案件,也包含那些不能归属于传统犯罪参与的情形。但本文为行文方便,没有特别说明,均指的是不能归属于传统犯罪参与的情形。

② 喻海松:《网络犯罪形态的碎片化与刑事治理的体系化》,《法律科学》(西北政法大学学报)2022年第3期。

③ 时延安:《网络规制与犯罪治理》,《中国刑事法杂志》2017年第6期。

④ 栗向霞:《论有组织犯罪的信息化和网络犯罪的有组织化》,《河南社会科学》2016年第11期。

⑤ 王肃之:《论网络犯罪参与行为的正犯性——基于帮助信息网络犯罪活动罪的反思》,《比较法研究》2020年第1期。

"正犯罪名单中心"的束缚。第二,网络犯罪参与侵害的法益是多样的。由于网络犯罪参与"网状形、聚合射线形和链条形的结构"特点,参与行为与最终"正犯法益侵害"之间的"粘连度"越来越低,不可能再期冀于利用"侵害正犯法益"对其进行归责。现实情况是,网络犯罪参与的不同部分、不同环节侵害的法益可能是多种多样的。例如,司法实践中较为猖獗的为电信网络诈骗提供支付结算帮助的收卡、贩卡现象。其中,"卡商"大量收买他人信用卡、贷记卡、借记卡的,就侵犯了信用卡的管理秩序法益,由于"卡商"距离真正的诈骗"正犯"较远,一般不认为其行为侵犯了他人财产权。而利用这些信用卡为电信网络诈骗分子转移资金,提供支付结算帮助的,可能直接构成诈骗罪,从而侵犯他人的财产权。可见,网络犯罪参与不可能仅仅指向一个"单中心的法益"。第三,既然网络犯罪参与人之间是"犯罪协作"关系,各参与人的行为具有独立性,各行为又有可能侵犯不同的法益。那么,传统犯罪参与的那种"短线性""参与人与正犯法益之间的因果联系"必然会被"切断""截胡",从而在网络犯罪参与中形成多条相对独立的因果流。而这些因果流与"正犯所主导的因果流"就不会再有因果流程上的依附关系。这也就打破了传统犯罪参与中因果流程的单中心化。第四,传统犯罪参与人要构成犯罪必须具有双重故意,并且这种故意必须是明确而具体的故意,即"明确认识帮助行为+明确认识正犯构成要件"。但是,在网络犯罪参与中,这种双重故意逐渐演变为"明确认识帮助行为+概括模糊认识正犯构成要件"。由于网络空间的分布式、匿名性特点,参与网络犯罪的参与人一旦提供网络帮助,通过互联网的便捷性,受众往往是匿名的不可估量的多数人,而他们之间互不相识,没有意思联络。甚至,提供帮助的行为人对于谁能够获取"帮助"、获取"帮助"后实施何种行为处于一种"漠不关心"或者"心照不宣"的心态,他们对下游犯罪的具体情况不感兴趣。也就是说,提供帮助的行为人无须对"受助者"的"正犯行为"有明确的认识,要求明确的认识不现实。

总之,网络犯罪参与已经不是传统的"共犯参与正犯"的模式,而是"正犯参与正犯"的模式。区分制抑或单一制都是"共犯参与正犯"模式下的产物,解决以"正犯为单中心"的犯罪参与尚且适合,但是,能不能用来解释"正犯参与正犯"这种犯罪参与类型,是需要研究的问题。

(三) 法律规范上的阶段性规制

网络犯罪参与行为包含两种情况:"能以传统帮助犯理论解释的网络帮

助行为"与"难以解释为帮助犯的网络帮助行为"。① "能以传统帮助犯理论解释的网络帮助行为"大体对应单中心的传统犯罪帮助行为,"难以解释为帮助犯的网络帮助行为"大体对应多中心犯罪参与行为。两种类型分别对应两个规制阶段。司法解释主要针对前者,思路上体现了从区分制共犯从属立场到单一制单独归责立场的转变。刑事立法针对后者,直接将各种网络犯罪参与行为规定为具有独立罪状与法定刑的单独罪名。

1. 司法解释:共犯从属到共犯正犯化

(1) 坚持共犯从属性的规定。这样的司法解释大体分为两种:罪质罪量彻底从属型和罪质从属罪量独立型。前者的适例是 2004 年最高法、最高检《关于办理利用互联网、移动通讯终端、声讯台制作、复制、出版、贩卖、传播淫秽电子信息刑事案件具体应用法律若干问题的解释》[以下简称《淫秽电子信息解释(一)》]第 7 条。② 后者的适例是 2010 年两高《关于办理利用互联网、移动通讯终端、声讯台制作、复制、出版、贩卖、传播淫秽电子信息刑事案件具体应用法律若干问题的解释(二)》[以下简称《淫秽电子信息解释(二)》]第 7 条。③ 罪质罪量彻底从属型的典型特征是提供帮助的行为本质上是正犯的帮助犯,并且帮助行为要想构成犯罪必须在违法性、有责性甚至罪量上都需从属于正犯。罪质从属罪量独立型的典型特点是提供帮助的行为依然是围绕正犯的共犯行为,但是,在评价其提供行为的危害性时不再依赖于正犯的罪量标准,而具有一定程度上的"危害自我证明"意味。由此可见,司法解释遵循了正犯与共犯区分的思路,并且

---

① 江溯:《帮助信息网络犯罪活动罪的解释方向》,《中国刑事法杂志》2020 年第 5 期。

② 《淫秽电子信息解释(一)》第 7 条规定:"明知他人实施制作、复制、出版、贩卖、传播淫秽电子信息犯罪,为其提供互联网接入、服务器托管、网络存储空间、通讯传输通道、费用结算等帮助的,对直接负责的主管人员和其他直接责任人员,以共同犯罪论处。"此外,下列司法解释也属于罪质罪量彻底从属型。例如:2005 年两高《关于办理赌博刑事案件具体应用法律若干问题的解释》第 4 条、2011 年两高《关于办理诈骗刑事案件具体应用法律若干问题的解释》第 7 条、2013 年两高《关于办理利用信息网络实施诽谤等刑事案件适用法律若干问题的解释》第 8 条等。

③ 《淫秽电子信息解释(二)》第 7 条规定:"明知是淫秽网站,以牟利为目的,通过投放广告等方式向其直接或者间接提供资金,或者提供费用结算服务,符合该条所列特定情形的,对直接负责的主管人员和其他直接责任人员,依照《刑法》第 363 条第 1 款的规定,以制作、复制、出版、贩卖、传播淫秽物品牟利罪的共同犯罪处罚。"此外,下列司法解释也体现了罪质从属罪量独立的特点。例如,2011 年《关于办理危害计算机信息系统安全刑事案件应用法律若干问题的解释》第 9 条规定等。

要求共犯行为对正犯行为的从属，不承认网络帮助行为构成要件实行行为性。

（2）体现共犯正犯化的规定。共犯正犯化的典型司法解释是《淫秽电子信息解释（二）》第3条及第6条。① 第3条中的互联网群组建立者、管理者的行为与直接传播淫秽电子信息的传播行为显然在符合传播淫秽物品罪的构成要件方面不可同日而语。按照区分制理论，建立互联网群组行为、管理互联网群组行为都不可能直接构成此罪。第6条中的电信业务经营者、互联网信息服务提供者提供的互联网接入、服务器托管、网络存储空间等帮助行为也不太可能按照区分制直接理解为传播淫秽物品行为。那么，司法解释做出上述规定的理论依据是什么呢？笔者认为，最高司法机关在此采用了单一制单独归责理论，将共犯行为正犯化处理。在单一制模式下，各个犯罪参与人都独立地进行构成要件符合性判断，因而参与人之间缺乏互动关系，每个参与人的行为都指向中心（构成要件），与构成要件之间形成"轮辐结构"。② "轮辐结构"表明，各参与人的行为可以直接以构成要件行为的身份进入某罪的犯罪构成中，并绕过所谓的实行行为与保护法益产生关联，从而直接认定为各本罪。单一制的这种归责模式明显不同于区分制的共同归责，而是通过参与行为本身就可以直接归责的单独归责模式。③ 可见，单一制下，没有共犯行为与正犯行为的区别，所有的犯罪参与行为都是各本罪的构成要件行为，都应该直接以各本罪论处。而上述司法解释所体现的正是区分制下的共犯行为在单一制下作正犯处置的鲜明例子，可称之为"共犯行为正犯化处置解释"。

2. 刑事立法：独立罪名阶段

刑事立法主要面向新型网络犯罪参与多中心的特点，为参与行为设置独立的罪状与法定刑，创设独立的罪名。这些罪名中涉及的网络犯罪参与行为不能与"正犯"构成传统共犯关系。独立罪名的创设主要完成于《刑法修

---

① 《淫秽电子信息解释（二）》第3条规定："利用互联网建立主要用于传播淫秽电子信息的群组，成员达三十人以上或者造成严重后果的，对建立者、管理者和主要传播者，依照《刑法》第364条第1款的规定，以传播淫秽物品罪定罪处罚。"第6条规定："电信业务经营者、互联网信息服务提供者明知是淫秽网站，为其提供互联网接入、服务器托管、网络存储空间、通讯传输通道、代收费等服务，并收取服务费，符合该条所列特定情形的，对直接负责的主管人员和其他直接责任人员，依照《刑法》第363条第1款的规定，以传播淫秽物品牟利罪定罪处罚。"

② 王华伟：《犯罪参与模式之比较研究——从分立走向融合》，《法学论坛》2017年第6期。

③ 李瑞杰：《犯罪参与理论的讨论范式及其转换》，《交大法学》2019年第4期。

正案（九）》。涉及的刑法条文主要有：《刑法》第 286 条之一拒不履行信息网络安全管理义务罪，将网络服务提供者拒不履行网络安全义务的不作为帮助行为犯罪化；《刑法》第 287 条之一非法利用信息网络罪，将发布制作、销售违禁物品、管制物品、诈骗等违法犯罪活动信息、设立用于违法犯罪活动的通讯群组、网站的为他人提供帮助的预备行为犯罪化；《刑法》第 287 条之二帮助信息网络犯罪活动罪，将为信息网络犯罪提供互联网接入、服务器托管、网络存储、通讯传输等技术支持，或者提供广告推广、支付结算等帮助的行为独立入罪。

本文认为，以上立法规定体现了立法者对网络犯罪参与行为的认识深化，跳脱了传统犯罪参与模式，立足于新的网络犯罪特点，突出各参与人的独立地位，属于对新型网络犯罪参与类型的法律确认。上述规定是研究新型犯罪参与的主要法律依据。

二　帮助信息网络犯罪活动罪性质争议

面对立法上的新动向，理论上争议比较大的是帮助信息网络犯罪活动罪。目前，理论上围绕帮信罪主要存在两个立场六种理论。两个立场是：共犯性立场与正犯性立场。其中，共犯性立场下有帮助行为正犯化、从犯主犯化、量刑规则三种观点；正犯性立场下主要有中立帮助行为说、积量构罪说与不作为处罚说三种观点。共犯性立场认为，帮助信息网络犯罪活动行为是从具有共犯关系的犯罪参与中转化而来，所以，这些行为构成犯罪必须遵循共同犯罪的法理，即他人必须利用行为人提供的各种帮助实施违法犯罪活动。正犯性立场则认识到帮助信息网络犯罪活动行为的独立成罪意义，将研究重点放在帮信罪本身构成要件上，并不纠结于其与关联犯罪之间的共犯关系。

（一）共犯性立场下的观点

1. 帮助行为正犯化说

这是目前不少学者所持的观点，此说也有的学者表述为共犯正犯化或者帮助犯正犯化。帮助行为正犯化是指《刑法》分则条文直接将某种帮助行为规定为正犯行为，并为其设置独立的法定刑。[1] 对于帮信罪而言，帮助

---

[1] 张明楷：《论帮助信息网络犯罪活动罪》，《政治与法律》2016 年第 2 期。

行为正犯化指的是提供技术支持、广告推广、支付结算等行为被刑事立法"统一规定了独立的罪名和法定刑,实现了共犯行为的高度独立化,原有的'帮助行为'即'共犯行为'通过立法独立为新的'实行行为'即正犯化。"① 由此可见,帮助行为正犯化中的帮助行为必须与正犯行为原来就存在共同犯罪关系。有学者就此指出,"共犯行为正犯化中的正犯本来是共犯,如果刑法分则没有规定,则其应当按照刑法总则的规定,以某一正犯的共犯论处。因此,共犯行为正犯化的前提是具有共犯性。"② 具有共犯性的前提是作为犯罪参与中心的正犯必须特定而明确,即帮信罪的被帮助对象应当是特定的,而且帮助者应当认识到该特定对象。③ 总之,帮助行为正犯化说将帮助信息网络犯罪活动行为看作是传统犯罪参与的一种类型。

但是,由于"信息网络犯罪"是一个群罪概念,其可以包罗万象,并不一定能够具体化、特定化为某个犯罪。这与典型的单中心传统犯罪参与结构有所不同,会造成"无正犯的共犯"现象或者缺乏双方意思联络的片面共犯情形。因此,为保持共同犯罪的共同性与共犯从属性,坚持共犯立场的学者认为,应当在应对网络犯罪参与时将"违法连带性"修正为"违法独立性",承认"无正犯的共犯"现象,在帮信罪从属问题上,将限制从属性修正为最小从属性。④ 还有的学者认为,帮信罪中的典型情况是行为人对他人利用信息网络实施犯罪存在单方认识,而不是共同意思,因此,为坚持共犯优先立场,应对积极采纳片面共犯理论。⑤

2. 从犯主犯化说

从犯主犯化说是立足我国《刑法》第25条至第29条的规定,以我国共同犯罪属于单一制立法为基础提出的。论者认为,共犯正犯化是立足于德、日区分制立场,将帮信罪构成要件行为看作区别于正犯的"二次责任"形式,即帮助犯。而我国《刑法》中的主犯、从犯、胁从犯、教唆犯并不

---

① 参见于志刚《共犯行为正犯化的立法探索与理论梳理——以"帮助信息网络犯罪活动罪"立法定位为角度的分析》,《法律科学》(西北政法大学学报)2017年第3期。

② 陈兴良:《共犯行为的正犯化:以帮助信息网络犯罪活动罪为视角》,《比较法研究》2022年第2期。

③ 参见刘艳红《网络犯罪帮助行为正犯化之批判》,《法商研究》2016年第3期。

④ 参见阎二鹏《共犯行为正犯化及其反思》,《国家检察官学院学报》2013年第3期。

⑤ 参见欧阳本祺、刘梦《帮助信息网络犯罪活动罪的适用方法:从本罪优先到共犯优先》,《中国应用法学》2022年第1期。

具有逻辑上决定与被决定的关系；在发生了法益侵害的场合，主犯、从犯、胁从犯、教唆犯均是对自己犯行招致的"一次责任"答责。据此，区分共同犯罪中的犯罪行为类型在认定犯罪阶段没有必要，应当坚持单一制立场，以我国《刑法》规定的主犯、从犯的术语理解帮信罪才是妥当的。"刑法修正案之所以设立帮助信息网络犯罪活动罪，乃是正视涉网络犯罪活动中，网络帮助行为的社会危害趋重增生，帮助行为由次要或辅助的从犯地位向主犯靠近现状的结果。"① 这种立法应当称之为"从犯主犯化"，即帮助行为从"从犯"上升为"主犯"，受到更为严重的刑法否定评价和刑罚处罚。② 此外，在帮助者与利用信息网络实施犯罪者之间的关系上，该学说坚持了限制从属性的理论。而且，在追究提供帮助者的刑事责任方面，坚持了"共犯责任"的追责模式。

可见，从犯主犯化说也没有跳脱传统犯罪参与的思维模式，并没有注意到网络犯罪参与的结构变化，可能导致帮信罪处罚范围的不当及司法适用上的冲突。

3. 量刑规则说

该学说是我国学者张明楷教授提出的，得到黎宏教授的支持③。张明楷教授从维护传统共犯理论共犯从属性、正犯共犯区分制以及总则共犯处罚规则的立场出发，首先指出我国刑法分则对帮助犯的规定存在三种类型：帮助犯的绝对正犯化、帮助犯的相对正犯化以及帮助犯的量刑规则。在此基础上，其认为帮信罪中为他人犯罪提供互联网技术支持的行为依然是帮助行为，其成立犯罪以正犯实施了符合构成要件的不法行为为前提，并进而认为，对于那些构成本罪的行为人而言，由于《刑法》第287条之二第1款规定了独立的法定刑，因此，这些共犯就具有了优先适用本条款法定刑的基础而不得依照我国《刑法》第27条的规定从轻、减轻处罚或者免除处罚，直接适用帮信罪第1款法定刑处罚。④

很明显，张明楷教授是认为帮信罪的行为人在定罪上优先构成帮助犯，

---

① 张勇、王杰：《帮助信息网络犯罪活动罪的"从犯主犯化"及共犯责任》，《上海政法学院学报》（法治论丛）2017年第1期。

② 参见张勇、王杰《网络帮助行为的犯罪化与非犯罪化》，《苏州大学学报》（哲学社会科学版）2017年第3期。

③ 参见黎宏《论"帮助信息网络犯罪活动罪"的性质及其适用》，《法律适用》2017年第21期。

④ 张明楷：《论帮助信息网络犯罪活动罪》，《政治与法律》2016年第2期。

但是在处罚上优先适用帮信罪第 1 款。这样的理解显然有违罪刑法定原则，将定罪与量刑进行了割裂。

（二）正犯性立场下的观点

1. 中立帮助行为说

中立帮助行为说起源于德国刑法理论，旨在限制帮助行为的可罚范围。在德国和日本，中立帮助行为并不是一概不构成共同犯罪中的帮助犯，即有的中立帮助行为构成帮助犯，有的不构成帮助犯。但总体而言，德日等国家采取的是限制处罚的立场。这在日本的"winny 软件案""螺丝刀案"以及德国的"辩护律师案"中都有体现。

中立帮助行为理论引入我国，也基本上是在限制处罚的立场上发挥作用，尤其是帮信罪设置以来，该理论被用于解释帮信罪行为，成为限制帮信罪成立范围的有力武器。例如，刘艳红教授在批判帮信罪所代表的"共犯正犯化"立法时指出，帮信罪行为基本属于中立帮助行为，全面正犯化的做法有失妥当。中立帮助行为能否具有可罚性，能否作为帮助犯处理，应以"犯罪意思联系"为标准，即行为人是否存在特别地设置自己的行为，并且想让该行为与正犯的犯罪计划或者正犯行为进行具体吻合的意思。[①] 符合这个标准，行为人帮助行为具有可罚性，反之则不然。就此，刘艳红教授将帮信罪行为类型区分为明知促进型与明知非促进型，并将明知非促进型排除出帮助犯（帮信罪）的可罚范围。[②] 可见，论者的主要着力点放在了帮信罪犯罪构成行为的认定上，而不是帮助信息网络犯罪行为与关联犯罪的共犯关系上。

2. 积量构罪说

积量构罪说认为，帮信罪是立足于网络犯罪新治理策略法制化的背景，对网络犯罪进行全过程、系统化治理的必然要求。帮助信息网络犯罪活动罪是独立犯罪而非帮助犯的正犯化，其本身的犯罪行为满足刑事违法性及刑罚可罚性的条件，独立入罪具有正当性，并且其侵犯的法益是独立的公共法益：信息网络安全管理秩序。

但是，往往由于提供技术支持、广告推广、支付结算帮助的单次危害量低，需要帮助次数的"积数"加持。"本罪更为关注的是那些不能独立引起

---

① ［日］豊田兼彦：《共犯の処罰根拠と客観的帰属》，东京：成文堂 2009 年版，第 174 页。
② 刘艳红：《网络犯罪帮助行为正犯化之批判》，《法商研究》2016 年第 3 期。

下游违法犯罪的危害后果的帮助行为，其单次危害行为的危害量底限低，具有'海量积数×低量损害'的'积量构罪'罪行构造。"① "积量构罪"表明"可能存在所有的实行行为均未达到入罪标准，但帮助犯由于向数以万计的实行行为提供了帮助，其行为性质反而更重，对帮助犯更有惩罚的必要。"② 积量构罪说并没有采纳共犯思维及共犯立场，相反，其对于量刑规则说及帮助犯正犯化说进行了针对性的批判。③ 其将帮信罪理解为具有独立性的正犯规定，讨论的重点在于帮信罪独特的罪行构造，即单次危害行为的社会危险性低，累积危害性达到情节严重，具有严重社会危害性的行为才是本罪构成要件行为。

3. 不作为处罚说

持该说的学者首先对帮助行为正犯化、帮助犯量刑规则两种观点提出商榷。认为其并没有认清帮信罪的独立法益侵害性，将帮信罪法益侵害建构在被帮助者所实施的具体犯罪之上，会导致立法论上否认本罪入罪的正当性或者解释论上本罪与总则共犯的"冗余立法"。

论者转而认为，本罪的研究重点应当放在不法构成要件的厘清上。从帮助信息网络犯罪活动罪的文字表述上来看，因主观层面的认识不同，本罪不法行为在逻辑上可能包含两类：有明确犯罪指向的行为与没有明确犯罪指向的犯罪行为。"就前者而言，其行为在既有之共犯论之下成立帮助犯抑或共同正犯等犯罪参与类型并无任何异议，无需分则进行重复规定，而后者才是学理上形成争议的焦点，亦是立法的重点所在。"④ 论者就此论证了没有明确犯罪指向的犯罪行为的不作为性及可非难性。本罪责任非难的重点在于行为人不履行"知情后停止提供技术支持、广告推广、支付结算的帮助"的义务，即"行为人先前之网络服务行为创设了某种信息网络被滥用之风险，在明知他人利用信息网络实施犯罪后应避免此种风险扩大而未避免。"⑤ 不作为处罚说在两点上另辟蹊径：将本罪处罚重心放在无明确犯罪指向的行为

---

① 皮勇：《论网络服务提供者的管理义务及刑事责任》，《法商研究》2017年第5期。

② 刘仁文、杨学文：《帮助行为正犯化的网络语境——兼对犯罪参与理论的省思》，《法律科学》（西北政法大学学报）2017年第3期。

③ 皮勇：《论新型网络犯罪立法及其适用》，《中国社会科学》2018年第10期。

④ 阎二鹏：《帮助信息网络犯罪活动罪：不作为视角下的教义学证成》，《社会科学战线》2018年第6期。

⑤ 阎二鹏：《帮助信息网络犯罪活动罪：不作为视角下的教义学证成》，《社会科学战线》2018年第6期。

上；将本罪的构成要件行为解释为不作为。

三 共犯性立场及其观点的批判

上述关于帮信罪的各种争论完全沿着两个方向展开，共犯性路径一定程度上否认了帮信罪的独立地位，将其构罪与否完全按照传统犯罪参与理论展开，强调提供技术支持等帮助行为对关联犯罪的从属与依附；正犯性路径则在承认帮信罪入罪合理的基础上，对构成要件的行为本身及本罪的犯罪构成展开讨论，多将本罪的重点规制范围限定在非共犯关系的帮助行为上。笔者认为，共犯性立场及其观点主要是站在单中心化的传统犯罪参与角度解读帮信罪。虽然有较为成熟的区分制或者单一制理论作为支撑，但是忽视了网络犯罪参与多中心的结构变化与特点，在解释"正犯参与正犯"这种类型时，难免会"碰壁"，甚至得出不合理的结论。

(一) 共犯性基础的崩溃：传统犯罪参与的解构

虽然传统犯罪参与体系历来有共犯与正犯区分制与不区分共犯与正犯之单一制的争论，但这种争论并没有动摇其基本的核心结构特征，即犯罪构成的单中心性。然而，帮助行为正犯化、从犯主犯化、量刑规则等赖以存在的这一基础性架构，却被网络犯罪新参与形态瓦解，从而导致帮助信息网络犯罪活动行为与关联犯罪行为的"共犯关系"难以成立。

1. 传统犯罪参与的核心结构特征

传统犯罪参与在一定程度上可以与广义共同犯罪等同视之，两者的问题域基本一致。① 区分制体系是德日刑事立法及刑法理论采取的参与体系。单一制被认为是意大利、奥地利、俄罗斯等国刑事立法及刑法理论坚守的共犯

---

① 从广义而言，即按一般民众的理解，包括二人以上共同侵害同一对象或造成同一损害结果，且成立犯罪的各种情形。如双方基于故意（含相同的故意或不同的故意）、双方均为过失，或者一方出于故意另一方基于过失、一方有责任能力另一方无责任能力，共同引起严重危害结果发生的，都在广义的共同犯罪的范围之内。这种广义的共同犯罪，与"犯罪参与"或"参与犯罪"的含义基本相同。参见刘明祥《论犯罪参与的共同性——以单一正犯体系为中心》，《中国法学》2021年第6期。

体系。区分制与单一制在许多具体问题上都体现了差异①，同时，在间接正犯、共谋共同正犯、过失共同犯罪中又表现出"从分立走向融合的趋势"②。存在差异也好，"走向融合"也罢，作为区分制与单一制讨论基础的共同犯罪（传统犯罪参与）却有着相同的特征。

首先，指向同一罪名的同一犯罪构成。我国传统刑法理论认为，构成共同犯罪需要三个条件，即两个以上达到刑事责任年龄的犯罪主体；二人以上具有共同的犯罪行为；二人以上具有共同的犯罪故意。③ 不同罪名之间不能成立共同犯罪，它们之间构成要件具有重合关系的应当按照想象竞合或者法条竞合处理。即使认为我国规定的共同犯罪仅仅是犯罪参与中很小的一部分，将"在多个自然人主体中，有人不具备刑事责任能力，或主观上没有罪过，或具备可原谅的理由，或其他排除可罚性的个人原因"等情况也看作犯罪参与的类型。④ 其也没有摆脱同一罪名同一犯罪构成的参与结构。以有责任能力者帮助无责任能力者犯罪为例。有责任能力的 Y 仇恨 Z，在无责任能力的 X 准备杀 Z 时，Y 趁机向 X 递送凶器，X 持该凶器杀害了 Z，但 Y 始终不知 X 系无责任能力人。⑤ 在这样一个参与犯罪的案件中，无论按照区分制间接正犯理论将 Y 认定为故意杀人罪，还是按照单一制理论就 Y 自身的不法与责任直接认定为故意杀人罪。本案的犯罪事实仍然是围绕一个特定的罪名及其构成展开，只不过，有的参与人构成该特定犯罪，有的不成立本罪

---

① 例如，在何谓构成要件行为上，区分制以正犯（实行行为犯）为中心，认为只有实行行为才是构成要件行为。单一制认为，所有参与犯罪的行为都是构成要件行为，帮助行为、教唆行为也不例外。在归责路径上，区分制认为，共犯行为要想构成正犯之罪名，必须从属于处于犯罪核心地位的正犯行为，共犯的归责应坚持修正惹起说，即正犯处于因果链条的最直接端，共犯行为则是借助正犯行为这个桥梁才得以对结果负责。单一制则坚持条件说，认为帮助行为、教唆行为作为构成要件结果的条件，可以直接进行归责。在教唆未遂、帮助未遂的处罚问题上，区分制认为，被教唆者并未着手实施犯罪，故作为共犯的教唆行为因缺乏正犯实行行为而不构成犯罪。单一制则会得出犯罪未遂的结论。凡此种种，不一而足。总之，在共同犯罪成立及量刑个别化等问题上，两者有着完全不同的思路。

② 王华伟：《犯罪参与模式之比较研究——从分立走向融合》，《法学论坛》2017 年第 6 期。

③ 高铭暄、马克昌主编：《刑法学》（第 10 版），北京大学出版社、高等教育出版社 2022 年版，第 162—164 页。

④ 参见［意］杜里奥·帕多瓦尼《意大利刑法学原理》（注评版），陈忠林译，中国人民大学出版社 2009 年版，第 330 页。

⑤ 参见钱叶六《我国犯罪构成体系的阶层化及共同犯罪的认定》，《法商研究》2015 年第 2 期。

而已。

其次，指向同一个法益侵害结果或者法益侵害危险。就共犯的归责依据，区分制形成了责任共犯论、违法共犯论以及因果共犯论（包括纯粹惹起说、修正惹起说、折中说）等观点。① 目前成为流行观点的是因果共犯论中的修正惹起说。按照这种观点，共犯不能直接引起构成要件的法益侵害结果，而是通过对正犯的引诱、加工间接引起构成要件法益受害。也就是说，共犯与法益侵害之间是具有间接的因果关系才受处罚。这在相当程度上保证了共犯与正犯侵害法益的一致性，也反映出传统犯罪参与中受害法益的同一性，即正犯与共犯行为不可能指向不同的侵害结果。单一制虽然奉行构成要件行为与结果之间的条件关系理论，但是，其在就每一个参与人行为与法益侵害结果之条件关系判断之前，尚需"将所有参与行为作为一个有机结合整体，就其与法益侵害结果之间的因果关系做整体评判"② 的过程。这种"先整体后个别"的因果关系判断规则，也能够确保犯罪参与因果流程指向上的同一性。

最后，所有参与人的主观认识内容基本保持一致。众所周知，我国传统共同犯罪理论要求共同犯罪主体之间具有意思联络为必要。既然具有意思沟通、联络，参与人之间就同一个犯罪构成要件的主观认识内容应该是一致的。即使在片面意思联络的场合，所有参与人之间的认识内容也在具体构成要件上保持了相对统一。例如甲看到乙正在持刀追赶丙，并伴有砍杀的动作，甲故意在丙的跑动路线上设置障碍，导致丙被绊倒，致其被乙追上杀害这样的案件。甲既然已经目睹相关的案件事实，那么其对乙的杀人行为及丙可能被杀害就必然存在主观认识。乙是直接实施杀人行为的人，其当然对于自身的行为及丙的生命权被侵害存在认识。虽然，甲乙之间没有意思沟通，但不可否认，它们对于故意杀人罪的基本构成要件存在认识上的同一性。

总之，传统犯罪参与是以具体而明确的特定犯罪构成为单一中心构建起来的，所有参与人的客观行为以及主观罪过都是围绕这个中心。一旦这个中心发生变异，传统犯罪参与以及依赖于传统犯罪参与的相关理论就难以发挥作用。

2. 网络犯罪参与对"共犯关系"的冲击

网络犯罪参与表现出明显的不同于单中心结构特征的多中心性，这给犯

---

① 陈家林：《外国刑法通论》，中国人民公安大学出版社2009年版，第496—502页。
② 参见黄明儒《二元的形式单一正犯体系之提倡》，《法学》2019年第7期。

罪参与理论适用带来很大困难,参与人之间的"共犯关系"难以成立。

第一,参与类罪代替个罪参与。伴随网络从 Web1.0 到 Web2.0 再到 Web3.0 的代际变迁,网络犯罪也经历了从"网络作为犯罪对象"到"网络作为犯罪工具"再到"网络成为犯罪空间"的迭代共生。① 相应的,网络犯罪也从个别犯罪的指称转化为一类犯罪的指称。当其指称个别犯罪时,尚且可以适用犯罪参与理论,将其作为共同犯罪处理。前述《淫秽电子信息解释(一)》第 7 条与《淫秽电子信息解释(二)》第 7 条的规定就是例证。但是,当帮助行为也借助网络作为犯罪工具参与网络化的传统犯罪之后,加之网络的广传播性、匿名性、高便捷性等特点,使得信息网络犯罪的帮助行为也具有了相当的可罚性。"网络犯罪"这个概念也从利用网络实施犯罪悄然演变为所有对信息网络安全具有威胁或者侵害的行为。"网络犯罪"俨然是包含所有利用网络实施犯罪与所有帮助实施网络犯罪的类罪概念。既然是参与类罪,就不可能再期待各参与人能够成立同样的罪名,各参与行为指向同一个犯罪构成。

第二,具体法益转化为集合法益。线下的传统犯罪参与行为所侵害的法益就是正犯所侵害的法益,它是具体而明确的。否则,不仅正犯不能构成犯罪,参与行为也将无罪。例如,日本学者大谷实就明确反对对不特定法益侵害提供帮助可以成立帮助犯。② 而在网络犯罪参与中,由于犯罪形态从具备严格等级制度的传统金字塔形和辐辏形(共同犯罪形态),演变到网络空间里的网状形、聚合射线形和链条形的结构类型。③ 提供帮助行为所指向的受助者以及受助者所侵害的法益都具有相当的不确定性。唯一能确定的是,信息网络帮助行为的确加工了关联犯罪的实施。立法者将这种不确定的法益受害状态通过帮信罪的条文固定为信息网络安全管理秩序,它明显是集合法益、公共法益。而能够指向公共法益的行为之间并不需要共犯关系。例如,我国《刑法》第二章所保护的法益是公共安全,放火、决水行为可以危害该法益,破坏交通工具也可以危害该法益,它们之间就没有共犯关系。

第三,主观认识的碎片化。"在信息技术环境下,犯罪纵向精细切割,

---

① 参见刘艳红《Web3.0 时代网络犯罪的代际特征及刑法应对》,《环球法律评论》2020 年第 5 期。

② [日]大谷实:《刑法讲义总论》,东京:成文堂 2009 年版,第 447 页。

③ 栗向霞:《论有组织犯罪的信息化和网络犯罪的有组织化》,《河南社会科学》2016 年第 11 期。

横向分工细化，交错而成利益链条，形成复杂的网络犯罪生态。这导致犯罪的单一性和完整性被打破，传统的罪刑规范适用于网络犯罪呈现出碎片化局面。"① 网络犯罪的实施者与帮助者可能位于整个犯罪链条的两端，中间夹杂其他的犯罪参与行为。参与者再想认识到实施者的行为已经不太可能，更多的心态是"心照不宣""漠不关心"，能够期待的认识也是片段化的。主观认识的碎片化导致"犯罪人既不需要对犯罪整体有充分的了解，也不需要对自身行为后续的、可能的危害后果有充分的认知，传统共犯理论在帮信罪中已经无法适用，为信息网络犯罪活动提供支持行为的独立性日趋明显。"②

（二）共犯观点的具体问题

帮助行为正犯化、从犯主犯化、量刑规则除共犯基础性问题外，各自理论本身也有不合理的地方。

1. 帮助行为正犯化说存在以下疑问。首先，"帮助行为正犯化"这个提法本身就存在问题。帮助行为与正犯行为是相对而生的一对概念，在区分制语境下，根据实质客观说，正犯是对犯罪事实起支配作用的行为人，共犯行为处于边缘角色。在同一组共同犯罪人之间，帮助行为永远不可能正犯化。退一步讲，即使认为拐卖妇女儿童罪中中转、运输被拐妇女的情形就是"帮助行为正犯化"的典型。此处的"帮助行为"也是"正犯化"为拐卖妇女儿童罪的实行行为，而不是像帮信罪这样，将关联犯罪的"帮助行为""正犯化"为其他的独立罪名。其次，该说一定程度上承认帮信罪独立立法的意义，但同时又深陷共犯性无法自拔，这是自相矛盾的。正如上文所述，提供技术支持等参与网络犯罪，给予支持的行为人，并不需要对受助对象有认识，甚至连片面意思联络都不可能存在，何谈共犯关系呢？最后，无论是最小从属性说还是限制从属性说，其都是认为行为人构成帮信罪以关联犯罪行为的存在为必要。这种见解其实是混淆了"帮助行为独立入罪"与"帮助行为正犯化"。例如，《淫秽电子信息解释（二）》第6条规定："电信业务经营者、互联网信息服务提供者明知是淫秽网站，为其提供互联网接入、

---

① 喻海松：《网络犯罪形态的碎片化与刑事治理的体系化》，《法律科学》（西北政法大学学报）2022年第3期。

② 王肃之：《论为信息网络犯罪活动提供支持行为的正犯性——兼论帮助行为正犯化的边界》，载江溯主编《刑事法评论》（第42卷），北京大学出版社2020年版，第440—441页。

服务器托管、网络存储空间、通讯传输通道、代收费等服务,并收取服务费,符合该条所列特定情形的,对直接负责的主管人员和其他直接责任人员,依照《刑法》第363条第1款的规定,以传播淫秽物品牟利罪定罪处罚。"本条属于典型的"帮助行为正犯化",即如果司法解释没有规定,提供互联网接入、服务器托管、网络存储空间、通讯传输通道、代收费等服务帮助的行为应当按照传播淫秽物品牟利罪共犯处理,该条司法解释的效果则使上述帮助行为以传播淫秽物品牟利罪正犯对待。"帮助行为独立入罪"与之不同。我国《刑法》分则中有不少罪名直接使用了"帮助""提供""资助""协助"等用语。① 这些罪名就是"帮助行为独立入罪",它们有自身的独立实行行为以及独立的保护法益。例如,《刑法》第120条之一帮助恐怖活动罪。只要行为人实施了资助恐怖活动的行为,即使恐怖活动组织没有实施任何的恐怖行为,行为人依然能够成立本罪,而不需要从属于被资助的恐怖犯罪。

2. 从犯主犯化说存在的主要问题是:第一,单一制立场与共犯从属性的冲突。众所周知,单一制立场下,所有参与犯罪的人都是正犯,参与人根据自身的不法与罪责承担构罪与刑罚的责任。参与人之间不存在谁从属于谁的问题。而共犯限制从属性原理是区分制的理论,其与单一制本就是"水火不容"的,无法统一于"从犯主犯化"这个学说中。第二,"从犯主犯化"这个提法本身存在矛盾。主犯、从犯是对共同犯罪人,根据其在犯罪中的地位、作用以及犯罪参与程度、贡献等做的分类。目的主要是为各参与人确定适当的、轻重不等的刑罚。如果参与人之间不构成共同犯罪,没有共犯关系,就谈不上主犯、从犯的问题。而恰恰在帮信罪与关联犯罪之间不存在共犯关系,它们都是独立的罪名。很难想象在两个独立罪名之间区分主犯与从犯。倘如认为帮信罪是"从犯主犯化",是否意味着所有帮信罪的行为人都是主犯了呢?第三,"从犯主犯化"有一个隐含的前提,就是帮助信息网络犯罪活动行为原来都应当是其关联犯罪共同犯罪中的从犯,否则难以"主犯化"。可是,提供帮助行为与从犯不一定是等置的。在我国传统刑法理论中,帮助行为完全可能被认定为主犯,而构成从犯的也有部分是实行行为犯。

---

① 这样的罪名包括《刑法》第107条资助危害国家安全犯罪活动罪、第120条之一帮助恐怖活动罪、第229条提供虚假证明文件罪、第287条之二帮助信息网络犯罪活动罪、第307条帮助毁灭、伪造证据罪、第320条提供伪造、变造的出入境证件罪、第355条非法提供麻醉药品、精神药品罪、第358条协助组织卖淫罪、第417条帮助犯罪分子逃避处罚罪等。

3. 量刑规则说至少在以下几个方面存在疑问：（1）量刑规则说是彻底的共犯限制从属性说的产物，其与帮助犯正犯化说存在同样的问题，此处不再重复。（2）量刑规则说认为，刑法分则单独就构成关联犯罪帮助犯（共犯）的帮信行为设置处罚规则，不再适用总则关于从犯的从轻、减轻、免除的规定。照此理解的话，那些以"帮助""提供""资助""协助"为标志的独立罪名，都是量刑规则。既然如此，那为什么刑法分则要设置如此多的量刑规则呢？该说没有给出合理解释。假如说具有帮助性质的罪名之刑罚规定能够以量刑规则解释，那么，我们可不可以也将所有的刑法分则罪名之刑罚规定都理解为量刑规则呢？如果不能，为什么同样是刑法分则独立罪名，单单就帮助性质的罪名可以理解为量刑规则？（3）量刑规则说在2019年最高人民法院、最高人民检察院《关于办理非法利用信息网络、帮助信息网络犯罪活动等刑事案件适用法律若干问题的解释》（以下简称《帮信罪司法解释》）出台以后，已经不合时宜。该说的提出时间是2016年，当时，帮信罪入罪化不久，许多学者担心本罪会被过度适用，纷纷立于共犯从属性立场对其构成要件进行限制解释。帮助犯正犯化说也是这个时候提出的。两者的目的一致，那就是将帮信罪圈定在与关联犯罪构成共犯的围墙内。据此理解，那些关联犯罪查不清、弄不明的网络犯罪参与行为就不能作为帮信罪处理。但是，2019年两高《信息网络犯罪解释》第12条第2款与第13条已经明确规定，因客观原因导致下游犯罪无法查明的，不影响帮信罪的成立。在此背景下，量刑规则显然无法适应司法解释的规定。

四 独立性：正犯性立场的扬弃

由于网络犯罪参与的新变化，强调帮信行为与关联犯罪行为的共犯关系依然不切实际。基于共犯立场的各种具体理论也面临各自的理论难题。因此，转换思维视角，重新认识帮信罪十分必要。事实上，不少学者注意到了帮助信息网络犯罪活动行为入罪的特殊性，从"正犯性"角度论证该罪。[1] 但是，笔者

---

[1] 参见陈毅坚、陈梓瀚《帮助信息网络犯罪活动罪的司法适用——基于正犯性视角的教义学展开》，《地方立法研究》2021年第5期；王肃之《论网络犯罪参与行为的正犯性——基于帮助信息网络犯罪活动罪的反思》，《比较法研究》2020年第1期；雷续《论"帮助信息网络犯罪活动罪"的性质——以单一制为视角》，《刑事法判解》2019年第2期。

认为，"正犯性"的提法容易陷入与"共犯性"的纠葛之中，给人造成一种"提供技术支持等帮助的行为仍然与关联犯罪存在共犯关系，是共犯转化而来"的错觉，不如用独立性更妥当。一方面，扬弃正犯性立场及其观点，能够为证成帮信罪独立性提供思路；另一方面，强调帮信罪独立性，更能够引起对该罪独立构成要件的重视。

（一）正犯性立场启示与不足

1. 非共犯关系与帮信罪独立性

正犯性立场基本都认可帮信行为与关联犯罪行为之非共犯关系，并就此论及帮信罪的独立性。例如，持正犯性立场的王肃之认为，帮助信息网络犯罪活动行为和相关的信息网络犯罪之间是协作犯罪关系，而非共同犯罪关系。在犯罪协作关系中，不是"共犯—正犯"的中心化结构，而是去中心化的结构，这些行为是基于各自的主观罪过和客观行为参与到犯罪产业链中的不同犯罪。[①] 持正犯性立场的陈毅坚也认为，网络犯罪帮助行为具有不同于传统共犯行为的特点。本罪是独立犯罪化的罪名，具有独立定罪处罚的法益侵害性，并不以帮助行为成立关联犯罪的共同犯罪为前提。[②]

应当说，上述观点认识到了帮信行为参与网络犯罪的特殊性，一定程度上摆脱共犯理论框架论证帮信行为的入罪化，为我们认识帮信罪提供了新的思考路径，值得重视。此外，中立帮助行为说、积量构罪说、不作为处罚说则是立足帮信罪构成要件行为，为本罪处罚范围、行为可罚性、可罚行为类型等做出理论贡献，对深化本罪独立性认识具有借鉴意义。

2. 共犯关系脱离不彻底与构成要件行为的片段化认识

与此同时，我们也应该看到，正犯性立场及其观点仍然存在共犯关系脱离不彻底与构成要件行为的片段化认识两个问题。

（1）虽然正犯性立场开始从犯罪参与角度理解本罪行为，并认识到非共犯行为的处罚问题。但是，仍然与共犯关系存在纠缠不清的瓜葛。有的学者一方面坚持非共犯的解释路径，将帮信罪构成要件行为区分为"漠不关心"分离射线型帮助行为与"心照不宣"链条型帮助行为，承认帮信行为

[①] 王肃之：《论网络犯罪参与行为的正犯性——基于帮助信息网络犯罪活动罪的反思》，《比较法研究》2020年第1期。

[②] 参见陈毅坚、陈梓瀚《帮助信息网络犯罪活动罪的司法适用——基于正犯性视角的教义学展开》，《地方立法研究》2021年第5期。

的独立类型。但又认为,我国《刑法》第 287 条之二是"将共犯与非共犯这两种类型的帮助行为容纳在一个法条之中的共犯与非共犯的帮助行为共存的兜底罪名","对于那些能按传统共犯处理的行为,按共犯处理;对于那些不能以传统共犯处理的帮助行为(非帮助犯之网络帮助行为),在达到罪量标准时,以本罪处理。"① 笔者认为,如果不将该罪成立范围与共犯划清界限,会导致本罪与关联犯罪帮助犯之间的认定混乱及纠缠不清。② 同时,将那些符合传统单中心特征的网络犯罪参与行为,完全符合共犯成立条件的行为包含在内也会增加"过度犯罪化""重复犯罪化"③ 的质疑。因此,坚持本罪的独立性就必须否认本罪共犯性。

(2) 由于立论的侧重点不同,中立帮助行为说、积量构罪说、不作为处罚说难免对帮信行为形成片面认识。

首先,中立帮助行为说将帮信罪的可罚行为限定为提供帮助行为的人具有"犯罪的意思联系"的情形,并将帮信罪行为区分为"明知促进型"与"明知非促进型"。这种观点将构成要件行为的可罚与否寄托于行为人主观认识的做法,明显属于行为无价值论、主观主义刑法,与客观主义刑法立场相背离。此外,"明知非促进型"未必不能构成帮信罪,将其排除出构成要件行为范围,有可能不当缩小打击范围。例如,大学生研发薅羊毛软件案:某大学软件学院在读研究生史某某于 2020 年开发运营了一款专为用户提供虚拟手机号码及验证码服务的软件(又称"智码""聚码接码""接码"软件平台),在明知用户通过该平台获取虚拟手机号码、验证码后批量注册"得物""合生通""滴滴出行"等网络 APP 用户账号,仍为在该平台充值付费的用户提供技术支持,从中获利。其中,夏某某(已判刑)等人通过上述接码软件平台提供的虚拟手机号码和验证码,利用某商场的新会员停车优惠活动,在"合生通"APP 上注册虚假新用户身份,获取积分用以兑换免费停车时间,造成商场巨额停车费损失。④ 此案中,史某某"明知"的内容并不是"正犯"的犯罪计划或者意图,而是对于下游可能存在违法行为

---

① 江溯:《帮助信息网络犯罪活动罪的解释方向》,《中国刑事法杂志》2020 年第 5 期。
② 徐国平、陈家宁:《办理帮助信息网络犯罪活动案的几个法律问题》,《检察日报》2021 年 5 月 11 日第 7 版。
③ [美]道格拉斯·胡萨克:《过罪化及刑法的限制》,姜敏译,中国法制出版社 2015 年版,第 54 页。
④ 严丹池:《一在读研究生开发运营"薅羊毛"软件被以帮助信息网络犯罪活动罪判刑》,《人民法院报》2021 年 7 月 21 日第 3 版。

有认识，更没有促进下游犯罪行为更容易实施的意思。按照该说，此种技术提供行为属于中立行为，不具有可罚性。可是，这种提供虚拟手机号码及验证码服务软件的行为，对下游网络犯罪具有明显的帮助作用，正是设立帮信罪需要规制的行为。

其次，积量构罪说容易遗漏两种可罚行为。其一，单量构罪型帮信罪。积量构罪以大量实施同类低量危害性帮助行为为模型，但是，司法实践中有不少单量构罪的情形。例如，被告人胡四平非法利用信息网络罪案①与被告人黄金锋帮助信息网络犯罪活动罪案。②两罪被告人的客观行为基本相同，都是为他人实施违法犯罪活动设立、制作虚假的非法网站，他人利用虚假网站实施网络犯罪。在这里，"设立、制作虚假的非法网站"显然只能评价为一个行为。如果不以帮信罪论处，恐怕会造成处罚漏洞。其二，提供帮助行为危害性低，积数少，但是下游犯罪危害严重的行为。根据《帮信罪司法解释》第12条第6项的规定，"被帮助对象实施的犯罪造成严重后果的"属于"情节严重"情形之一。也就是说，提供帮助行为虽然"微不足道"，但是下游关联犯罪严重侵害社会的，行为人依然构成帮信罪。例如，行为人仅仅为他人实施信息网络犯罪提供自己名下几张银行卡，获利几十元，但却被他人转移电信网络诈骗赃款上百万元，造成大量违法所得款无法追回。此种情形不以犯罪论处，恐怕不利于网络犯罪的源头治理。

最后，不作为处罚说有三大缺陷。其一，自相矛盾。论者将该罪行为设定为提供中立业务行为后明知存在利用其所提供帮助实施违法犯罪活动而不阻止的不作为。但同时又承认"行为人先前之网络服务行为创设了某种信息网络被滥用之风险"。③"创设滥用风险"的网络服务行为还能不能称之为中立业务行为？这种创设风险的行为是作为还是不作为？其二，不当缩小行为类型。正如前述，论者限定的本罪行为类型为善意中立行为＋明知＋不阻止的不作为。可是，这种做法将明知＋提供帮助以及提供非法技术帮助＋明知两种行为排除出可罚范围，明显不当。前述大学生研发薅羊毛软件案就是"提供非法技术帮助＋明知"被认定为帮信罪的例证。其三，混淆相关罪名构成要件行为。不作为处罚说混淆帮信罪构成要件行为与拒不履行网络安全

---

① 参见北京市海淀区人民法院（2016）京0108刑初2019号刑事判决书。
② 参见浙江省象山县人民法院（2020）浙0225刑初531号刑事判决书。
③ 阎二鹏：《帮助信息网络犯罪活动罪：不作为视角下的教义学证成》，《社会科学战线》2018年第6期。

管理义务罪构成要件行为，破坏两罪各自的行为定型性。一般认为，拒不履行网络安全管理义务罪是不作为犯[①]或者不纯正不作为犯[②]，即网络服务提供者提供中立无害网络业务，发生信息网络安全事故之后，经监管部门告知并要求改正，拒不改正，不履行信息网络安全管理义务。信息网络安全管理义务主要不是指网络服务提供者的发现义务而是指阻止义务，这与论者对帮信罪构成要件行为的建构模型十分类似，导致两罪行为难以区分。

（二）帮助信息网络犯罪活动罪何以独立？

1. 独立入罪之必要性依据

网络犯罪的危害有目共睹。为惩治网络犯罪，我国相继设立非法侵入计算机信息系统罪、破坏计算机信息系统罪等罪名，并在司法解释中就网络赌博、网络诈骗等设置共同犯罪的处置规范。这些规范有力惩治了网络犯罪，发挥了重要作用。但是，随着网络犯罪的不断发展、变异，上述规范凸显出规制上的乏力。

网络犯罪逐渐脱离对计算机信息系统等物理结构的破坏、侵犯，开始发展为社会化、族群化的犯罪方式，向社会管理秩序发起"挑战"。网络犯罪类型也从网络诈骗、网络诽谤、网络淫秽犯罪等高发领域逐渐扩散至几乎所有的犯罪行为。围绕计算机信息系统设立的罪名不能适应层出不穷的传统犯罪网络化发展。另外，网络犯罪的技术依赖性越来越明显，单个犯罪人很难掌握所有的犯罪技术，需要借助他人的帮助。从网络犯罪的整体来看，其逐渐分散化、链条化、产业化、组织化，多人共同参与一个网络犯罪流程已经成为常态，并且这种网络犯罪的危害性往往成倍增长。根据最高人民法院发布的《网络犯罪司法大数据专题报告》显示，平均每件网络犯罪案件涉及2.73名被告人。[③] 参加团伙犯罪甚至更大规模集团犯罪的嫌疑人，占犯罪总人数的83%。[④] 但是，由于网络匿名性、跨地域性、多点离散性，往往很难查实实际实施犯罪之人的全部犯罪事实，事实呈现出碎片化、阶段化特征。

---

① 周光权：《刑法各论》（第4版），中国人民大学出版社2021年版，第407页。

② 敬力嘉：《信息网络犯罪规制的预防转向与限度》，社会科学文献出版社2019年版，第164—166页。

③ 《依法打击网络犯罪　维护清朗安全网络环境——最高人民法院发布〈网络犯罪司法大数据专题报告〉及十起电信网络诈骗犯罪典型案例》，《人民法院报》2019年11月20日第1版。

④ 《2020年检察机关起诉涉嫌网络犯罪人数上升近五成》，《检察日报》2021年4月8日第4版。

传统共同犯罪结构瓦解，共同犯罪认定规则无法适用，造成诸多网络犯罪参与行为处罚漏洞。

以上网络犯罪的新变化以及法律规范的规制漏洞，迫切需要新的法律政策及法律规范予以应对。"网络犯罪案件的行为人、被害人动辄成千上万，为应对网络犯罪迅速蔓延的势头，就应从刑事对策的角度适应网络时代的形势变化，对网络犯罪采取'打早打小'的基本策略，在犯罪参与阶段加以规制，而不能放任其蔓延。"① 网络犯罪的治理策略逐渐从打击网络犯罪实行行为向全过程、源头治理转移，"打早打小"刑事政策就是这种策略转换的体现。为实现遏制网络犯罪蔓延扩散，刑事立法逐渐放弃共同犯罪思路，采取网络犯罪参与行为独立入罪的方式。因此，帮助信息网络犯罪活动罪的设立，不仅是打击网络犯罪，保护信息网络安全的需要，也是把握网络时代脉搏、创新网络犯罪打击手段的新举措。

2. 独立入罪之立法前鉴参考

其实，立法者将具有帮助性质的行为独立入罪早有先例，帮助信息网络犯罪活动行为独立入罪可以看作是这种立法技术的延伸。帮信罪的立法并不突兀，有充分的同类条款可以参考。

首先，我国《刑法》分则中有大量以"帮助""提供""资助""协助"命名的罪名。例如，《刑法》第 107 条资助危害国家安全犯罪活动罪、第 120 条之一帮助恐怖活动罪、第 229 条提供虚假证明文件罪、第 307 条帮助毁灭、伪造证据罪、第 320 条提供伪造、变造的出入境证件罪、第 355 条非法提供麻醉药品、精神药品罪、第 358 条协助组织卖淫罪、第 417 条帮助犯罪分子逃避处罚罪等。这些罪名可以作为帮助信息网络犯罪活动行为独立入罪的直接参考。其次，我国刑法中还存在不少虽不以"帮助"命名，但实际上是将具有"帮助性质"或"帮助意义"的行为独立入罪的情形。例如，《刑法》第 354 条容留他人吸毒罪，第 359 条引诱、容留、介绍卖淫罪等。这些罪名可以作为帮助信息网络犯罪活动行为独立入罪的间接参考。最后，我国刑法中还有一种特殊情况，就是罪名中丝毫不体现帮助行为是否构罪，而是直接在罪状描述中阐明"帮助性质"行为属于构成要件行为。例如，《刑法》第 240 条第 2 款规定"拐卖妇女、儿童是指以出卖为目的，有拐骗、绑架、收买、贩卖、接送、中转妇女、儿童的行为之一的"。显然，接

---

① 喻海松：《网络犯罪形态的碎片化与刑事治理的体系化》，《法律科学》（西北政法大学学报）2022 年第 3 期。

送、中转等行为在本质上属于帮助性质的行为，但是在罪名中并没有体现，而是作为本罪构成要件行为描述出来。这种立法方式可以作为帮助信息网络犯罪活动行为独立入罪的隐性参考。

3. 独立性的实质表现

（1）独立的行为

实行行为是传统犯罪的中心，纵向的预备行为（以及事后行为）和横向的帮助行为，都以实行行为为中心并呈现出从属关系，这就是传统罪刑规范的基本架构。① 但是，由于网络技术性因素的影响，正犯与共犯对犯罪目标实现的重要性逐渐发生翻转，在很多情况下，"从犯罪的组织结构看，网络犯罪的帮助行为相较于传统的帮助行为，其对于完成犯罪起着越来越大的决定性作用，社会危害性凸显，有的如果全案衡量，甚至超过实行行为。"② 共犯（尤其向上下游犯罪提供技术支持的帮助行为）发挥着比正犯更加重要的实际作用，③ 帮助信息网络犯罪活动行为的独立性越来越明显。

尤其在网络犯罪分工日益精细化之后，各参与人自成一体，往往不需要依赖其他人就可以实施危害网络安全的行为。提供帮助者与受助者之间往往是"一对多""一对特别多"的关系，能够获取其技术支持的人不特定，加之，利用行为人所提供的技术支持可以实施的犯罪类型多种多样，难以完全予以逐个定型。因此，认定帮助者对实施信息网络犯罪的从属关系存在较大困难。既然如此，我们就不能依附于某一个他人具体的信息网络犯罪行为去判断提供帮助者的可罚性，势必需考虑提供行为本身的可罚性问题，从而肯定行为的独立性，而非行为的共犯性。

（2）独立的法益

审视《刑法》第287条之二帮信罪法条，其位于第六章妨害社会管理秩序罪第一节扰乱公共秩序罪之中，显然，其保护的法益与社会管理秩序、公共秩序有关。一般认为，本罪保护的法益是信息网络安全管理秩序。④ 此种

---

① 喻海松：《网络犯罪形态的碎片化与刑事治理的体系化》，《法律科学》（西北政法大学学报）2022年第3期。

② 朗胜主编：《中华人民共和国刑法释义（第六版·根据刑法修正案九最新修订）》，法律出版社2015年版，第505页。

③ 王华伟：《我国网络犯罪立法的体系性评价与反思》，《法学杂志》2019年第10期。

④ 高铭暄、马克昌主编：《刑法学》（第10版），北京大学出版社、高等教育出版社2022年版，第543页。

法益属于"阻挡层法益"①，其并表现为具体的生命权、财产权等形式，而是由具体法益抽象出来的，防止具体法益受侵害的一层"保护伞"性质的秩序类法益。但也有学者出于对信息网络犯罪保护法益实质化、政策化的担忧，认为将帮信罪法益定位为信息网络秩序、信息网络安全，完全是为配合严厉打击网络犯罪，实现犯罪预防需要得出的结论。为从实质上限制帮信罪过于追求预防犯罪目的，应当将本罪法益设定为信息权，具体来讲是"法定主体的信息专有权"。②

笔者认为，目的是全部法律的创造者，每条法律规则的产生都源于一种目的。③ 确定各法条所保护法益的过程就是探求法条目的之过程。一般而言，通过法条所在章节可以判断保护法益。除此之外，还应当结合具体法条规定内容确定法益。具体来讲，有的刑法条文明确规定保护客体；有的需要通过法条规定的行为特征、结果特征、行为对象、违反法律法规等进行认定。上述确定法益的方法并不一定都是独立发挥作用的，有时在一个法条中可能同时包含几种确定法益的标志。目的解释是最高的解释准则，当存在多种法益标识时，应当以最能体现立法目的的标识作为确定法益的标准。④ 以此观之，帮信罪的独立法益应当设定为信息网络安全管理秩序。正如上文所述，立法者设立本罪的最主要目的，就是为了扩大打击范围，实现网络犯罪的源头治理，维护网络空间的正常秩序。如果将该罪法益确定为"法定主体的信息专有权"，一方面不利于网络犯罪参与行为的认定，会导致犯罪圈的不当缩小，与"打早打小"刑事政策不符，可能会使不断蔓延的网络犯罪得不到遏制；另一方面，虽然"法定主体的信息专有权"这种观点符合法益的具体化要求，但是，可能会导致帮信罪的认定重新落入以共同犯罪成立为前提的窘境。因为，按照论者的观点，侵犯信息专有权的实行行为乃是利用信息网络实施犯罪的行为。帮信行为是侵害信息专有权的实质预备行为。根据预备犯法理，帮信行为要想侵害法益，必然要从属于其他行为。而这恰恰不符合现阶段网络犯罪参与的实际结构特征。

---

① 参见张明楷《受贿犯罪的保护法益》，《法学研究》2018年第1期。
② 敬力嘉：《信息网络犯罪规制的预防转向与限度》，社会科学文献出版社2019年版，第164—166页。
③ 张明楷：《刑法分则的解释原理（上）》，中国人民大学出版社2011年版，第347页。
④ 刘方可：《〈刑法修正案（十一）〉有关野生动物犯罪的理解与适用》，《西南政法大学学报》2021年第4期。

(3) 独立的罚则

之所以说帮信罪是独立的罪名,还体现在其具有独立且完备的法定刑及竞合处置规则。

第一,《刑法》第287条之二第1款就帮信罪的基本犯之刑罚作出规定,即明知他人利用信息网络实施犯罪,为其犯罪提供技术支持、广告推广或支付结算帮助,情节严重的,"处三年以下有期徒刑或者拘役,并处或者单处罚金"。三年以下的法定刑设置表明该罪的轻罪性质,为缓刑、简易程序、认罪认罚制度的适用埋下伏笔。同时也表明立法者设立该罪扩大打击范围,但又保证刑罚宽缓化的立场,体现了"严而不厉"的罪刑设置理念。此种相对确定刑的立法模式,可以有效避免因关联犯罪无法定型,量刑区间幅度过大所导致的量刑从属问题。这也说明,帮信罪在量刑上无法从属于所谓的"正犯",具有独立性。

第二,考虑到司法实践中,构成本罪的犯罪主体不仅是自然人,还有相当一部分是网络服务提供者等单位。《刑法》第287条之二第2款为单位犯罪配置了罚金刑,并对其直接负责的主管人员和其他直接责任人员按照第1款追究刑事责任。此种设置符合我国总则关于单位犯罪的规定,即坚持了双罚制,又落实了对单位犯帮信罪的独立刑罚模式。

第三,本罪第3款规定,"同时构成其他犯罪的,依照处罚较重的规定定罪处罚"。一般认为,第3款属于竞合条款。竞合条款的设置使得帮信罪的处罚结构呈现"量刑规定+竞合规定"的双层结构[1]。即,帮信罪基本犯处罚规则+帮信罪与其他独立罪名竞合处罚规则。理论上对于此竞合条款究竟属于法条竞合抑或是想象竞合存在争议,[2] 本文无力对此过多着墨。笔者认为,该条款更应该关注的是,"同时构成其他犯罪"究竟是帮信罪与哪个或者哪些犯罪"同时构罪"?持共犯立场的学者基本上将"同时构成其他犯罪"理解为帮信罪与关联犯罪帮助犯之间的竞合。笔者认为,帮信行为与关联犯罪之间不存在共犯关系,因此应摒弃共犯立场下的观点。本文将"同时构成其他犯罪"理解为帮信罪与"以提供行为作为犯罪构成要件行

---

[1] 王肃之:《论网络犯罪参与行为的正犯性——基于帮助信息网络犯罪活动罪的反思》,《比较法研究》2020年第1期。

[2] 持想象竞合观点的是张明楷教授。参见张明楷《刑法学(下)》(第5版),法律出版社2016年版,第1054—1055页。持法条竞合观点的是江溯教授。参见江溯《帮助信息网络犯罪活动罪的解释方向》,《中国刑事法杂志》2020年第5期。

为"罪名之间的"同时"。在我国刑法中，大概有 21 个罪名将提供行为作为构成要件行为。比如，非法提供信用卡信息罪、侵犯公民个人信息罪、非法利用信息网络罪、提供侵入计算机信息系统的程序、工具罪，等等。帮信罪作为独立罪名，第 3 款之竞合规则处理的应当是帮信罪与上述犯罪之间如何适用刑罚的问题。实践中也的确存在帮信罪与其他"以提供行为作为犯罪构成要件行为"罪名的竞合问题。例如，在电信网络诈骗犯罪中，"卡商"在贩卖他人信用卡、贷记卡、借记卡提供帮助过程中必然也要将信用卡绑定的身份证信息、U 盾、密码及手机卡号码等一并出卖，否则帮助效果无法达成。这种提供支付结算帮助的行为就会在非法提供信用卡信息罪与帮信罪之间产生竞合问题。

五 独立犯罪构成的限缩解释

既然帮信罪是一个独立的罪名，那么，其就应当像故意杀人罪、诈骗罪、盗窃罪等罪名一样，将研究重点转移到犯罪构成的分析上，以指导司法实务的定罪量刑活动。根据最高检官网公布数据，2021 年 1 月至 12 月，因"帮信罪"被起诉的人数多达 12.9 万余人，同比上升 8.43 倍。2021 年全年"帮信罪"起诉人数已居于所有刑事犯罪案件的第 3 位（前两位分别为危险驾驶罪、盗窃罪）。[①] 案件数量的"爆炸性激增"说明，司法机关适用本罪的积极性非常高，严厉打击网络犯罪参与行为也取得了"丰硕的成果"。但是，笔者认为，在刑法社会治理手段特征彰显的今天，需要从体系性、类型化等实质性检验角度考虑本罪，以使其回归应然定位。[②] 在帮信罪犯罪构成的理解与适用上，应采取限缩解释的立场，防止该罪的不当适用。

（一）"明知"的双重性

关于帮信罪"明知他人利用信息网络实施犯罪"中的"明知"，理论和

[①] 郭洪平：《"帮信罪"：一年增长 21 倍，已成电信网络诈骗"第一罪"》，《检察日报》2022 年 5 月 17 日第 5 版。

[②] 崔仕绣、王付宝：《社会治理现代化下的刑法与刑法修正探析——以〈刑法修正案（十一）〉为视角》，《上海政法学院学报》（法治论丛）2022 年第 4 期。

实践中存在几种不同的意见：一是将其限定为"确知"，即明确知道；① 二是将"应知"包含在内，认为其是指明确知道和应该知道；② 三是将其解释为"确知"和"可能知道"。③ 笔者认为，上述种种见解仅是对"明知"的类型划分，是形式主义的讨论，实际意义不大，并且，在司法实践中，"明知"包括明确知道和应该知道几乎没有争议。真正需要解决的是，行为人对于什么存在明知，即明知的内容是什么。

目前，理论及实践中一般将"他人利用信息网络实施犯罪"作为帮信罪的明知内容，即提供帮助者需认识到关联犯罪存在。至于认识程度，有的学者认为，行为人需对上下游犯罪存在特定的、确定的、具体的认识，即对利用网络服务实施犯罪行为的行为主体、行为性质、行为意图等都要有认识，并且不能是概括的认识。④ 有的学者认为，提供帮助者只需认识到上、下游参与人可能实施"严重危害行为"即可，不要求知道其具体活动内容。即在认识的程度上，无须具体清楚的认识，模糊性、概括性认识已足够。⑤ 关于刑法分则条文中的"明知"及其内容，笔者曾经认为，其仅限于"明确知道"，认识的内容是法条罪状所描述的客观构成要件要素，包括犯罪对象、犯罪行为、犯罪结果、因果关系等。即，明知的内容就是构成要件符合性的所有要素，明知的判断过程就是形式违法性的判断过程，两者具有同一性。⑥

但是，就帮信行为而言，其与"他人利用信息网络实施犯罪"距离往往较远，要求"确切知道"上下游犯罪实属强人所难，明知的认识内容与构成要件符合性的所有要素已经不具有同一性。相反，应当承认行为人对构

---

① 参见刘科《帮助信息网络犯罪活动罪探析——以为网络知识产权犯罪活动提供帮助的犯罪行为为视角》，《知识产权》2015年第12期。

② 参见李冠煜、吕明利《帮助信息网络犯罪活动罪司法适用问题研究——以客观归责方法论为视角》，《河南财经政法大学学报》2017年第2期。

③ 参见赵秉志、许成磊《侵犯注册商标权犯罪问题研究》，《法律科学》（西北政法大学学报）2002年第3期。

④ 参见涂龙科《网络服务提供者的刑事责任模式及其关系辨析》，《政治与法律》2016年第4期。

⑤ 张铁军：《帮助信息网络犯罪活动罪的若干司法适用难题疏解》，《中国刑事法杂志》2017年第6期。

⑥ 参见刘方可《违法性认识与故意认识因素的判断同一性论证》，《青海师范大学学报》（社会科学版）2021年第3期。

成要件要素认识上的差异性。因此，笔者认为，在认定本罪主观构成要件要素时，需进行双重判断。即首先判断行为人对自身提供技术支持、广告推广、支付结算等帮助行为违法违规性存在"确切明知"，然后，判断行为人对他人利用信息网络实施犯罪存在"推定明知"。唯如此，对行为人主观明知的认定才算完整。"确切明知"的证明其实并不困难。因为，作为网络服务提供者，网络连接、网络存储、通信传输等本身就是其职责范围与职业要求，其对于此类技术服务比一般人更加专业，也必定熟悉相关行业规范及法律禁止。因此，可以通过其提供技术服务的期限、从事技术服务的范围、提供服务的对象、对技术服务异常的处断措施等较为容易判断出行为人是否"确切明知"技术支持的违法违规性。作为正常的社会人，在国家大力打击电信网络诈骗等网络犯罪的氛围下，在国家通过反诈APP、电信网络账号注册风险提示等多种预防措施实施下，一般人都知道出借、买卖银行卡、电话卡、为他人注册账号、解封账号、买卖公民个人信息等的违法违规性。由于提供帮助者与利用帮助者相对独立的地位，他人是否利用信息网络实施犯罪，何时利用信息网络技术支持等帮助，利用所提供的帮助将要实施何种违法犯罪等都有可能超出行为人预期。此时，应当适用司法实践中已经成熟的"推定明知"规则，即通过一系列客观事实，合理推定行为人主观心态。"推定明知"只要求提供帮助者认识到上、下游参与人可能实施"严重危害行为"即可，不要求知道其具体活动内容。至于如何"推定明知"，依据哪些客观事实进行推定，这在《帮信罪司法解释》第 11 条中已经列举了 7 项内容。

（二）"他人未利用信息网络实施犯罪"时本罪系未遂

首先，从刑罚规范的立法模式来看。一般认为，我国刑法分则罪状所描述的是犯罪既遂模式。[①] 即，满足所有构成要件的行为构成既遂，不满足则不是一概无罪，有成立犯罪未遂的可能。"他人利用信息网络实施犯罪"作为帮信罪法条罪状内容之一，成立本罪既遂理应满足该条件。笔者认为，"他人利用信息网络实施犯罪"在本罪中的最重要作用在于为帮助行为与信息网络安全法益之间搭建桥梁。但此处的"搭建桥梁"与共犯模式中，正犯为共犯"搭建桥梁"不能等同。在共犯模式中，共犯没有独立的犯罪构成，共犯侵害的法益亦是正犯罪名所保护的法益。因此，正犯处于法益侵害

---

① 黎宏：《论盗窃罪数额犯的未遂》，《环球法律评论》2018 年第 1 期。

的核心位置。而在本罪中，"他人利用信息网络实施犯罪"只是成立帮信罪既遂的条件之一，即成立帮信罪既遂所需因果流程中的一环。当这一环节断裂时，导致实行行为（帮信行为）与法益实害之间缺乏因果联系，但不能否认行为人行为对法益所带来的受害危险。换句话说，倘若行为人提供技术支持等帮助行为，他人利用该帮助实施网络犯罪，则信息网络安全管理秩序即被破坏，帮助行为人构成既遂；倘若他人虽然接受了帮助，但未实施网络犯罪，则信息网络安全管理秩序处于被侵害的风险之中，此时，提供帮助者虽然不构成既遂，但应当以帮信罪未遂处罚。

其次，从未遂犯的本质来看。未遂犯指的是行为人已经着手实行犯罪而未达既遂的情形。本质上来讲，未遂犯就是法益侵害结果未发生而予以处罚的犯罪类型，其处罚根据在于发生了法益侵害的客观危险性，故未遂犯都是危险犯。[1] 笔者认为，未遂犯的法益侵害危险应当是行为危险，即，应当以行为时的情况为基础作事前判断，是否行为一旦实施就会产生这种危险。就帮信罪而言，信息网络安全管理秩序这种公共法益本身就容易遭受侵害，一旦行为人不当的向信息网络投放非法技术，提供非法帮助，则该法益就会处于一种受侵害的危险状态之中，即使受助者未着手实施信息网络犯罪。

（三）客观构成要件行为的非法性

中立帮助行为说、不作为处罚说都将行为人起初提供合法技术，后来通过某种渠道获知自身行为可能存在帮助他人违法犯罪风险的行为作为帮信罪构成要件行为。笔者认为，起初提供中立技术或者合法技术，后来才使自己行为产生非法性的情形，不是帮信罪的规制对象。这类情形应当属于拒不履行网络安全管理义务罪的范畴。毕竟，我国刑法并没有为提供合法技术支持、广告推广、支付结算等网络参与行为人设定犯罪风险审查与管控义务。[2] 相反，笔者认为，"只有违反行业操作规范，深度参与他人犯罪活动，提供专门便于他人实施犯罪行为的网络技术支持与帮助，才能认为超出了中

---

[1] 张明楷：《外国刑法纲要》（第2版），清华大学出版社2007年版，第265页。
[2] 敬力嘉：《信息网络犯罪规制的预防转向与限度》，社会科学文献出版社2019年版，第56页。

立帮助行为或正当业务行为的范畴"①,属于帮信罪客观构成要件行为。也就是说,只有行为人一开始提供的网络技术支持与帮助违反法律、法规或者行业规范时,才能说这种行为属于本罪实行行为,有适用帮信罪的可能。

那么,如何判断技术支持或帮助的非法性呢?笔者认为,方法有三。其一,规范标准。如果某项技术被明令禁止,则属于非法技术。例如,改号软件属于一种VOIP技术(网络虚拟电话技术),该技术可以将封闭的通信系统改变为开放的通信系统,剥夺电信运营商对电话号码的唯一分配能力,以虚拟的任意号码逃避实名登记监管。②此种技术被工信部于2016年《关于进一步清理整治网上改号软件的通知》明令禁止,任何人不能随意提供该技术于他人使用。其二,推定方法。对于那些"打擦边球"、违法与否"左右摇摆"的技术,可以通过推定方式判断。例如,提供翻墙软件、动态IP服务的行为,可以通过其交易价格的异常与否,交易方式的保密性,是否逃避监管、规避调查等进行推定。其三,日常所需标准。一些中立性技术,其本身并不违法,但是一旦脱离日常生活所需,被行为人擅自利用,则有可能被认定为非法性技术。例如,"猫池"设备(GOIP)是一种为满足银行、证券交易所等有稳定且密集通讯需求而研发的设备。行为人私自架设GOIP设备、频繁更换GOIP设备地址、频繁开关机、频繁更换手机卡的,就违背了正常通讯需求,极大可能具有非法目的。

(四)"情节严重"标准的提高与进一步明确

"情节严重"作为本罪之罪量要素,系成立本罪既遂条件之一。但往往由于罪量要素包容性强而明确性不足,需要最高司法机关出台司法解释予以细化。由此,2019年两高发布《帮信罪司法解释》,在其第12条中,分别从受助对象的个数、支付结算金额、提供资金数额、违法所得、过往劣迹、他人利用信息网络实施犯罪造成严重后果以及其他严重情节等七个方面对"情节严重"做出解释。应当说,该司法解释为打击帮助信息网络犯罪活动行为发挥了应有的作用,在很大程度上指引着目前该罪适用的司法实践。但

---

① 陈洪兵:《帮助信息网络犯罪活动罪的限缩解释适用》,《辽宁大学学报》(哲学社会科学版)2018年第1期。

② 参见刁雪云《电信网络诈骗中改号软件提供行为的刑法认定》,《人民检察》2020年第9期。

是，笔者认为，随着对网络犯罪参与行为认识的深化，以及帮信罪司法实践的发展，该解释需作出调整。

1. "情节严重"标准需提高。相较于线下帮助行为对实行行为影响而言，行为人通过信息网络提供技术支持等帮助时，借助信息网络的便捷性与弥散性，帮助效果会成倍增长，受助人数极不特定且数量可能非常庞大，形成"一对多"而非"一对少"结构。加之，他人利用信息网络实施犯罪的危害性借助网络也成倍增加，违法所得数额更大，侵害范围更广。因此，笔者认为，结合网络犯罪容易实施且危害性倍增的特性，"网络犯罪的定罪标准应该升维而不是降维，应采取较之线下犯罪定罪标准更高的标准。"① 例如，可以考虑借鉴《帮信罪司法解释》第 12 条第 2 款，将第 1 款的数额标准统一提高 5 倍，即为 15 名以上对象提供帮助；支付结算金额 100 万元以上的，提供资金 25 万元以上；违法所得 5 万元以上。提高"情节严重"标准可以为未来行政处罚体系构建预留空间，同时，一定程度上防止该罪进一步沦为"违反行业管理规定的兜底罪名"②。

2. 该解释第（六）项需进一步明确。"被帮助对象实施的犯罪造成严重后果"中的"严重后果"与解释本体"情节严重"一样，都属于罪量要素性质的表述，具有模糊性与高度概括性。这种解释方法属于无效解释、多余解释，无法真正解决司法适用难题。加之，在我国司法实践中，司法解释地位极其重要。司法解释事实上代表了中国司法机关的司法主张，更是全国各级司法机关遵循的有效规范，依法量刑更多的直接表现为"依司法解释量刑"。③ 因此，司法解释需对该项中"严重后果"做出具体而明确的阐释。否则，不仅可能造成司法无统一标准可用，还可能引发司法对"严重后果"的肆意适用，从而导致帮信罪被滥用。

---

① 刘艳红：《网络犯罪的法教义学研究》，中国人民大学出版社 2021 年版，第 152 页。
② 冀洋：《帮助信息网络犯罪活动罪的证明简化及其限制》，《法学评论》2022 年第 4 期。
③ 田刚：《预防刑的实际效用——以司法解释和判例的数据对比分析为视角》，《法学》2013 年第 1 期。

Independence and Limited Explaination of the Crime of Helping Information Cybercrime:
Based on the transformation of criminal participation

Liu Fangke

Abstract: In the network crime, the traditional crime participation of single center is transformed into the new crime participation of multi－center, which is confirmed by the legal norms. At present, there are two ways to interpret the crime of helping the information network crime: the position of accomplice and the position of principal offender. The position of accomplice ignores the traditional deconstruction of crime participation, the fact that the foundation of accomplice is lost, and the position selection is wrong. There are also many unreasonable viewpoints based on the position of accomplice, such as the criminalization of helping act, the principal criminalization of accomplice and the sentencing rules. The position of delinquency is useful for reference, but the formulation of "delinquency" is easy to fall into the dispute with "complicity". On the standpoint of principal offender, such as the theory of neutral helping action, the theory of constructing sin by quantity, the theory of punishment by omission, have the problem that the relationship between accomplices is not completely separated from the fragmentary understanding of the constitutive essential act. The non-complicity and independence of the crime and associated crime should be emphasized, and the research focus should be turned to the explanation of the constitution of the crime. Specifically, it can be from the duality of "knowing"; When "others do not use the information network fact crime", the crime is attempted; the illegality of the behavior of objective constitutive elements; its application is restricted in several directions such as raising and clarifying the standard of "serious circumstances".

Key words: participate in crime; crime of helping information cybercrime; standpoint of joint crime; independence; limited explaination

平衡与反思
——网络表情包传播中肖像权保护研究*

李云滨**

摘要：网络表情包已成为网络社会的一种文化现象。具有可识别性的网络表情包属于肖像，应纳入肖像权的保护范畴。权利人可以许可他人以自己肖像为素材制作网络表情包并加以利用，以获取一定的财产利益。未经同意商业利用以肖像为素材的网络表情包，涉嫌侵害他人肖像权。不正当利用网络表情包，可能会侵害隐私权、名誉权，进而损害权利人的人格尊严。为保证网络表情包的科学发展，可以用肖像权合理使用制度规制网络表情包的制作、传播及利用。非以不正当方式制作、使用明星肖像网络表情包的行为，构成肖像权的合理使用，对此明星有适度容忍的义务。网络信息技术时代对肖像权保护提出了新的挑战，对网络信息技术条件下肖像权保护展开研究具有重要意义。

关键词：网络表情包；肖像；商业利用；人格尊严

何为表情包，表情包产生于何时？学界尚没有明确共识。有学者认为，美国的 ASCII 码形成的抽象拟图开启了表情包的历史，后日本民众在此基础上形成"颜文字"用来模拟生动的表情。① "表情包"这个词汇最早出现在 2008 年左右，当时是用来指代卡通形象系列表情，在 2010 年后词语的含义逐渐发生变化，更多指配有文字的表情图片。② 在我国，网络表情包为大众所熟悉始于 2016 年我国台湾地区网民与大陆网民在社交网站 Facebook 上演

---

* 本文系 2020 年度中央高校基本科研业务费专项资金项目"网络信息技术环境下肖像权保护研究"的阶段性研究成果，项目编号：2572020BN03。

** 李云滨，东北林业大学文法学院讲师，法学博士。

① 参见杨建华《表情包文化的引导与规范》，《人民论坛》2018 年第 14 期。

② 参见孙雨婷《从网络表情包看视觉化语言及情绪表达》，《新闻知识》2016 年第 10 期。

的"FB表情包大战"。网络表情包,是指移动互联网时代形成的一种新的表达方式和流行文化,网络用户在网络社交平台以流行的明星照片、影视截图等为素材,配以或多或少的文字,用以表达特定的情感。网络表情包"图画+文字"的组合超越了普通文字或者图画所代表的意义,丰富了信息的传播途径,赋予信息新的含义,这些特点使得网络表情包在网络社交平台迅速流行和传播。网络表情包已成为网络社会的一种文化现象,为网络社交平台提供了新的表达方式和手段,提升了网络用户参与网络社交平台建设的积极性,展现了包容的网络态度和多元的网络文化。

网络表情包不是仅觉得好玩、彰显个性就可以随意制作、传播及利用。一些网络表情包以包括明星在内的真人肖像为素材制作而成,这些版本众多、传播速度快、范围广、具有一定影响的网络表情包,如利用不当也可能会侵害他人的权利。一些网络表情包的利用引发一系列涉及肖像权纠纷的诉讼,如演员葛优就曾以未经同意使用包含其形象的网络表情包为由,多次向法院提起诉讼维权。特别是随着网络信息技术特别是 AI 换脸技术的发展,出现了将他人头像与图片、视频拼接而成的网络表情包,并在一定范围传播和使用,给相关权利人造成困扰与损害。法律之外无净土,互联网领域也不例外,在当前网络环境日益复杂的形势下,部分网络表情包开始触碰法律和道德的底线。在这种情形下,依法规制网络表情包的制作、传播及利用,无论对于网络的科学发展以及权利人肖像权的保护,都同样具有重要意义。

一 肖像标准:网络表情包利用规制的基础

《中华人民共和国民法典》(以下简称《民法典》)第 1018 条规定,肖像是通过一定方式在物质载体上反映的特定自然人可被识别的形象。判断是否为肖像,无关肖像呈现的方式方法,关键是能否在自然人与视觉形象之间建立可识别的联系。可识别性是肖像概念的核心,肖像只有具有可识别性,才能在肖像与自然人之间产生关联。肖像的可识别性是指借助一定的表现形式从某载体中识别出本人。在比较法上,无论是德国的肖像权还是美国的公开权,都将具有可识别性作为肖像(形象)受法律保护的前提。[1] 在法国

---

[1] 参见王叶刚《论肖像的可识别性及其判断》,《四川大学学报》(哲学社会科学版)2018 年第 3 期。

1994年的司法判例中，法国著名的摄影师拍摄的影集出版后，两名妇女向法院起诉她们就是影集中的年轻姑娘，要求分享影集获得的利润。法官认为，两名妇女的面部特征与影集中两名年轻女人的面部特征不符，无法识别，驳回了原告的诉讼请求。① 肖像可识别性的范围，除了自然人的面部形象外，还包括身体其他部位的形象。"肖像固以人之面部特征为主要内容，但应从宽解释，凡足以呈现个人外部形象者，均包括在内。"② 在美国，Cohen v. Herbal Concepts，Inc. 一案，被告的广告从背面展示了两位裸体女性，原告对被告提起诉讼，称其丈夫可以辨认出照片中的人是他的妻子和女儿。被告以一般公众无法辨认为由进行抗辩。法院未支持被告的抗辩理由，并指出对他人的识别不局限于面部特征，还包括"头发、形体特征和姿势等其他方面"。③ 判断是否具有可识别性，应就肖像的特征、场合、说明等进行综合认定。自然人的面部形象不清晰，但是借助其他因素，如身体特征、装饰等，可以识别出自然人本人，同样具有可识别性。④ 判断是否具有可识别性，应区分名人与非名人采用不同的判断标准。名人采用"一般人标准"，即以社会上一般自然人的标准判断能否在肖像与自然人之间建立可识别性的联系。非名人应采用"熟识人标准"。所谓熟识人，就是与权利人接触较多，对权利人较为熟悉的人，介于"一般人"与"亲密人"之间。

"表情包"的英文词汇为"emoticon"，是情绪（emotion）与图标（icon）的结合，可以形象地说明伴随着网络而出现的表情包是用图标来表达和释放情绪的一种新方式。网络表情包之所以可以快速地在网络传播，并形成一种文化，主要原因为网络表情包可以满足公众的情绪表达需要及构建群体的身份认同。与以往文字和语言交流的聊天模式不同，网络表情包的出现弥补了网络空间没有非语言符号的缺陷，提高了传播效率和传播效果，成为信息传播的新载体。最初的网络表情包主要采用"卡通形象+真人表情"的组合方式，后来逐渐过渡到网友开始自己制作网络表情包，网络表情包的

---

① T. G. I. Paris, 1e ch., June 2, 1993, Gaz. Pal. 1994, 16. 转引自张民安《无形人格侵权责任研究》，北京大学出版社2012年版，第663页。

② 王泽鉴：《人格权法：法释义学、比较法、案例研究》，北京大学出版社2013年版，第141页。

③ 482 N. Y. S. 2d 457 (1984)，转引自苏珊娜·伯格曼《美国和德国公开权制度的比较研究》，罗炜译，载张民安《公开权侵权责任研究：肖像、隐私及其他人格特征侵权》，中山大学出版社2010年版，第280页。

④ 参见张红《肖像权保护中的利益平衡》，《中国法学》2014年第1期。

素材也越来越丰富，风格也逐渐开始定型为紧跟潮流和热点，以欢乐、调侃、搞怪为主。网络表情包的构成主要包括两方面：一是图画，其为网络表情包的主体素材，图画可以是明星的照片、影视截图、动漫合成图像等；二是文字，在图画外匹配一定数量的文字，用于辅助图画表达一定的含义或情感。一些网络表情包以真实存在的自然人的形象为主要素材制作而成，这类网络表情包在网络社交平台大量存在，如仅在微信表情商店推出的就有岳云鹏、王一博、邓紫棋、姚晨等明星的网络表情包。有的网络表情包可免费下载，有的则需付费。

一些网络表情包包含自然人的形象，这些形象或取材于自然人的照片、影视剧照，或取材于动漫刻画。无论呈现方式、呈现部位如何，如果可以在网络表情包与自然人之间建立可识别性联系，网络表情包就属于自然人的肖像，应纳入肖像权的保护范畴。即使网络表情包使用的自然人形象，不为自然人的面部形象，只要具有可识别性，亦可以纳入肖像权的保护范畴。《民法典》第1019条规定，未经权利人同意，不得制作、使用、公开权利人的肖像。从这个角度出发，未经权利人同意，制作、使用、公开符合肖像标准的网络表情包的行为可能构成侵权。现实生活中，部分网络用户通过信息技术手段合成或者伪造他人肖像的方式制作网络表情包并加以利用，亦属《民法典》第1019条规定的"利用信息技术手段伪造等方式"侵害他人肖像权。司法实践中，法院将具有可识别性的网络表情包认定为自然人的肖像进而予以保护。如在黄渤诉东风轻型商用车营销有限公司肖像权纠纷一案中，被告在微信公众号中使用了包含黄渤形象的网络表情包，北京市朝阳区人民法院认为，被告使用了黄渤的肖像，侵害了黄渤的肖像权，判决被告承担侵权责任（2018京0105民初50015号）。

二 商业利用：网络表情包利用的限制

肖像的商业利用，是指将特定自然人肖像与商业活动相结合以获取一定财产利益的活动。肖像的商业利用理论是近代民法的产物。19世纪末期，当时的司法界普遍认为，允许他人通过市场化支付费用的方式利用肖像以获取财产利益的行为是违背人的尊严的。① 但是理论的存在，并没有妨碍肖像

---

① 参见王利明《人格权法》，中国人民大学出版社2016年版，第105页。

被利用实践的出现。随着市场经济的发展，现代传媒技术的发达，广告宣传对商品销售具有重要的推广作用，自然人特别是名人的肖像因有助于提升产品知名度，增强号召力，形成明星效应，肖像就有了被商业利用的可能和必要。伴随着广告中肖像的利用，消费者会将某人所代表的品位、品质、时尚观念等转嫁至其推销的商品和服务上。肖像所具有的吸引力，会刺激消费者的购买欲望，凸显所推销的商品、服务，从而提高商家的竞争力。"形象越好、名气越大、身价越高"的人，其肖像被商业利用的机会也就越大。① 肖像能够为商业目的利用进而体现出一定的财产价值。《民法典》第993条规定，权利人可以许可他人使用自己的姓名、肖像等人格标识。肖像权人可以通过许可他人利用肖像的方式获取一定的财产利益。如果法律不承认和保护这种财产利益，就有可能造成其他人"搭便车"。② 市场经济环境下，很多商家看中了名人肖像具有的吸引力，不惜重金聘请明星代言。实践中，一些商家也借助明星网络表情包进行商业宣传，以此获取商业利益，明星未经同意"被代言"的现象也越来越多。由于网络信息传播的便捷，一些介入网络热点事件的普通人也借助网络快速走红，以其肖像制作的网络表情包也在特定时间内快速流传于网络，如2018年杭州小伙吴正强就因"提发际线修鬓角清单4万"事件快速走红，以其肖像制作的网络表情包一时间在网上大量流传。具有可识别性的网络表情包属于自然人的肖像，未经同意商业利用涉嫌侵犯权利人的肖像权。"未经授权的使用者因为不曾为肖像的商业价值作出努力或支付报酬，所以不能无偿利用他人肖像。"③

未经同意商业利用以演员剧照为素材的网络表情包是否侵害权利人的肖像权，关键为演员对影视作品中的演员剧照形象是否享有肖像权。对此，学界和司法实务也存有争议，主要有否定说和肯定说之分。否定说认为，肖像是自然人真实形象的再现，演员剧照形象反映的是电影、戏剧的角色形象，并非演员的本来形象和神态，使用演员剧照形象不构成侵害演员的肖像权。我国早期的司法实践持否定说。在卓玛诉内蒙古伊利实业股份有限公司等肖像权纠纷案中，二审法院认为，演员在影视剧中饰演的角色是经过艺术加工的剧目角色形象，不再是其自身的形象，被告广告中使用剧照不构成对演员肖像权的侵害（1997呼法民二终字第54号）。肯定说主张，演员剧照形象

---

① 参见祝建军《人格要素标识商业化利用的法律规制》，法律出版社2009年版，第34页。
② 参见李林启《论发展着的人格权》，法律出版社2018年版，第26页。
③ 李云滨：《论死者肖像的法律保护》，《学术交流》2020年第6期。

是以演员自身形象为基础，对于可以与演员建立可识别性联系的演员剧照形象，应纳入肖像权的保护范畴，使用演员的剧照形象构成对权利人肖像权的侵害。目前司法实践多持肯定说，对演员的剧照形象给予保护。部分案件中，法院在判决书中并未论述演员剧照形象与肖像之间的关系，直接将演员剧照（形象）认定为肖像。如佟丽娅诉北京知行锐景科技有限公司肖像权纠纷案，法院认为，被告未经原告佟丽娅同意使用其照片（演员剧照），侵害了佟丽娅的肖像权（2015 海民初字第 37343 号）。在部分案件中，法院在判决书中就演员剧照（形象）与演员肖像之间的关系进行了论述。如在蓝天野诉天伦王朝饭店有限公司等肖像权、名誉权纠纷中，法院认为，能清晰再现演员面部特征的演员剧照属于肖像（2002 东民初字第 6226 号）。在唐嫣诉北京搜房科技发展有限公司肖像权纠纷案中，法院认为，如果演员剧照基本反映的是表演者的面部形象或以面部正面形象为主的形象，与演员本人具有高度的可识别性，演员剧照（形象）为权利人的肖像（2016 京 0108 民初 1142 号）。

本文认为，应坚持可识别性作为判断网络表情包是否属于肖像的标准，以演员剧照为素材的网络表情包如符合肖像可识别性标准，应纳入肖像权的保护范围。肖像载体的形式多样，可以为雕塑、摄影，也可以是录像和电影。演员在影视剧中的演员剧照是肖像载体的一种。对于演员以纯脸谱形式出演的虚拟人物剧照形象，如果观众无法在演员剧照形象与演员自身之间建立可识别性联系，演员一般不能对演员剧照形象主张肖像权。对于可以与演员建立可识别性联系的演员剧照形象，应纳入肖像权的保护范畴。从这个角度出发，未经同意商业利用以演员剧照为素材的网络表情包涉嫌侵犯权利人的肖像权。司法实践中，法院对以演员剧照形象为素材制作而成的网络表情包进行了保护。如在三起涉及演员葛优的肖像权纠纷案中，被告使用了葛优在《我爱我家》电视剧中的剧照（俗称"葛优躺"）为主要素材制作而成的网络表情包，法院经审理认为，被告商业利用网络表情包的行为侵害了葛优的肖像权，判决被告承担民事责任（2018 京 0108 民初 1884 号、2018 京 01 民终 97 号、2019 京 0491 民初 20252 号）。

三 人格尊严：网络表情包传播的边界

人格权概念的法律意义，系在于宣誓人享有各种属于人的价值的正当性，这种"享有上的正当性"的反面意义，即在于人格权不容剥夺、不容侵害。① 肖像作为自然人最具可识别性的人格标识，代表了自然人的形象，体现了人格尊严。歪曲、侮辱、玷污自然人肖像，会对自然人的人格尊严造成侵害。② 早期的侵权法就认为，即使再现、公开、使用的肖像是真实的，只要这种再现、公开、使用会导致他人被嘲笑、讥笑，这种行为就损害了人格尊严，构成侵权。在日本"麦克莱斯塔案"中，法官认为，随意暴露肖像的行为会给权利人带来厌恶、羞愧、不快的精神痛苦，保护人能够不受这种精神痛苦干扰而生活是理所当然应受保护的生活利益。③ 在法国，2001年实施的《推定无罪及受害者权利法》，禁止出版或刊登法庭认为有损公民人格尊严的图片或照片。④ 我国司法实践中，在陆永兴诉薛仲良肖像权纠纷案中，被告利用原告与冰心的合影，通过电脑技术将合影照片上原告的头部影像更换成被告的头部影像，原告的躯体部分影像保留，形成了被告与冰心的合影照片。法院认为，自然人有维护肖像完整性的权利，有权禁止他人毁损自己的肖像，维护人格尊严（2009 锡民终字第 0168 号）。现代社会，我们很难想象，传播、使用带有他人不雅形象的肖像，会有助于维护权利人的人格尊严；我们也很难想象，在现代社会，一个人连对其肖像的制作、使用都不享有受法律保护的权利，这个人会是一个有尊严的人。在肖像权的保护下，权利人有权维护自己肖像的完整，禁止他人非法毁损和恶意玷污，一定程度上维护了权利人的人格尊严。即使在他人合法持有自然人肖像的情况下，权利人对侮辱、丑化肖像的行为也有权进行阻止。从这个角度出发，肖像权乃人之尊严及价值体现于自己肖像上的权利，直接关系到自然人的人格尊严。

不正当使用网络表情包，可能侵害他人的隐私权，进而损害权利人的人格尊严。隐私是指与社会公共利益无关的个人信息、私有领域与私人活动。"隐私是随着对个人权利保护的不断增强、公共生活范围的不断缩小这一历

---

① 参见马俊驹《人格和人格权理论讲稿》，法律出版社 2009 年版，第 165 页。
② 参见杨立新、尹艳《侵害肖像权及其民事责任》，《法学研究》1994 年第 1 期。
③ 参见［日］五十岚清《人格权法》，［日］铃木贤、葛敏译，北京大学出版社 2009 年版，第 130 页。
④ 参见郭丽霞《要人格权还是要新闻自由？——法国新法引发的思考》，《新闻记者》2001 年第 7 期。

史发展进程而逐渐形成的。"[1] 如为治理交通违章，陕西省府谷县交警大队于2016年12月在其官方微博上传系列网络表情包，除违章者的脸部形象外，网络表情包还有对违章行为的文字点评。这种方式在网上引发热议。有人认为，这种行为涉嫌侵害他人隐私权。[2] 有人认为，这种行为只是以一种幽默的创新方式进行安全教育，且对违章者的面部进行了技术处理，要么打上"马赛克"，要么加一副眼镜，对这种安全教育的新方式不妨多些宽容。[3] 现代社会，在无关社会公共利益的情况下，自然人的隐私权应得到充分的保护。从这个角度出发，陕西省府谷县交警大队在官方微博上将违章者放大的面部形象制作成网络表情包的行为，虽然主观上可能并无恶意，但违章者多为本地人，其在被配上戏谑文字的网络表情包曝光后，个人的生活安宁很有可能被破坏，此种行为涉嫌侵犯他人的隐私权。

不正当使用网络表情包，可能侵犯他人的名誉权，进而损害权利人的人格尊严。名誉权是自然人、法人的一项具体人格权。由于网络表情包在制作上不追求制作精良、画面优美，而是追求搞笑、独特、个性，一些网络表情包的制作和使用也有可能侵害他人的名誉权。主要原因为：一是网络表情包多用文字作辅助说明，一些文字具有戏谑内容。如一些网络表情包在图片上配文"隔着屏幕，我也能感受到你的丑""老板，请让我给你生孩子"；再如用一个女明星的照片，配文"与群主一起睡"等。二是网络表情包使用了他人不愿公开的照片并配文。比较常见的为截取明星在影视作品中不雅的表情，配上带有戏谑含义的文字如"我疯了，我病了"等内容。如被网友玩坏了的一张网络表情包：《还珠格格》里的尔康，鼻孔放大、额骨增高，配文"紫薇，你别走！"。尔康的扮演者演员周杰就表示自己看到这种网络表情包时感觉是对自己的侮辱。[4] 虽然目前在我国，一种行为可以致自然人名誉感降低，不能等同于这种行为就侵害了权利人的名誉权。但至少可以看出，一些恶搞的网络表情包并不都是所有明星都喜闻乐见的，一些网络表情包的存在同样给他们造成困扰。三是随着AI换脸技术的发展，一些人违法将他人头像与图片、视频拼接成恶搞图片、视频并以此为素材制作网络表情

---

[1] 石佳友：《隐私权与个人信息关系的再思考》，《上海政法学院学报》（法治论丛）2021年第5期。

[2] 参见钱凤伟《"表情包"别用错了地方》，《人民法院报》2016年12月15日第2版。

[3] 参见郭冬瑾《不妨对"交通违法表情包"多些宽容》，《中国产经新闻》2016年12月15日第1版。

[4] 参见李国敏《表情包风靡原因及影响分析》，《视听界》2016年第6期。

包进行使用和传播。网络表情包的制作、使用同样不是法外之地，如未经同意，以不正当方式制作、公开、使用、传播包含他人不雅形象或贬损内容的网络表情包，符合《民法典》第1024条"用侮辱、诽谤等方式侵害他人名誉权"情形的，涉嫌侵害他人的名誉权。

四 合理使用：网络表情包科学发展的保证

肖像权的合理使用，是指不需经他人同意也不必向其支付报酬，基于正当目的使用他人肖像的合法行为。之所以确立肖像权的合理使用制度，主要原因为，社会生活中的一些情形离不开肖像的正常使用，如凡制作和使用肖像都须经他人同意，势必给社会生活的正常运转带来不便，甚至是阻碍。[①]《民法典》第1020条规定了肖像权的合理使用制度，弥补了我国民法未规定肖像权合理使用制度的缺陷，具有一定的进步性。《民法典》第1020条在第一至第四项确立了"个人学习、艺术欣赏、课堂教学、科学研究""实施新闻报道""国家机关依法履行职责""展示特定公共环境"等四种典型的肖像权合理使用情形，同时在第五项规定"为维护社会公共利益或者肖像权人合法权益的其他行为"作为肖像权合理使用的兜底条款。肖像权合理使用的理论基础主要有维护社会公共利益、保障言论自由、保证社会正常发展。公众人物肖像关系到公众的兴趣，关涉公众知情权和舆论监督的开展，从这个角度出发，正当使用公众人物肖像，属于《民法典》第1020条"为维护社会公共利益的其他行为"的范畴，为肖像权合理使用的具体情形。

公众人物是因特殊经历、才能、成就或其他原因被社会公众所熟知，包括体育明星、影视明星、政治家、艺术家等。[②] 由于公众人物所从事的活动与社会公共活动有关，关涉公民的知情权，一些国家的法律规定公众人物构成肖像权侵权的违法阻却事由。如《埃塞俄比亚民法典》第28条、《意大利版权法》第97条均规定公众人物为肖像权侵权的违法阻却事由。公众人物作为肖像权侵权的违法阻却事由是有条件的，单纯的公众人物本身不为肖像权侵权的违法阻却事由。如在日本，不存在因为是公众人物就不认可其肖

[①] 参见吕彦《公民肖像权若干问题探讨》，《现代法学》1990年第4期。
[②] 参见王利明《人格权法研究》，中国人民大学出版社2005年版，第467页。

像权的判例。使用公众人物肖像能否构成肖像权的合理使用应区分情况，原则上公众人物在公共场所、公开活动中的肖像不受保护，但是下列情形下使用公众人物肖像不能阻却违法：一是以侮辱、诽谤、贬损、丑化等违反社会公德和社会公共利益的方式使用公众人物肖像。二是以商业目的使用公众人物肖像。三是披露或摄录侵扰公众人物私人活动（如约会、性行为、私人葬礼等）形成的照片、录像等。①

网络社会的发展使得以明星、影星肖像为主要素材的网络表情包在网络大量流行和传播。网民往往利用当红的明星，以一种调侃、幽默的态度制作、使用网络表情包，审美或审丑，以达到彰显个性、宣泄情绪的效果。大部分网民制作、使用网络表情包的目的单纯是为了娱乐、交流或彰显个性，不以营利为目的，使用的肖像大多是明星公开的肖像，这些肖像一般在网络中可以轻易找到。一些明星为了提高本人的知名度，主动将自己的肖像制成网络表情包或者对网友将其肖像制作成网络表情包的行为表示支持或默许。从这个角度出发，非以侮辱、诽谤、贬损、丑化或以其他违反社会公德、社会公共利益的方式使用明星肖像制作而成的网络表情包的行为，属于在合理范围内使用明星肖像，对此明星有适度的容忍义务，不构成对明星肖像权的侵害。但是对于以明显的商业目的利用明星肖像网络表情包或者相关社交媒体、网络服务商在表情商店供用户付费下载网络表情包的行为，属于以营利为目的的商业利用行为，构成对明星肖像权的侵害。当然，明星对此表示同意或以实际行动表示不追究民事责任的，为民事主体对自己权利的自由处分。

五　网络信息技术时代肖像权保护的展望

网络信息技术的发展让社会经历了一场前所未有的变革并深深改变了人们的生活。网络在向人们传递信息、丰富生活方式的同时，也给肖像权的保护带来了挑战。"人肉搜索""网络暴力""网络恶搞"等网络现象，所带来的直接后果就是网民利用网络工具侵犯肖像权案件的层出不穷，而且有愈演愈烈之势。② 作为人格权法的价值目标，人格尊严、隐私、肖像保护不应成

---

① 参见丁宇翔《人格权侵权中"公众人物抗辩"的裁判规则》，《法律适用》2016年第6期。
② 参见陈昶屹《网络人格权侵权责任研究》，北京大学出版社2014年版，第1页。

为科技进步的牺牲品。① 同时，简单地将利用网络侵害肖像权现象视为网络的负面产物，一概要求网络服务提供者对网络进行管制，并不能从根本上解决网络环境下肖像权的保护问题。网络的发展要求一方面要保护权利人；另一方面也要维护网络的正常运作和发展，在法律上如何规范成为现代法律的重要课题。

网络信息技术的发展，对肖像权的保护提出了新的要求。肖像的载体形式进一步丰富，肖像不仅可以表现为传统意义上静态形式——照片、画像、雕塑等，也可以表现为动态形式——视频、电影、动漫等，甚至可以是动静相结合的网络表情包。这些已经出现和未来将要出现的载体所承载的形象能否被认定为肖像，是现代民法必须要回答的问题。智能手机的普及、网络技术的发展，使得肖像制作早已摆脱了对传统制作工具（如照相机）和制作工艺（人物绘画、雕塑）的依赖，肖像的制作和传播更为简单、快捷。肖像一旦进入网络，其传播就开始不受控制，他人可以很容易地对其进行下载、传播、修改甚至伪造。特别是随着人工智能技术的发展，通过AI技术实现换脸的网络表情包、视频越来越多，甚至可以达到以假乱真、真假难辨的程度，引起了人们的恐慌和担忧。一些不法分子通过"换脸"技术合成，在受害人不知情的情况下，实施虚假注册、刷单、诈骗等不法行为。② 网络的开放性亦使得侵权人可以在任何时间、地点实施侵权，而网络中的一些行为不需要与现实中的真实身份相关联，往往很难确定实际侵权人或者维权成本过高。③ 在这种背景下，网络表情包的兴起和发展给肖像权保护带来的挑战仅仅是网络信息技术条件下肖像权保护的一个缩影。做好网络信息技术条件下肖像权的保护，可以从以下几个方面入手：

第一，完善肖像权保护的法律制度。《民法典》第1018条第2款坚持可识别性标准界定肖像的概念，认为肖像是"一定载体"上反映的可被识别的外部形象，使肖像概念保持了一定程度的开放性，据此可以及时将新的肖像载体形式纳入肖像权的保护范围。民法典同样致力于回应网络信息技术发展对肖像权保护提出的新要求，在《民法典》第1019条第1款明确规定

---

① 参见侯纯《科技法的价值目标》，《科技与法律》2008年第3期。
② 参见朱昌俊《规定恶搞换脸侵犯肖像权 为AI应用划界》，《中国青年报》2019年4月23日第2版。
③ 参见张新宝、任鸿雁《互联网上的侵权责任：〈侵权责任法〉第36条解读》，《中国人民大学学报》2010年第4期。

"不得以信息技术手段伪造等方式"侵害他人的肖像权,具有一定的进步性。《民法典》于2021年1月1日起实施,其中肖像权的相关法律条文对保护我国民事主体肖像权的效果,需等待司法实践的进一步检验。在《民法典》实施过程中,最高人民法院也可以通过出台有关司法解释、发布指导性案例等方式,进一步完善我国肖像权保护的法律制度。

第二,充分保护权利人的利益。加强网络管理,应首先从保障私权着手,对权利的损害进行充分的救济。①《民法典》第997条规定了人格权诉前禁令,以防止侵害人格权的行为给权利人造成难以弥补的损害。此外,根据《民法典》第179条、995条、1182条、1183条、1194条等规定,利用网络侵害肖像权的,权利人还可以请求行为人承担包括停止侵害、消除影响、赔礼道歉、财产赔偿损失、精神损害赔偿等民事责任。这些都较好地回应了网络信息技术发展对肖像权保护和救济提出的新要求。

第三,引导网络用户规范网络言行。探索建立自由与责任共存的网络文化空间,由政府有关部门、网络服务提供者加大宣传力度,引导网络用户树立积极的网络文化意识。主要包括:谨慎地规范网络言行;不使用可能侮辱他人人格、损害他人名誉的图片、视频、网络表情包等;正当使用他人肖像,尽量要征得权利人允许;避免传播涉及他人隐私的肖像载体;如肖像权受到侵害,权利人尽量第一时间对网页和数据进行保存,并告知网络服务提供者寻求救济等。

第四,科学界定网络服务提供者的责任。将网络服务提供者侵害肖像权的行为区分为网络服务提供者自己的侵权行为、他人的侵权行为,相关的责任划分为网络服务提供者自己责任以及他人责任。网络服务提供者自己的侵权行为侵害肖像权的,应按照《民法典》第1194条承担相应的民事责任。此外,根据《民法典》第1195条第2款的规定,网络用户实施的侵权行为,网络服务提供者未及时采取必要措施的,就损害的扩大部分与侵权人承担连带侵权责任。

总之,网络具有虚拟性、同步性、快捷性等特征,发展迅猛,日新月异。由于网络的上述特点,在带给社会巨大便利的同时,也对人格权保护提出了新的挑战。《民法典》采用人格权独立成编的立法体例,为加强我国民事主体的人格权保护奠定了坚实基础,也为应对网络环境下人格权保护提供了制度支撑。同时,强化网络信息时代人格权的保护,不仅需要权利人切实

---

① 参见王利明《如何保护网络环境下的人格权》,《当代贵州》2015年第23期。

增强法律意识、及时寻求法律救济,同时也需要相关国家机关、社会团体、企事业单位的积极行动,以构建多元主体协同参与的人格权保护新格局。

Balance and Reflection:

Research on the Protection of Portrait Right in the Network Expression Pack Communication

Li Yunbin

Abstract: The network expression pack has become a cultural phenomenon in the network society. The identifiable network expression pack belongs to the portrait and should be included in the protection of portrait rights. The obligee can allow others to make online expression packs with his own portrait as the material and use them to obtain certain property interests. Unauthorized commercial use of online expression packs based on portraits is suspected of infringing on others' portrait rights. Improper use of Internet expression packs may infringe upon the right to privacy and reputation, and further damage the human dignity of the obligee. In order to ensure the scientific development of online expression packs, we can use the system of fair use of portrait rights to regulate the production, dissemination and use of online expression packs. The act of making and using the online expression package of the star's portrait in an improper way constitutes the reasonable use of the portrait right, and the star has an appropriate tolerance obligation. The era of network information technology poses new challenges to the protection of portrait rights, and it is of great significance to conduct research on the protection of portrait rights under the condition of network information technology.

Key words: network expression pack; portrait; commercial utilization; human dignity

论网络群组群主的管理职责及侵权责任

李玲玲*

摘　要：网络群组"踢群第一案"引发学界对网络群组研究的重视。网络群组作为网络空间的具体表现形态，具有私密性与开放性、虚拟性与客观性、互动性与发散性等特征。网络群组不具有民事主体地位，网络群组内部关系并非统一适用情谊关系。网络群组群主管理职责的理论基础为网络行政法的私人干预义务，法律法规、用户协议与平台公约是网络群组群主管理职责的现实基础。网络群组群主怠于履行管理职责，违反了一般注意义务，应承担侵权责任。网络群组群主的侵权责任采过错责任归责原则，根据群主的过错程度和原因力大小承担相应的补充责任。

关键词：网络群组；踢群；管理职责；侵权责任

一　问题引出：网络群组"踢群第一案"的裁判及不足

伴随移动互联网的快速发展，网络群组应运而生。依托于网络出现的网络群组，拓展了信息交流的途径，使信息交流摆脱地域、时空的限制，更具开放性、互动性、便捷性。根据《互联网群组信息服务管理规定》第9条，网络群组的管理者、建立者对网络群组负有管理职责，承担规范群成员行为及信息发布的义务。网络群组的建立者被俗称为"群主"，群主拥有网络群组管理的最高权限，可以建立或解散群组，可以任命群组管理员等。为行文方便，本文亦坚持用"群主"指称网络群组的建立者。为维护网络群组的交流秩序，网络群组群主会制定并发布群规，群成员违反群规，会受到

---

* 李玲玲，哈尔滨市社会科学院社会学所副研究员，黑龙江大学民商法学博士研究生。

"提醒""警告""踢群"等处理。发生于2019年的"原告柳孔圣诉被告刘德治名誉权纠纷一案",被称为网络群组"踢群第一案"①。该案因涉及群主与群成员之间的关系以及群主是否有权采取相应措施处理违反群规的群成员等问题,引发社会各界的广泛关注。

法院经审理认为,群主与群成员之间发生的退群、解散群、入群等行为,法律属性上为情谊行为,可由群组成员依据群规和权限自主进行,群主对违反群规的群成员采取踢群措施不构成侵权,本案纠纷不属人民法院的受案范围,裁定驳回原告起诉(山东省莱西市人民法院2019鲁0285民初4407号)。备受关注的网络群组"踢群第一案"经法院审理似已尘埃落定,但仔细研究本案裁判,亦会发现法院裁判本身存在着不足。本文认为,该案裁判在未对建群原因进行区分的基础上将群主与群成员关系统一界定为情谊关系,不符合传统民法对情谊关系的认识。裁判本身存在的不足主要有:

第一,在未区分建群原因的基础上将建群行为认定为情谊行为。情谊行为是基于好意施惠目的实施的行为,该行为不具有设立法律上权利义务关系之目的,故是否具有好意施惠目的是判定是否为情谊行为的关键。大数据时代,一些网络群组的建群行为并非或并非完全基于群主的好意施惠目的。如实践中,一些政府部门、事业单位等为提高行政效率、简化办事程序而建立网络群组,用于发布通知、收集材料、交流信息;一些教育辅导机构基于服务合同建立网络群组,为合同相对人提供信息及服务等。这些网络群组的建立并非单纯基于群主个人的好意施惠目的。认定建群行为是否为情谊行为,应首先探查群主建立网络群组的目的何在。若建群行为为职务行为或履行合

---

① 于某某为法院立案庭法官,其于2018年通过微信平台建立微信群组,为当地的律师以及法律工作者提供与诉讼立案有关问题的咨询,群名为"五月花号",原告柳孔圣为该群群员。后被告刘德治入群成为群主,修改群名为"诉讼服务群",在群内@所有人并发布《群公告》,主要内容包括:实名入群;微信群主要用于与诉讼立案有关问题的交流;不准发红包;讨论要发扬正能量;违反群规的,一次警告,二次踢群。成立微信群后,群成员在微信群中讨论交流退费、立案等有关问题。于某某、被告等人为群成员提供咨询。原告于2019年1月在群内发布与诉讼立案无关的视频及评论,经作为群主的被告提醒后仍继续发布,被被告移出该群。原告以被告侵犯其名誉权为由诉至法院。后青岛市中级人民法院将该案指定山东省莱西市人民法院审理。法院经审理认为,群主与群成员间的入群、退群、解散群等行为,属社会交往中的情谊行为,并不产生民事法律关系,由网络群组成员依照群规和功能设置权限自主进行,现有证据未能证明被告对原告的名誉、荣誉等进行负面评价,原告主张基于被告将其移除网络群组而提起,二者并不存在因果关系,不构成提起侵权民事诉讼的法定事由,不属于法院受案范围,裁定驳回原告起诉。

同义务，不具好意施惠的主观目的，应排除在情谊行为之外。若建群行为为个人行为，群主为使群成员能够及时、便利地获得某些信息或服务而无偿建立网络群组，具有好意施惠的初衷，才具备成立情谊行为的基础。本案中，群主与群成员身份具有特殊性，群主为立案庭法官，群成员为律师和法律服务工作者。群内交流内容仅限于与诉讼或立案业务有关的信息，与双方职务关联密切，法院在未对建群原因予以区分的基础上，直接认定网络群组群主与群成员的内部关系适用情谊关系，此结论较为武断。

第二，将退群、解散群的行为认定为情谊行为。退群、解散群的行为与建群行为明显不同。若建群行为符合群主个人无偿为他人提供便利之目的而构成情谊行为，群主与群成员内部关系构成情谊关系，但退群或解散群的行为是对这种情谊关系的终结，如何能与建群的行为一样被认定为情谊行为与情谊关系？退群、解散群的行为是建群行为的后续行为，并非情谊行为。无论是基于群成员主动退出或群主"踢群"处理以及解散群的行为，均不再具备好意施惠的初衷，不符合情谊行为无偿利他之本质。

可见，作为一种虚拟社区，网络群组在突破时空限制、加强人际交流方面发挥积极作用的同时，亦会引发关于群主与群成员关系、群主管理职责履行等问题，这些问题的厘清有待学界对网络群组进行更加深入的研究。在当前网络信息服务提供者规模化发展和人们对微信、微博、钉钉等平台依赖程度不断加深的背景下，在法律层面对网络群组相关问题展开研究，可以为化解司法实践中出现的有关纠纷提供指引，也可为"互联网＋"时代构建良好的网络空间秩序提供遵循。

二 探讨前提：网络群组基础问题厘定

（一）网络群组的概念及特征

网络群组指依托应用程序及网络平台建立，用于多个网络用户在线同时信息交流的网络空间，日常生活中常用的网络群组为微信群、QQ群、贴吧群、陌陌群等。网络群组基于组建目的不同可划分为不同类型，如情感交往型、兴趣爱好型、商品服务经营型、办公政务型、公共服务型等。网络群组作为新型的虚拟生活领域，具有以下显著特征：

1. 网络群组的私密性与开放性。相比于网络群组之外的人，网络群组具有私密性，除通过扫描群组二维码、提出加入请求被批准或接受邀请而成为群成员外，其他主体并不能享受和参与网络群组的信息交流和服务。但网络群组的私密性又是相对的，网络群组是否私密，很大程度上取决于网络群组信息服务提供者的安全维护、法律规制和道德自律。[①] 网络群组具有开放性，对符合网络群组进群条件的潜在群成员而言，网络群组接纳着每一个主动参与或接受邀请参与其中的人，并把这种开放的精神传递给网络群组中的每一个群成员。同时，群成员享有基于自身意愿随时"删除并退出"群组的权利，将开放性的精神贯穿于入群、退群始终。

2. 网络群组的虚拟性与客观性。由于网络空间中人的存在以及人之人之间的互动，形成了不同的网络社区——虚拟社区。[②] 网络群组作为网络空间的具体表现形态，具有虚拟性特征，它以一种虚拟的介质——比特为基本要素构成。群成员间的沟通交流主要通过一串串看不见、摸不着的虚拟信息数据来表现。网络群组具有客观性，网络群组中各种电子文本化的信息是真实存在的，群成员在网络群组这个虚拟空间内的所作所为可以直接或间接地影响现实世界。

3. 网络群组的互动性与分散性。互联网技术异步传输、即时互动的特点改变了信息传播者和接收者之间的关系。[③] 网络群组作为网络空间的具体表现，使每一个参与者都可成为自媒体，可从网络群组接收信息或者向网络群组发送信息。群成员间的信息交流和传播是自由的，具有分散式结构。群成员既为信息的传播者，也是信息的接收者，信息流通的发散性、及时性和便捷性体现得更为充分。此外，从传媒角度观察，网络群组中的信息传播是一种平等交互式的传播模式，具有互动性。

（二）网络群组的法律属性及地位

网络群组是一种新型公共空间。网络群组是网络空间的一种具体表现形态。2003年美国《保护网络空间的国家安全战略》首次阐释网络空间的含义，即"它由无数相互关联的计算机、服务器、路由器、交换机和光缆组

[①] 参见刘继忠、肖子木《互联网群组的交流特性及其信息安全管理研究》，《新闻春秋》2018年第1期。

[②] 参见齐爱民《论网络空间的特征及其对法律的影响》，《贵州大学学报》（社会科学版）2004年第2期。

[③] 参见陈纯柱等《互联网上宪法权利的保障与界限》，法律出版社2016年版，第8页。

成……并支持着国家基础设施的运转。"① 在网络空间这个虚拟空间内,人们通过虚拟的身份相互连接并自由交流,不受时间、空间、国别等限制。从这一属性出发,网络群组是一种新型公共空间,为人们提供了沟通交流和信息共享的社会资源和环境,冲破了传统社会交往空间的局限。

网络群组不具有独立的民事主体地位。我国《民法典》确立的民事主体类型包括自然人、法人和非法人组织。自然人的民事主体地位源于其伦理意义,在民法制度上体现为两种不同观念的自然人,一是天赋人权观念下的自然人,表现为实在法中的"权利能力"制度;二是理性人观念下的自然人,表现为实在法中的"行为能力"制度。② 网络群组中的群成员虽然由自然人组建而成,但网络群组只是群成员信息交流的媒介和空间,故无论在上述哪种观念下都无法将网络群组界定为法律意义上的自然人。法人在《德国民法典》中通过"权利能力"与自然人并存于"人法"中。③ 网络群组作为群成员组成的虚拟社区,没有自己的组织机构、财产、经费及活动场所,建立无须履行特定条件和程序,不符合《中华人民共和国民法典》(以下简称《民法典》)第58条法人成立条件的要求,故网络群组亦不属于法律意义上的法人。目前学界有一种观点认为,网络群组为拥有团体人格外观而无团体人格实质的非法人组织。④ 因网络群组并非是由自然人组成的法律意义上的实体组织,无须履行法定的登记手续,不能以自己的名义从事民事活动,不符合《民法典》第102条、103条规定的非法人组织的成立要件,故网络群组并不具备团体人格外观条件,更不具备团体人格实质要件,不属我国实在法中的非法人组织范畴。

(三) 网络群组的内部关系

1. 相关学说梳理

一是合同关系说。该学说主张,网络群组的建立外观上表现为群主提出进群邀请并由群成员同意入群的合意完成,群主和群成员之间达成了一对一的契约。尽管群主享有制定和修改群规、发布公告、邀请他人入群以及管理网络群组内部事务的职责,然而这并不影响群成员基于一定利益考量选择入

---

① 惠志斌:《全球网络空间信息安全战略研究》,世界图书出版公司2013年版,第8—9页。
② 参见朱庆育《民法总论》,北京大学出版社2016年版,第379—380页。
③ 参见朱庆育《民法总论》,北京大学出版社2016年版,第417—418页。
④ 参见赵浩、戴文骐《微信群规约的法律属性及法律责任》,《祖国》2017年第5期。

群并与群主形成多个独立的一对一合同关系。

二是组织者与成员关系说。该学说主张，参照非法人组织中成员与组织者的关系界定网络群组的内部关系。"组织者与成员关系说"认为，网络群组因群主与群成员方向相同且共同组建网络群组的一致意思表示而产生，群主、群成员通过制定群规，维系并规范群组运行的行为属共同法律行为。

三是情谊关系说。该学说主张，网络群组内部基于情谊行为产生情谊关系，不具法律评价意义。建群、退群等行为均无创设权利义务的意图，不具受约束的效果意思。目前我国多数学者持情谊关系说。在网络群组"踢群第一案"中，法院认为，群主与群成员间的关系统一适用情谊关系，亦采情谊关系说。

2. 双重关系说——情谊关系＋管理关系的证成

上述三种学说从各自角度对网络群组的内部关系进行了界定和梳理，但均存在一定的局限性。

首先，合同关系说不符合传统民法关于合同订立及意思表示的解释规则。合同订立需当事人有意思表示且意思表示达成合意，而意思表示是将发生私法效果的内心意思表示于外的行为。如前所述，群主建群及群成员入群，一般不具有发生私法效果的内心意思，又何来民法意义上的意思表示以及意思表示的合意。

其次，组织者与成员关系说与我国现行法规定相抵触。一方面，群主与群成员间并无共同成立网络群组并维护网络群组共同利益的一致意思表示，彼此并不成立共同法律行为；另一方面，网络群组不符合《民法典》第102条至108条规定的非法人组织成立条件的形式要件与实质要件。组织者与成员关系说认为网络群组群主与群成员之间的关系适用或参照适用非法人组织中组织者与成员关系的主张存在实在法障碍。

最后，情谊关系说无法对退群、踢群、解散群的行为做出合理解释。除为执行职务或履行合同义务等特殊情况组建的网络群组外，网络群组的建群及入群行为（包括批准入群、邀请入群等）往往具有好意施惠的目的。情谊关系说将网络群组建立及维系的本质解释为情谊关系，具有一定合理性。但该学说也存在一定的局限性，其无法很好地解释退群、踢群、解散群等行为的性质。根据情谊行为无偿性、利他性及不受法律约束的属性，群成员的退群以及群主对群成员作踢群处理、解散群的行为已不具备情谊行为的本质特征，而是情谊关系的终结措施，故基于这些行为产生的社会关系不属于情谊关系。

基于以上三种学说均存在不足，本文认为，基于群主个人好意施惠目的建立的网络群组，其内部关系应采双重关系说，即情谊关系＋管理关系说。

第一，群主、群成员基于网络群组建立及维系产生情谊关系。情谊关系发端于德国的司法判例，是基于情谊行为形成的社会关系，为依法不发生法律后果的"社会层面的行为"。① 部分我国台湾地区学者将其称为"施惠行为""好意施惠"②，主要指人与人之间基于良好的情感及道德风尚实施的为他人提供无偿帮助或服务，不具有受法律约束意思的行为，如邀请吃饭、好意同乘等。情谊行为的特征表现为缺乏法律效果意思、具有无偿性及利他性，不具法律评价意义。群主的建群、邀请入群、批准入群等行为，是通过建立、运行网络群组，增进情感、友谊而使群成员受惠的社会层面的交往行为。群主与群成员间均无受法律约束的效果意思，也无意创设法律意义上的权利义务。从这个角度出发，网络群组的群主与群成员之间基于网络群组建立及维系产生的关系应适用情谊关系。

第二，群主、群成员基于网络群组管理产生管理关系。为维护网络群组正常运转，法律赋予群主依法管理网络群组的职责。当群成员出现违反法律法规、用户协议、平台公约及群规的不当行为时，群主基于管理职责及网络平台提供的功能权限对违规群成员采取警告、踢群、禁言等处理措施，亦可因网络群组组建目的调整选择解散网络群组等处理措施。

三　网络群组群主的管理职责

"在数字社会，个体通过技术赋权获得了比较大的权力，这是数字技术赋权的结果。"③ 吸纳私主体力量参与网络治理成为网络社会时代的通行做法。法律赋予作为私权利主体的群主对网络群组承担具有公权力外观的管理职责，具有理论基础和现实基础。

（一）群主管理职责的理论基础：私人干预义务

为维护公共秩序，立法者或行政机关会选择要求第三方私人来承担干预

---

① 参见［德］迪特尔·梅迪库斯《德国民法总论》，邵建东译，法律出版社2000年版，第148—151页。
② 参见王泽鉴《债法原理》，北京大学出版社2009年版，第156页。
③ 王勇：《论数字社会的治权结构失衡及其补正》，《学术交流》2021年第6期。

义务，简称私人干预义务，并由此形成公私协力（Public Private Partnership）的治理模式。① 网络社会，私人干预义务作为一种重要的国家治理方式被广泛运用。当某一私主体与违法行为之间存在公共利益上的关联时，可以认定该主体存在防止他人违法的干预义务。② 是否存在对他人违法行为的控制力并能够阻却违法行为成为确定义务主体的关键因素。群主因建群行为产生维护网络群组空间秩序的义务，存在对群成员违法行为的控制力并能够阻却违法行为，因此，群主管理职责是一种典型的私人干预义务。基于私人干预义务群主负有管理职责，该义务兼具公法与私法义务的双重属性。私法上，由群主负担一定注意义务，群主违反注意义务时依法承担一定的民事责任，以更好地保护权利人的合法权益，防止损害的发生和扩大。公法上，群主违反干预义务需承担行政责任甚至刑事责任。私人干预义务的设定应限制在为实现公共秩序维护的目的，否则会滋生主管部门恣意转移职责和风险的问题。

（二）群主管理职责的现实基础：法律法规、用户协议与平台公约

1. 法律法规

"完备的法律体系可以提升法的全面性和可操作性。"③ 目前，我国有两部部门规章对网络群组的群主管理职责进行了明确。《互联网群组信息服务管理规定》第9条、《网络信息内容生态治理规定》第19条均明确，网络群组群主依据法律法规、用户协议和平台公约等，规范群组内部的信息发布和其他行为。

2. 用户协议

网络用户接受网络群组所在平台提供服务时需与该平台签订用户协议或服务协议，一些用户协议对群主的权利义务及责任进行了约定，以保障群主管理职责的实现。如在《腾讯服务协议》2.4条款对用户账号设置及群主对微信群、QQ群信息设置要求进行了规定，明确信息内容和形式符合法律法

---

① See John D. Donahue, *The Warping of Government work*, Harvard University Press, 2008, Chap. 5.
② 参见黄启祯《干涉行政法上责任人之探讨》，载翁岳生教授祝寿论文编辑委员会编《当代公法新论（中）——翁岳生教授七秩诞辰祝寿论文集》，台北：元照出版社2002年版，第302—318页。
③ 徐玉梅、王欣宇：《我国重要数据安全法律规制的现实路径——基于国家安全视角》，《学术交流》2022年第5期。

规、公序良俗、社会公德以及腾讯平台规则，且不会侵害任何主体的合法权益。《微信个人账号使用规范》"原则"部分明确，使用微信账号过程中，用户不得违反现行的法律法规。《QQ群服务协议》3.1条款规定了群主、群管理员享有依约使用群组、管理群组的权利。《微博私信群组使用规范》对群主的管理职责进行了较为详细的规定，明确"严格落实群主及管理者的管理责任"，要求群主及管理者发现违规行为时应当立即加以制止，同时明确群主、群管理员可以根据平台赋予的功能权限管理网络群组，包括修改群资料、邀请和剔除群成员、开启或关闭群禁言功能等。

3. 平台公约

一些网络群组所在平台的平台公约对网络群组成员的义务及群主的管理职责进行了规定。《微博社区公约》第6条规定，微博按照"后台实名、前台自愿"的原则，要求微博用户进行真实身份信息认证后注册和使用账号。第8条规定，用户在平台的行为不得侵害他人合法权益，不得与现行法律法规和公约规定相冲突。《钉钉公约》在"行为规范"中规定，用户违反《钉钉服务协议》、《钉钉公约》或存在其他恶意行为，钉钉有权采取暂停服务、停止服务并收回账号、取消认证、封停账号等举措，并对用户的违法不当行为进行了列举。一些单位也从自身职能出发积极参与网络社交平台建设，如上海市静安区教育局发布《静安区中小学班级微信群建设公约》，规定班级微信群依法实行实名制管理（用于识别联系对象），群成员一般由班主任、任课教师、家长组成，微信群由班主任管理员或任课老师管理，班主任为第一责任人，负责群成员实名制、聊天监管、违规提醒处理等。

（三）群主管理职责的具体内容

1. 维护网络群组秩序。网络群组群主管理职责首要是维护网络群组的空间秩序。为便于群主依法行使管理职责，各网络平台为群主设置了一定的功能权限，包括设定进群方式、批准进群申请、发布群公告、删除群成员或解散群等。如在微信平台，群主在"群管理"板块可以设置是否进行群聊邀请确认、修改群聊基本信息、同意进群申请及在群内以公告（@所有人）形式发布群规。在QQ平台，群主在QQ群"设置"选项中可以设置加群方式、邀请方式、解散群等。在新浪微博平台，群主可进行网络群组基本信息（群组昵称、群公告）设置，进行群管理（设置管理员、群黑名单、是否公开群组、允许群成员邀请好友加群、开启进群审核、转让群主），开启全员禁言、清空聊天记录、解散群等。在钉钉平台，群主可设置群公告，在"群成员"中进行群成员管理（如添加或删除群成员），在"群管理"中可开启入群验证、设置新成员可否查看聊天记录、设置全员禁言或特定群成员禁言、禁止群成员私聊、转让群主或解散群及可撤回群成员发布的违法违规信息等。

2. 对违反群规的群成员及其行为进行处理。根据平台赋予的功能权限，群主可事前提醒群成员在网络群组内的言行要遵守法律法规及群规等。在群成员发布违法违规信息后，可以根据群规及平台赋予的权限对违规群成员及其行为进行处理，如进行警告、信息撤回、删除群成员或向主管机关或平台进行举报等。如在微信平台，群主有权"删除"群成员发布的违规信息、解散群、删除群成员等。在 QQ 平台，群主有权撤回群成员发布的违规信息并限制群成员在群组内继续发布消息、删除群成员、删除聊天记录、解散群等。在新浪微博平台，群主对群成员发布的违法违规信息，可进行撤回或删除。在钉钉平台，群主有权撤回群成员发布的违法违规信息，删除群成员或解散群，设置群成员禁言等。

四 网络群组群主的侵权责任

网络群组群主的侵权责任既包括群主实施侵权行为产生的直接侵权责任，也包括群主怠于履行管理职责产生的间接侵权责任。因群主侵权行为产生的侵权责任为自己责任，可直接适用《民法典（侵权责任编）》关于侵权责任的一般条款，不具特殊性，本文不再赘述。本文着重探讨群主因怠于履行管理职责产生的间接侵权责任。

（一）群主侵权责任承担的依据：一般注意义务的违反

民事主体承担侵权责任的前提为违反特定义务。群主基于法律法规负有对网络群组管理的作为义务，如怠于履行管理职责则产生不作为的侵权责任。群主管理职责的实质为一般注意义务。一般注意义务是依据善良风俗、诚实信用等，在社会交往中对他人产生的一定法益损害的危险，负有防止或免除危险的义务。[①] 我国《民法典》第 1198 条规定的特定主体安全保障义

---

① 参见杨垠红《一般注意义务研究》，《厦门大学法律评论》2005 年第 9 期。

务的理论基础即源于注意义务。① 注意义务理论可以解决传统侵权理论无法解决的不作为侵权的认定难题，使特定主体对自己基于过失产生的侵权行为承担侵权责任。根据群主责任的有限性，群主是否履行管理职责应适用一般注意义务标准进行判断。群主基于网络服务平台赋予的功能权限成为危险的控制者，应对群成员侵害他人权益之危险负担合理注意，以防止危险的发生或扩大。判断群主是否积极履行管理职责，应按照一般注意义务标准考虑以下因素：第一，是否及时发现违法违规行为。群主对于网络群组内的违法违规行为应及时留意，"及时"不应严格限定在违法违规行为发生的当时或当日，而应限定在群主知道或应当知道违法违规行为发生或存在的一定合理时间。第二，是否及时采取了相关合理措施。在群主发现群成员的违法违规行为后，应根据群成员违法违规行为的性质、程度及影响大小合理采取提示、警告、踢群或举报等措施，避免损害结果继续存在或扩大。

（二）群主侵权责任的归责原则：过错责任原则

过错责任原则作为侵权法的基本归责原则，目的在于使民事主体平等、自由地行使权利。② 过错责任原则的功能在于将责任归属有过错的主体承担，并通过惩戒引导正确行为，预防侵权行为发生。③ 群主因怠于履行管理职责承担侵权责任适用过错责任原则。司法实践中，部分法院亦采取过错责任原则作为判定群主责任的归责原则。如在"陈丽霞诉长沙市雨花区湘水一城第一届业主委员会名誉权纠纷案"中，二审法院经审理认为，"湘水一城业主微信群"有别于一般的社会网络群组，群成员作为业主，可通过该微信群了解小区公共事务的管理情况，并参与共有部分管理，行使业主的共有权和成员权，管理员不可轻易把业主踢出微信群，否则会侵犯业主的成员权。业委会作为群主在原告权利受到侵害时，不但没有规范管理群组消息，反而将原告移出群聊，侵害了原告作为业主的合法权利，主观存在过错，应承担恢复原告群成员身份，赔礼道歉及消除影响的侵权责任（湖南省长沙市中级人民法院 2019 湘 01 民终 5547 号）。过错责任原则中，行为人主观上是否存有过错是判断应否承担责任的核心要件。④ 德国学者耶林指出："使

---

① 参见杨立新《侵权责任法研究》（第二版），北京大学出版社 2017 年版，第 307 页。
② 参见王利明等《民法学》（第五版），法律出版社 2017 年版，第 876 页。
③ 参见王利明《侵权法归责原则研究》，中国政法大学出版社 1991 年版，第 40 页。
④ 参见张新宝《侵权责任法》（第四版），中国人民大学出版社 2016 年版，第 16 页。

人负损害赔偿的，不是因为有损害，而是因为有过失。"① 群主只有在群成员的侵权行为造成严重危害后果且对未履行管理职责存在过错的情况下，才应被追究相应的侵权责任。群主未尽注意义务的主观过错多数情况表现为过失。根据"举轻以明重"原则，群主基于主观过失未能履行管理职责需要承担侵权责任，在"知道"群员实施侵权行为而未采取合理措施这种主观故意场合更应承担侵权责任。

（三）群主侵权责任的责任形态：补充责任

补充责任概念最早出现在《人身损害赔偿司法解释》第6条第2款。② 补充责任适用于提供机会竞合侵权行为场合，从行为为主行为的实施提供机会并使主行为得以顺利实施，主行为为直接侵权行为，从行为为间接侵权行为。在无法确定实际侵权人或实际侵权人不能承担全部责任时，由补充责任人在一定范围内承担赔偿责任的责任形态。③

本文认为，群主因未对第三人的侵权行为及时履行管理职责，造成他人损害，应承担补充责任。理由为：第一，网络群组作为现实空间的延伸及网络空间的组成部分，具有一定的公共空间属性。群主因自身管理职责要求，在符合特定条件时因群成员的直接侵权行为产生间接侵权责任，与现实公共空间内公共场所管理人与群众性活动组织者的责任具有相似性。第二，同网络服务提供者的网络信息"守门人"角色不同，群主无论在管理能力、专业水平、管理义务的范围及内容等方面都与网络服务提供者有较大差异，强求作为自然人的群主具有与专业化程度较高的网络服务提供者负有同等义务、承担同等责任，有违公平正义之法理追求。第三，群主因其建群行为创造了竞合侵权行为发生的空间。当群主怠于履行管理职责时构成间接侵权，应承担间接侵权的补充责任。确定群主的补充责任，要在实际侵权人不能承担全部责任的限度内，根据群主对侵权损害结果的原因力及过错程度确定相应补充责任份额。在"济南格莱特教育科技有限公司诉徐亚男等侵害录音录像制作者权纠纷"一案中，法院经审理认为，被告作为群主疏于管理，

---

① 王泽鉴：《民法学说与判例研究》（第2册），中国政法大学出版社1998年版，第144—145页。

② 参见中国人民大学民商事法律科学研究中心"侵权责任法司法解释研究"课题组《中华人民共和国侵权责任法司法解释草案建议稿》，《河北法学》2010年第11期。

③ 参见王利明《侵权责任法研究》（上卷），中国人民大学出版社2010年版，第46—50页。

未及时制止侵权行为,判定被告应对群成员侵权行为承担相应责任(陕西省铜川市中级人民法院 2018 陕 02 民初 26 号)。

五　结语

　　网络群组是新型公共空间,便利了信息交流,在现代社会生活中发挥着重要作用。网络群组在一定程度上也是自治空间,群主基于法律法规、用户协议、平台公约,依托平台赋予的功能权限,开展对网络群组的管理。但网络群组却不是法外空间,围绕这一虚拟空间的使用及管理,特别是群主与群成员之间的关系亦出现了一些纠纷,网络群组"踢群第一案"就是其中的代表。正如本文前文所述,就如何平衡网络群组群主依法依规行使管理职责以及维护群成员合法权益,网络群组"踢群第一案"的裁决并没有给出具有说服力的答案。在目前我国法律未明确群主管理职责具体内容以及群主怠于履行管理职责需承担何种侵权责任的情况下,如何在后《民法典》时代,继续深入开展对网络群组属性、特征、群主管理职责相关内容的研究,为司法实务裁判相关案件提供有说服力的理论支撑,是摆在民法学者面前一道必须认真回答的问题。从这个角度出发,本文对网络群组的些许思考,只是抛砖引玉,希冀广大民法学者对此问题开展更加深入、更具开创性的研究。

On the Management Responsibilities and Tort Liability of the Network Group Owners

Li Lingling

Abstract: "The first case of kicking groups" of network groups has aroused the attention of academic circles to the study of network groups. As a concrete manifestation of cyberspace, network groups have the characteristics of privacy and openness, virtuality and objectivity, interaction and divergence. Network groups do not have the status of civil subjects, and the internal relationships of network groups are not uniformly applicable to friendship relationships. The theoretical basis for the management responsibilities of network group owners is the obligation of private intervention in the network administrative law. Laws and regulations, user agreements and platform conventions are the practical basis for the management responsibilities of network group owners. The owner of the network group neglected to perform management duties, violated the general duty of care, and should bear tort liability. The tort liability of the network group owner adopts the principle of fault liability, and shall assume corresponding supplementary liability according to the degree of the fault of the group owner and the magnitude of the cause.

Key words: network group; kick group; management responsibility; infringement liability

> 人工智能专论

论风险预防原则在自动驾驶汽车风险上的适用

朱溯蓉[*]

摘 要：自动驾驶汽车逐渐商业化，给社会带来巨大经济效益的同时，也引发了隐藏于技术背后的社会风险。个体能力在应对自动驾驶汽车风险时呈现出局限性，但公众对公共安全的需求日益增长，因而公共安全之需求和科学技术之发展二者之间的矛盾愈发显著。传统行政法上要求的事实清楚、依法行政、比例原则受到冲击，公权力的启动边界变得模糊。风险预防原则通过设置严格的启动条件，进行分析成本收益，以确定程度相当的预防措施，确保政府措施的必要性和正当性，实现管理社会的目的。从公法视角看，将风险预防原则作为自动驾驶汽车立法的基本原则，并明确预防原则的启动阈值、举证责任分配和证明标准，不失为应对自动驾驶汽车风险的一种有效手段。

关键词：自动驾驶汽车；风险预防原则；防止过度干预；反向证明机制

人类可以利用人工智能技术改善生活，降低某种社会风险的发生，但隐藏于人工智能技术背后的缺陷也逐渐暴露出来，例如：法国 Nablachatbot 聊天机器人建议自杀、Uber 自动驾驶汽车失控等事件，都告诉我们人工智能技术也带来了新的社会风险。面对新型社会风险，现有法律制度正面临着"破窗性挑战"和"创造性破坏"，[①] 公众日益觉醒的忧虑，以及对公共安全

---

[*] 朱溯蓉，北京交通大学法学院硕士研究生。
[①] 马长山：《智能互联网时代的法律变革》，《法学研究》2018年第4期。

的渴求,都要求政府应当积极介入控制风险,① 国家的治理义务应该被提升至预防风险的层面。

自"3·18美国自动驾驶车辆致人死亡事故"发生之后,有关于自动驾驶汽车风险的应对受到学界的广泛关注。对此,有学者通过分析自动驾驶汽车风险,提议在秉持以人为本之理念下制定《自动驾驶汽车法》,确定具体的责任分配制度,配套的保险、安全记录监测等制度以控制自动驾驶汽车风险。② 也有学者从行政法视角将风险规制理论引入人工智能治理领域,并提出人工智能时代行政规制结构应该如何调适和改革;③ 还有学者从刑法视角就黑客攻击自动驾驶汽车的犯罪风险进行论述,提出了引入风险预防原则、建立网络安全刑事立法规范等建议。④ 尽管风险预防理念已经逐渐出现在人工智能法律治理领域,但是尚未有学者就风险预防原则在自动驾驶汽车风险中的具体适用进行系统分析。

一 问题缘起:自动驾驶汽车的风险与传统规制路径的不足

近年来,我国频繁出台有关促进自动驾驶汽车的规范性文件,但如何在不至遏制技术发展的情况下降低甚至规避自动驾驶汽车技术风险,始终困扰着行政机关。自动驾驶汽车的核心技术体系概括为"感知、决策与执行"。人工智能技术渗入各个环节,将导致不确定性风险的发生,行政管理目标应从消极的危险防卫转向积极的风险预防,⑤ 即如何通过预防性行为与因应性制度来应对自动驾驶汽车应用产生的负面影响。

由于现行行政管理中将"危险"与"风险"混为一谈,因此在具体探讨如何通过预防性行为与因应性制度来应对自动驾驶汽车应用产生的风险之

---

① 赵鹏:《风险社会的行政法回应——以健康、环境风险规制为中心》,中国政法大学出版社2018年版,第85页。
② 参见侯郭垒《自动驾驶汽车风险的立法规制研究》,《法学论坛》2018年第5期。
③ 参见孔祥稳《面向人工智能风险的行政规制革新》,《行政法学研究》2020年第4期。
④ 参见张依楠《黑客攻击自动驾驶汽车:犯罪风险及刑法规制》,《智能网联汽车》2021年第2期。
⑤ 参见刘尊梅、高峰《生态文明视域下环境法治转型的实现路径与制度回应》,《学术交流》2021年第6期。

前，有必要对"危险"与"风险"二者进行区分。危险与国家运用法律手段实现安全维护任务紧密相关。早期政府更多扮演的是"守夜人"的角色，不过多地参与社会生活的管理，严格限制行政权力对社会的干预。国家的行政管理任务被概括为秩序行政、监控行政、税务行政、引导行政、监督行政等。① 国家权力的干预大多是在事件发生之后的应对，只有在极少的情况下才会提前防卫，此时的行政管理行为被称为危险的防卫。由于危险的防卫是对尚未发生的事件的担心，这就要求行政机关在采取防卫危险的措施之前，必须尽可能肯定危险状态的存在，并进行分析。换言之，行政机关是基于已确认的事实和类似案件发生的经验，对未来事态的发展做出相当确信的预测，进而决定采取相当的措施。② 据此可知，危险的概念要求政府对损害可能发生的判断达到相当确信的程度，此时进行的防卫才符合依法行政和比例原则。但是，随着科学技术的迅猛发展，人类的生活发生翻天覆地的改变，相伴而来的还有许多人类不能充分认知的危险，这些危险大多呈现出不确定、难预测的特征。"危险"一词已不能涵盖现实存在的诸多问题，因此学者们转向将"风险"引入法律视野。德国学者布鲁尔指出，风险是指在损害发生的盖然性未知的情况下，损害发生的可能性；此外，他还提出剩余风险的概念，是指由于认知水平的局限，损害发生的可能不具有最终的确定性，所以尽管已经采取了消减风险的措施，但损害还是无法排除。③ 英国学者吉登斯认为风险社会的风险具有全球性、迟延性与不可计算性。④ 尽管不同学科从不同角度对风险一词下定义，⑤ 但其含义具有一定共识，即风险是特定时间内特定危害发生的可能性，或引发损害的可能性。基于上述分析不难发现，风险最大的特征即不确定性，本文并不对风险的定义作准确限定，

---

① ［德］汉斯·J. 沃尔夫等：《行政法》（第 1 卷），高佳伟译，商务印书馆 2002 年版，第 30—31 页。

② 陈春生：《行政法上之预测决定与司法审查》，载陈春生主编《行政法学之学理与体系》，三民书局 1996 年版，第 183 页。

③ 陈春生：《核能利用与法之规制》，月旦出版社 1995 年版，第 37 页。

④ ［英］安东尼·吉登斯：《失控的世界》，周红云译，江西人民出版社 2001 年版，第 22—23 页。

⑤ 统计学、精算学、保险学将风险定义为某个事件造成破坏或损害的可能性或概率；人类学者、文化学者认为风险是一个群体对危险的认知；风险社会学认为风险是一个社会过程，其特征与社会结构、社会制度和社会秩序有着紧密的联系。参见赵鹏《风险社会的行政法回应——以健康、环境风险规制为中心》，中国政法大学出版社 2018 年版，第 8—9 页。

只是在把握其特征的基础上展开论述。

"危险"和"风险"有着一定的内在联系，但其区别仍是明显的：首先，危险与损害之间的距离更近，而风险现实化为损害还存在较远的时间距离；其次，在"危险的防卫"理念下，损害的发生是由于确定的原因造成的，而"风险预防"理念下，对法益的损害通常是由不确定的、多方面的原因造成的；最后，"危险的防卫"模式下要求证据确实充分，而"风险预防"理念下对证据的要求标准较低，存在合理怀疑即可。区分"危险"与"风险"，一方面旨在强调本文针对的是自动驾驶汽车应用可能引发的高度不确定的危害进行预防；另一方面旨在为现行相关法律措辞提供参考。

（一）自动驾驶汽车的风险

1. 风险的多样性与复合性

自动驾驶汽车是智能化和网联化的集合，智能化是指车辆依靠传感器等车设备获取信息、做出决策、完成驾驶行为；网联化是指利用通信技术与外部环境交互，实现车与车、车与人、车与网络、车与路设的连接。据统计，一辆自动驾驶汽车包含多达60个电子控制单元（EUC）、[①] 一系列外部有线无线接口，以及大约1亿行运行代码，[②] 每1000行代码中存在5—20个错误。[③] 众多电子元件和软件系统的集成，使得自动驾驶技术本身就蕴含着诸多方面的潜在风险。

第一，道路交通安全风险。自动驾驶汽车核心技术需要快速而准确地对周围环境做出高质量的感知结果，并据此创建感知以后的视图，将上述数据传输给控制算法，以供车辆做出运行决策。[④] 在该过程中，传感器的正常运转受到距离、角度、天气、环境以及传感器设计等诸多因素的干扰。例如，

[①] 董新新：《网联自动驾驶汽车（CAVs）网络安全风险及法律问题研究——以英国、美国最佳实践为视角》，《太原学院学报》（社会科学版）2019年第1期。

[②] See El-Rewini, Zeinab, et al., "Cybersecurity Challenges in Vehicular Communications", *Vehicular Communications*, Vol. 23, p. 100214 (2020).

[③] See Libicki M. C., Ablon L. & Webb T., "The Defenders Dilemma: Charting a Course toward Cybersecurity", *Rand Corporation*, 2015.

[④] See S. Campbell et al., "Sensor Technology in Autonomous Vehicles: A review", *29th Irish Signals and Systems Conference* (ISSC), 2018, pp. 1-4.

因为道路环境中的超声波和毫米波无线电噪声源非常少，① 超声波传感器和雷达在面对干扰时也最容易实现噪声抑制，但对于恶意干扰和欺骗引发的安全性问题是未知的。而且，相关专家表明，对于大多数攻击，他们只能从车辆显示器观察结果，无法从传感器运行的本身去发现问题，导致风险的来源不能确定。②

第二，数据安全风险。自动驾驶汽车配备了多种传感器，如摄像头、激光雷达、超声波雷达等，以捕获车辆内部和外部环境的实时数据。同时，也捕获到了大量关于车辆、驾驶员和乘客的私人信息。此外，侧通道信息可以从摄像机数据中挖掘出来，以识别车辆的位置甚至轨迹，大量的与个人隐私相关的信息被采集、存储，不当使用、黑客攻击下的泄露等数据风险也随之而来。③

第三，网络安全风险。在 2016 年美国拉斯维加斯召开的黑帽大会上，黑客 Charlie Miller 和 Chris Valasek 通过物理连接笔记本电脑操纵方向盘，攻击了 2014 款的 Jeep 吉普切诺基。早在 2015 年他们就曾通过远程入侵，破坏过该款车的部分功能，造成车内空调、音乐、雨刷器等功能失灵，刹车系统瘫痪。吉普公司称其在 2015 年被远程攻击之后已经修复了车系统，但尚未能够克服该种攻击。④ 2016 年，腾讯科恩实验室正式宣布，他们以"远程无物理接触"的方式成功入侵了特斯拉汽车，实现了对特斯拉驻车状态和行驶状态下的远程控制。上述事件中白帽子黑客基于维护汽车网络安全的初衷，发现了存在于车系统中的漏洞，并及时公布给生产者，反之如果上述事件的操纵者是黑帽子，那么不仅仅是生产者将面临巨大的经济损失，道路交通安全和个人信息也都将面临不可控的风险。目前，国家政策更多关注的是技术发展和普及，相关文件只是概括性地提及网络安全问题，并未进行过多规制，但网络安全风险必须及时关注和治理。

第四，道德伦理风险。长久以来社会大众普遍认为技术是中立的，技术

---

① See Yan, C., Xu, W. & Liu, J., *Can You Trust Autonomous Vehicles*: *Contactless Attacks Against Sensors of Self-driving Vehicle*, Def Con, Aug. 24, 2014, p. 109.

② See Yan, C., Xu, W. & Liu, J., *Can You Trust Autonomous Vehicles*: *Contactless Attacks Against Sensors of Self-driving Vehicle*, Def Con, Aug. 24, 2014, p. 109.

③ Xiong, Zuobin, et al., *Privacy-preserving Auto-driving: a GAN-based Approach to Protect Vehicular Camera Data*, 2019 IEEE International Conference on Data Mining (ICDM), IEEE, 2019.

④ 参见《黑客入侵 CAN 总线控制 Jeep 汽车方向盘和刹车》，《人民日报》海外网，http://news.haiwainet.cn/n/2016/0919/c3541086-30335375.html。

无法被作为伦理规范的对象。从技术伦理学上判断,自动驾驶汽车的工具价值能够帮助人们更方便地出行,带给人们安全,从这个角度看自动驾驶技术必然是善的。① 但是,高速运行的自动驾驶汽车面对紧急情况和意外因素时如何决策,怎样进行伤害选择成为伦理学上的困境。

需要注意的是,上述风险之间并没有清晰的界限,容易呈现出相互叠加和迁移的状态,形成高度复合的风险样态。

2. 风险的不可预测和难以控制

自动驾驶技术采用的算法是典型的"学习型"算法,其核心是通过对大量数据的采集、挖掘进而发现行为规则,实现自我学习、完成自主决策。对于自动驾驶技术的程序开发者而言,要解决的任务是"如何使机器很好地去学习,并且完成决策"。② 当自动驾驶汽车在真实且复杂的道路环境运行时,存在着一些超出训练样本的情景,导致既定的程序运行机制不能顺利运行,结果无法确定。正是由于在某些情形下自动驾驶算法的运行过程和结果呈现出不可预测的特征,自动驾驶汽车的应用所存在的风险同样难以控制和量化。概言之,尽管我们知道自动驾驶汽车的运行过程中可能会存在风险,但是我们却无法计算出发生的原因、发生的概率、发生的地点和时间,以及规模的大小。

3. 风险的社会性③

道路是一个具有社会性的环境,自动驾驶汽车的运行,会在无意中传达出预期的行动方案,一旦这些行动方案没有被采取,或是采取了不同于预期的行动,将干扰周边车辆的运行方案。④ 谷歌研究报道,自动驾驶汽车大约每 3000 英里发生一次失控,人类事故发生率大概 50 万英里发生一次车祸,虽然失控不一定会导致事故,但是显然对复杂的交通运输环境带来了风险。例如,自适应巡航控制系统依赖于与前面汽车的间距来进行加速和减速。正

---

① 李伟、华梦莲:《论自动驾驶汽车伦理难题与道德原则自我选择》,《科学学研究》2020 年第 4 期。

② See Tutt, Andrew, "An FDA for Algorithms", *Administrative Law Review*, Vol. 69: No. 95, pp. 95-96 (2017).

③ 参见徐祥运、赵燕楠《无人驾驶汽车技术的社会影响及其应对策略》,《学术交流》2021 年第 3 期。

④ See Brown, B. & Laurier, E., *The Trouble with Autopilots: Assisted and Autonomous Driving on the Social Road*, In Proceedings of the 2017 CHI conference on human factors in computing systems, May, 2017, pp. 416-429.

如 Sadigh 所言:"自动驾驶汽车的行为实际上会对其他司机的行为产生影响。"① 此外,黑客通过网络侵入自动驾驶系统、修改核心代码、破坏车辆传感系统时,将会使得所有搭载该系统的自动驾驶车辆、车内乘客、车外行人,甚至整个公共道路交通安全置于不可控制的巨大风险之中。

(二)传统路径规制自动驾驶汽车风险的不足

传统行政法是以预防能够依据过去经验或既定知识可以预测到的,即将发生的危险为目的规则,人们通常知道危险的来源、破坏程度以及失去控制之后可以采取的救济措施。而面对自动驾驶汽车风险呈现的复合性、不可预测性、难以控制性以及社会性,国家和社会的注意力应该转向集中于"面向未知而决策",传统的行政法治理念、规制手段呈现出一定程度的局限性。

1. 传统行政法理念冲突

其一,大陆法系强调将行政法作为保障行政权有效运行的手段,英美法系则强调以行政法限制行政权的肆意滥用,② 但无论是大陆法系还是英美法系,其核心理念均强调行政权的运行应该严格依照立法授权行使。传统行政法的危险防卫模式应对的是相对确定的危险,立法者在授权之初就提前对权力的行使界限做出安排,但是在应对自动驾驶汽车风险时这种确定性被打破。自动驾驶汽车的风险呈现出因果关系不明、发生概率不确定、破坏程度和范围不可预测,甚至发生之后无法补救的特点,在应对该类风险时,行政机关需要享有在适用条件不明确的情况下采取风险预防措施的自主权。但立法机关无法对不可能预先确定行政权的启动条件、规制措施的情形进行授权,基于"法无授权即禁止"的基本理念,行政机关无法从传统行政立法中获得授权的"合法性"。

其二,传统行政法将技术应用下诞生的事物视为孤立的存在,在大部分时候应对的是单一的风险。③ 自动驾驶汽车诞生之初,人们设想自动驾驶汽车会带来交通运输风险,出现了关于交通事故责任认定、驾驶员资格、保险

---

① Dorsa Sadigh, Shankar Sastry, Sanjit A. Seshia, & Anca D. Dragan, *Planning for Autonomous Cars that Leverages Effects on Human Actions*, In Proceedings of the Robotics:Science and Systems Conference (RSS), December 21, 2016, pp. 1-9.
② 参见罗豪才《现代行政法的平衡理论:第2辑》,北京大学出版社 2003 年版,第 1—2 页。
③ 胡凌:《理解技术规制的一般模式:以脑机接口为例》,《东方法学》2021 年第 4 期。

制度等方面的讨论。随着自动驾驶技术的逐渐成熟，为规范自动驾驶汽车数据采集问题，制定了《数据安全法》《汽车数据安全管理若干规定》《关于加强智能网联汽车生产企业及产品准入管理的意见》；为维护网络安全，制定了《网络安全法》。但是对于系统性的自动驾驶汽车，通过车身不断收集和分析数据，连接网络和云端，实现车路、车车、车人协同，设置单一的技术标准和质量标准不仅难以实现，且成本巨大。

其三，传统行政法理念中要求行政机关在采取行政管理措施之前符合"事实清楚"的前提条件，并且由行政机关对事实基础和法律依据负举证责任。当损害的发生具有非常高的可能性，以至于任何理性的人对该事实构成要件不存在怀疑时，行政机关则达到证明度，行政措施则具备合法性，符合比例原则。但如前所述，自动驾驶汽车的风险是潜在的、科学尚不能充分了解的，要求行政机关证明因果关系、必然的风险现实化，明显属于强人所难。严格依据传统行政法治主义，行政机关在应对自动驾驶汽车风险上将会失去现实的主动权和实效性。

其四，道路交通中的风险是巨大的，但是只要可以将责任归咎于个体则不会引发任何模糊不清的问题。自动驾驶汽车的应用使法律责任出现社会化，即使是生产者、设计者尽可能的细心谨慎，技术本身也有可能是存在风险的。传统行政法上的责任最终会归于某一特定的主体承担，自动驾驶技术使得责任呈现自然化、非个体化。

2. 传统行政法技术不足

传统行政法治技术中采用规范先定模式，① 即通过事先确定规范一方面避免行政权力的滥用；另一方面同时规范行政相对人的行为。② 行政活动就是将抽象的法律规范涵射到具体事实的执法过程，需要有既定的法律规范和明确的事实依据。然而，就规制自动驾驶汽车风险而言，行政活动的目的是为了防范与避免一种与不确定性相伴而生的负面后果，既无既定的规范，又无确定的损害后果。试图通过先定的规范来指令行政机关面对风险时采取何种措施，既不能有效保障个人自由，又无法维护社会公益。

传统的监督制约模式，是指各类监督主体对行政活动实施的事后审查、评价和矫正。③ 事后监督很大程度上依赖先定的规范和程序，缺乏明确的规

---

① 参见金自宁《风险中的行政法》，法律出版社2014年版，第38页。
② 参见金自宁《风险中的行政法》，法律出版社2014年版，第38页。
③ 参见金自宁《风险中的行政法》，法律出版社2014年版，第40页。

范,事后监管就失去依据,也难以实现预期的目的。有学者曾提出建立自动驾驶汽车事前准入和事后监管制度,事前准入阶段应该满足以下条件:完成一定时长和里程的道路测试、设置独立的安全评估机构、设置相应的驾驶员资格审查制度,并且明确自动驾驶汽车事前准入程序应该完成注册和获得销售许可;事后监管机制涵盖年检制度、汽车召回制度,以及注册证的管理。① 但是由于自动驾驶汽车研发过程的不透明性、运行的不可解释性、道路测试环境的封闭性、数据收集的有限性,客观上存在着"信息鸿沟",将对事前准入标准的设计、事后年检制度的实施造成阻碍。

由于自动驾驶汽车存在独特的风险特征,传统行政规制手段具有局限性,本文将尝试引入风险预防原则以应对自动驾驶汽车风险。

二 理论支撑:风险预防原则的兴起

自动驾驶汽车的使用在现实上改变了人类生活的方式,自动驾驶汽车使得更多的人有机会享受"驾驶"的乐趣;同时自动驾驶汽车风险也存在着"伤害倍增"的效果。通常而言,道路交通安全规制中,若驾驶人驾驶汽车造成了交通事故,政府依据确定的事实和法律依据介入,但在自动驾驶技术应用下,面对证据不足、事实不确定的风险时,政府应该介入吗?如果应该,那如何介入呢?对于这两个问题,笔者主张引入风险预防原则,在此之前需要明析风险预防原则的特征及其适用。由于风险预防原则尚未有绝对权威的定义,下文将以最具代表性的《里约环境与发展宣言》中界定的风险预防原则为核心展开论述。

(一) 风险预防原则的构成要件

风险预防原则要求政府对"科学上尚不确定"的问题保持特殊注意。由于风险预防原则尚未形成一致且权威的定义,因此在自动驾驶汽车风险应对上采纳风险预防原则之前,需要明确风险预防原则究竟是在"什么情况、

---

① 参见李磊《论中国自动驾驶汽车监管制度的建立》,《北京理工大学学报》(社会科学版) 2018年第2期。

什么时机、何种程度"上适用。①

第一，何种程度的风险需要预防。传统行政法要求严格限制公权对私权的过度干预与限制，因此严格依照"法无授权即禁止"、依法行政、合理行政等原则限制和约束公权力的介入。而风险预防原则强调"面向未知的决策"，行政权力提前介入，传统行政理念和风险预防要求存在冲突，风险达到何种程度即允许公权的介入就成为风险预防原则适用的关键。参考国际上已经采用预防原则的文件，如《里约环境与发展宣言》原则15中，要求采取预防性措施的前提是"可能造成严重的或不可挽回的损害"；②《温斯布莱德声明》(Wingspread Conference on the Precautionary Principle, 1998)规定的是"一项活动对人类健康和环境产生了威胁"。③ 前者采取谨慎的态度，当干预的界限提前时应该被限制在"严重或不可挽回"的程度，学界将其视为典型的弱预防原则；后者则对政府的干预未做出严格的限定，通常将其纳入强预防原则，"强""弱"预防原则呈现出面对风险的不同态度，理论上还尚未明确何者更为恰当，下文将详细介绍"强""弱"风险预防原则。

第二，损害的证据和证明标准。传统行政法中的职务调查原则，要求享有管辖权的行政机关负责澄清损害的属性，且行政机关提交的相关证据应该能够使得裁判者通过理性的认知对相关构成要件不存在怀疑。但预防原则应对的是包含技术内在不确定、损害后果不确定的风险，倘若按照传统行政法中的职务调查原则和证明标准，行政权将被束之高阁，亦难以实现其维护社会秩序、公共利益，规避社会风险的职责。预防原则要求的损害证据和证明标准与"不确定"的程度息息相关，《里约环境与发展宣言》原则15就规定"不能把缺乏充分的科学肯定性"作为推迟采取措施的理由；1987年第二次保护北海国际大会通过的《宣言》规定"为防止可能造成的损害，预防是必要的，即使在没有明确科学证据能证明因果关系的情况下，也要采取行动。"④ 从上述规定可见，预防原则启动需要满足的证据和证明标准是显

---

① See Jutta Brunnee, "The Precautionary Principle And International Law, The Challenge Of Implementation", *American Journal of International Law*, Vol. 91, p. 210 (1997).

② 《里约环境与发展宣言》原则15：为了保护环境，各国应根据它们的能力广泛采取预防性措施。凡有可能造成严重的或不可挽回的损害的地方，不能把缺乏充分的科学肯定性作为推迟采取防止环境退化的费用低廉的措施的理由。

③ 参见 Wingspread Conference on the Precautionary Principle, 1998, http://kundaliniandcelltowers.com/precautionary-principle-wingspread-statement.pdf.

④ 朱建庚：《海洋环境保护中的风险预防原则研究》，博士学位论文，中国政法大学，2005年。

著低于传统行政中的"事实清楚、证据充分"。

第三，预防措施的限度。传统行政法采取危险防卫和事后监管模式，根据依法行政原则，行政机关严格按照立法授权的界限行使公权力，但风险的不确定性导致难以设立明确的法律规范，预防原则能够在规则尚不明晰的情况下有效指导行政权的运行。在预防原则的指导下，有必要确定政府应该采取何种限度的预防措施，该措施系属于强制性还是裁量性。在这一问题上《里约环境与发展宣言》原则15允许"按照本国的能力"使用预防原则，而且政府不得以缺乏充分的科学证据为由，延迟采取符合成本效益的措施。可见，在该规定中赋予了政府行使预防原则的裁量空间。《温斯布莱德声明》规定，一旦发现威胁的存在，就应当采取措施。在该规定中，政府承担采取预防措施的强制性义务。[①] 相比较而言，《里约环境与发展宣言》还提到了具体措施的限度要满足"成本效益原则"。

第四，举证责任的分配方式。基于行政管理的特性，传统行政法中采用的是举证责任倒置，即由行使公权力的行政机关在实施行政管理行为之前，证明其行为的事实和法律依据。在风险预防原则的适用情形下，是由采取风险规制措施的一方，还是制造风险的一方来证明是否应该允许进行风险活动，就是举证责任的分配问题。不同于传统行政法上明确地将举证责任分配给行政机关，预防原则中的举证责任分配，"强""弱"风险预防原则呈现出不同的态度。在《温斯布莱德声明》中明确"应该由活动的主张者，而不是公众承担证明责任"，可见该规定将举证责任分配给了从事引发风险活动的一方。[②] 有学者主张，在弱预防原则中倾向于由规制机关来承担，而强预防原则倾向于由风险制造者承担举证责任。[③]

从预防原则的构成要件分析中，可见其与传统行政法治理念和原则存在较大的差异，尽管在具体的问题上预防原则本身存在一定的模糊性，但将其置于自动驾驶汽车风险规制的问题上，能够有效降低模糊性，增强实践性。

（二）强风险预防原则与弱风险预防原则

风险预防原则构成要件的理论与实践争议源于各个国家的不同理念和贸

---

① 参见 Wingspread Conference on the Precautionary Principle，1998，http：//kundaliniandcelltowers.com/precautionary-principle-wingspread-statement.pdf。

② 参见 Wingspread Conference on the Precautionary Principle，1998，http：//kundaliniandcelltowers.com/precautionary-principle-wingspread-statement.pdf。

③ 王贵松：《风险行政的预防原则》，《比较法研究》2021年第1期。

易摩擦问题。① 根据风险防范程度不同，风险预防原则可以大致分为两类：强风险预防原则（The Strong Precautionary Principle）和弱风险预防原则（The Weak Precautionary Principle）。②

弱风险预防原则的核心是监管者认为存在科学不确定性，允许采取预防措施应对风险，③ 表明立法者授权行政机关在国民面临不确定性风险的时候，可以不顾科学上的不确定而采取保护国民的措施。④ 学界对强风险预防原则的主流理解是，"当某项活动对人类健康或者环境造成威胁时，即使因果关系在科学上尚未完全建立，也应该采取预防措施"。⑤ 强风险预防原则实际上严格要求在没有证据能证明其行为无害之前不能进行相应的活动，⑥ 即"除非能够确定一项活动没有任何危害，否则不能进行。"⑦ 相比较而言，首先，就风险的程度和损害的证明标准，强风险预防原则对待风险的态度更加严格，正如哥本哈根举行的第一次"海洋有风险会议"提到："如果某项活动可能引起的最坏的情况足够严重，那么即使对该项活动的安全性担忧很小，也应当阻止该活动的开展。"⑧ 其次，在预防措施限度上，弱风险预防原则中明确采取预防措施的手段应符合成本收益，强风险预防原则并无关要求。最后，举证责任的分配上，强风险预防原则倾向于将举证责任施加于开展活动的组织者，并且证明标准比弱风险预防原则更加简明，允许在因果关系不明的情形下采取预防措施。⑨

尽管风险预防原则自身存在很多争议，但在面对自动驾驶汽车风险时，预防原则的启动和选择都将变得清晰。从构成要件上看，自动驾驶汽车存在

---

① 龚向前：《WTO 框架下风险规制的合法性裁量》，《法学家》2010 年第 4 期。

② 朱建庚：《海洋环境保护中的风险预防原则研究》，博士学位论文，中国政法大学，2005年，第 14 页。

③ See Sachs, Noah M., Rescuing the Strong Precautionary Principle from its Critics, *U. Ill. L. Rev.*, (2011): 1285.

④ 参见金自宁《风险规制与行政法治》，《法制与社会发展》2012 年第 4 期。

⑤ See Sachs, Noah M., Rescuing the Strong Precautionary Principle from its Critics, *U. Ill. L. Rev.*, (2011): 1285.

⑥ 参见赵鹏《风险社会的行政法回应———以健康、环境风险规制为中心》，中国政法大学出版社 2018 年版，第 115 页。

⑦ 高秦伟：《论欧盟行政法上的风险预防原则》，《比较法研究》2010 年第 3 期。

⑧ See Final Declaration of the First European "Seas at Risk" Conference, Annecx I.

⑨ 宋宗宇、林传琳：《个人信息保护的公法应对：引入预防原则的构成证想》，《社会科学研究》2021 年第 5 期。

风险且达到启动预防原则的阈值,符合成本效益原则;从"强""弱"预防原则的选择上,笔者主张采用弱预防原则。

三 制度可行:引入风险预防原则的必要性和可行性

虽然公权力提前介入可以降低自动驾驶汽车风险,但风险预防原则是面向未来、以未知风险为对象的监管方式,与传统行政中点式、被动反应相比,权力呈现出一定程度的扩张,因此需要充分讨论引入风险预防原则的必要性和合理性。

(一) 自动驾驶汽车风险引入预防原则的必要性

自动驾驶汽车带来的风险具有多样性、复合型、不确定性以及社会性,由于传统行政法理论和技术的局限性,应该引入风险预防原则,以"面向未来规制"的态度对待自动驾驶汽车可能带来的风险。

首先,自动驾驶汽车的感知和决策功能,都渴望获得大量数据来提高效能,换言之,自动驾驶汽车只不过是一辆由大量数据驱动的汽车。这些数据除了用于指导驾驶,还可以被用于开展交通分析、事故调查、汽车保险评估、车辆通信和智慧城市建设等。① 自动驾驶车企通过建立数字化平台,外加其拥有的技术优势,融合产生了"技术先占"和"自我赋权",实际上导致了权力来源的"去中心化"。② 数字社会对数据的占有是社会权力产生的基础条件,国家和社会在治理能力上处于劣势。数据发展成为现代化社会秩序中最重要的动力,逐渐稀释权力专属性、调整权力发生机制,③ 可以说在某种程度上拥有数据就拥有权力话语权。自动驾驶车企基于自身独特的数字资源优势和技术优势,极易垄断规则的制定权、执行权、监督权和处罚权等权力。"垄断规范乃是通往权力之路。"④ 行政机关行使职权的根本目的是为

---

① Xiong, Zuobin, et al., *Privacy-preserving auto-driving: a GAN-based approach to protect vehicular camera data*, 2019 IEEE International Conference on Data Mining (ICDM), IEEE, 2019, pp.668-677.
② 参见周尚君《数字化社会对权利机制的重新构造》,《华东政法大学学报》2021年第5期。
③ 周尚君:《数字化社会对权利机制的重新构造》,《华东政法大学学报》2021年第5期。
④ 参见[英]迈克尔·曼《社会权力的来源》(第1卷·上),刘北成等译,上海人民出版社2018年版,第29页。

了维护社会秩序和公共利益，但自动驾驶汽车企业可能会为了实现技术突破、成为行业巨头、垄断行业利润等目的，趋向于滥用数字资源，侵犯个人隐私等。由于自动驾驶技术本身的特质，诸如此类的风险伴随着难溯源、规模大等特征，技术本身是有局限性的，消灭数据风险也是不可能的，行政机关应该利用恰当的手段尽可能地将风险控制在可接受的范围。风险预防原则作为一项基本原则引入自动驾驶汽车数据风险应对中，不仅对自动驾驶汽车风险，乃至对整个人工智能技术下数据处理制度的基本性质、基本内容和基本价值倾向都具有重要的现实意义。在《汽车数据安全管理若干规定（试行）》第10条规定："汽车数据处理者开展重要数据处理活动，应当按照规定开展风险评估，并向省、自治区、直辖市网信部门和有关部门报送风险评估报告。风险评估报告应当包括处理的重要数据的种类、数量、范围、保存地点与期限、使用方式，开展数据处理活动情况以及是否向第三方提供，面临的数据安全风险及其应对措施等。"该条将风险评估手段作为重要数据处理的先决条件，恰恰体现了立法者逐渐将预防理念引入数据处理环节中，但风险评估并不是一劳永逸的工作。最初通过风险评估确定该数据处理达到安全阈值，即便存在不确定的风险，只要评估结果显示该风险现实化的可能性极小，就会得到批准。但是在之后的使用过程中，依然有可能存在数据使用未能得到有效的控制，再进行风险评估时候得到相反结果的情形。此外，该条款的"数据处理者""重要数据"都将风险评估手段限制在一定的范围内，该范围是否充分与合理尚且不能确定，因此有必要引入预防原则，从宏观上指导具体规制行为。

其次，自动驾驶汽车搭载着上亿条代码，"感知—决策—执行"均有赖于复杂的算法设计，无论是道路交通风险、网络安全风险、数据安全风险，这些复合性的风险，归根到底源于机器学习算法中蕴含的巨大风险、不确定性，以及技术的局限性。行政法上强调依法行政，自动驾驶技术的发展尚未走到尽头，事先设置恰当的行政法规、规章是困难的，而且制定过于严苛的法律法规，无视人工智能算法的现有技术状态，实际上并不能够达到应有的规范效果。[1] 自动驾驶汽车风险的真正源头是技术的局限性，现阶段的人工智能算法过于依赖监督性深度学习，近年来逐渐认识到数据集的瓶颈，进而无监督学习、半监督学习崭露头角，面对新的技术策略，行政机关一方面应该防患于未然；另一方面应力求以最小的代价获取最大的发展，因此，引入

---

[1] 参见郑弋《算法的法律与法律的算法》，《中国法律评论》2018年第2期。

预防原则是必要的。

最后，为保障汽车的安全性和可用性，国家对传统机动车实施强制性登记制度，① 登记信息包含机动车所有人身份证明、机动车来历证明、机动车整车出厂合格证证明或者进口机动车进口凭证等。其中车辆的信息最为详细，包括各种装置、承重量与使用性能等，驾驶人需要符合驾驶许可条件，倘若发生交通事故，由公安交管部门按照法律法规调查处理。由此可见，每一辆传统机动车都处于层层把控之中，先前有工信部门对汽车设计参数、质量安全进行把关；之后有公安交管部门和交通运输部门确保使用过程合法；加之驾驶人员经过严格考核以控制汽车使用环节。分段式的管理使得机动车运行可能造成的危险易溯源、易控制且易解决。从自动驾驶汽车的实践来看，上述先行后续的线性关系已经演变成"前后一体、混合交融"② 的样态，风险的控制呈现出复杂的样态，因此引入风险预防原则从宏观上规制未知的风险是必要的。

（二）自动驾驶汽车风险满足风险预防原则的启动条件

基于不同的规制理念，风险预防原则的构成要件也呈现出不同的态度和要求。上文已就"什么情况、什么时机、何种程度"的风险需要启动预防原则展开了论述，下文将进一步展开论述自动驾驶汽车风险为何满足预防原则的启动条件。

第一，存在风险且达到阈值。《里约环境与发展宣言》在措辞上采用的是"严重或不可逆转的损害"，而《温斯布莱德声明》要求"损害人类健康或者环境的威胁"。上述规定说明，一方面，风险预防原则的启动并不要求造成现实的、物质性的损害，而是针对潜在的、甚至非物质性的损害也可以提前介入实施干预；另一方面，为保证风险预防措施的正当性，并不是任何程度、任何类型的风险均需要借助风险预防原则，因为弱风险预防原则要求达到"严重或不可逆转"，而强风险预防原则只要存在威胁即具备干预前提。而自动驾驶技术的风险具有开放性和未知性，而且一旦该风险转化为现实则可能招致大范围的汽车失灵、随机碰撞，其程度显然符合弱风险预防原则的严重或不可逆转，更不用说强风险预防原则表现出对风险极低的容忍

---

① 参见杨小君、黄金《机动车拍照拍卖行为的合法性认识》，《行政法学研究》2005年第4期。

② 孔祥稳：《面向人工智能风险的行政规制革新》，《行政法学研究》2020年第4期。

度，显然满足启动的条件。

第二，合理的怀疑。《里约环境与发展宣言》表示各国不能因为缺乏充分的科学肯定性，就放任风险转化为现实，《温斯布莱德声明》则规定一旦发现存在威胁，就应该采取预防措施。上述规定均表明在证据未达充分，存在怀疑之时风险预防原则就可以启动，因为现代社会风险的特殊之处在于，即使行政机关用尽可能的调查手段仍不能解决风险发生的不确定性。有学者将风险预防原则适用的风险程度表达为：介于"纯粹假想"和"完全证实"之间。① 自动驾驶汽车的风险，是基于对现有技术的局限性和实践而做出的有一定根据的假设和推测，显然能够被上述范围所涵盖。

第三，成本效益分析。《里约环境与发展宣言》中提到风险预防原则启动后实施的措施应该满足成本效益分析之考量。本文认为，不仅预防措施应该满足成本效益分析，而且该原则在启动之初就应该考量成本与效益。如今互联网和社交媒体总是能够迅速地捕捉到潜在的科学争议，并投射到公众领域，使得某些风险被扩大，甚至引发社会恐慌。公众对不确定的科技风险往往要求严格的监管措施，以确保其健康得以保护，但事实上，过度严苛的监管制度未必符合其利益，政府投入的成本最终会转嫁到消费者身上。自动驾驶汽车在诞生之初就受到媒体的过度关注，公众呈现出"或积极或消极"的态度。如果单纯考虑对自动驾驶汽车表现出严重不信任的公众的意愿，实施严苛的监管措施，会使得信任自动驾驶汽车的公众利益大打折扣，这不仅有违成本效益分析，更是损害了公众的切身利益。风险预防原则的启动需要考虑成本效益分析，同样成本效益分析对于协调自动驾驶技术发展与社会矛盾也是必不可缺的。当自动驾驶汽车的风险达到阈值且满足合理怀疑时，行政机关通过成本效益分析实施恰当的措施，既能够降低公众对风险的恐惧，维护社会秩序，又不至于增加经济负担。

基于自动驾驶汽车的诸类风险及其特质，风险预防原则的介入具有必要性和充分性。

---

① Fisher E. C., *Risk Regulation and Administrative Constitutionalism*, Bloomsbury Publishing, 2007, pp. 232-233.

四 实践路径：自动驾驶汽车领域风险预防原则的构建

从公法视角来看，风险预防原则允许行政机关在面对不确定性风险的时候，在具有科学上的不确定性的情况下采取预防措施，① 行政权力呈现出扩张的状态。如若不加限制地规范公权干预，实际上不仅无法消减风险，还会产生巨额成本，因此，如何就自动驾驶汽车风险适用风险预防原则至关重要。

（一）将风险预防原则确立为自动驾驶汽车立法的基本原则

目前我国尚未有一部专门针对自动驾驶汽车的法律法规，有关自动驾驶汽车的规定散见于多部法律法规之中。不论未来是否制定一部专门规范自动驾驶汽车的法律法规，均应该将风险预防原则作为相关法律的基本原则，发挥其普遍的指导作用，从而将预防理念贯穿于整个自动驾驶汽车设计、生产、使用各个环节之中。此外，近年来，风险评估、风险监督已显现于多部法律法规之中，例如《核安全法》②、《水污染防治法》③、《食品安全法》④ 和《环境保护法》⑤ 中都有预防原则的蛛丝马迹。可以说，在应对不确定性风险的发生上，风险预防理念逐渐被我国所接受，这也为风险预防原则作为法律指导原则提供了实践基础。自动驾驶汽车相关的指导性政策、法

---

① 金自宁《风险规制与行政法治》，《法制与社会发展》2012 年第 4 期。
② 《核安全法》第 4 条："从事核事业必须遵循确保安全的方针。核安全工作必须坚持安全第一、预防为主、责任明确、严格管理、纵深防御、独立监管、全面保障的原则。"
③ 《水污染防治法》第 3 条："水污染防治应当坚持预防为主、防治结合、综合治理的原则，优先保护饮用水水源，严格控制工业污染、城镇生活污染，防治农业面源污染，积极推进生态治理工程建设，预防、控制和减少水环境污染和生态破坏。"
④ 《食品安全法》第 3 条："食品安全工作实行预防为主、风险管理、全程控制、社会共治，建立科学、严格的监督管理制度。"
⑤ 《环境保护法》第 5 条："环境保护坚持保护优先、预防为主、综合治理、公众参与、损害担责的原则。"

律法规众多，① 在《数据安全法》《汽车数据安全管理若干规定》《关于加强智能网联汽车生产企业及产品准入管理的意见》中已经提到风险监管与评估。相关立法中已经明确应当对数据安全进行有效的风险信息获取、分析、预警等工作，制作风险评估报告，有效实施风险应对措施。实践中，自动驾驶汽车风险规制主要停留于数据安全风险，不能有力应对网络安全风险、道路安全风险以及复合型风险。从比较法的角度看，诸多国家在关于自动驾驶汽车的法案中均引入了风险预防理念，例如《美国自动驾驶汽车政策指南》旨在降低自动驾驶汽车可能带来的风险：首先，在系统安全方面，自动驾驶汽车厂商应该以系统不存在不合理的安全性风险为目标，建立风险分析和安全性风险评估；其次，网络安全风险的应对上，自动驾驶系统设计应该建立风险管理决策，解决风险和威胁，迅速对网络安全事件进行响应，并从中优化。② 欧盟委员会颁布的《在通往自动化交通的道路上：欧盟未来交通战略》明确该法案的目的是为了解决诸如过度依赖和滥用技术等新风险。③ 德国《自动驾驶法》多次提到"风险最小化"的概念，要求自动驾驶系统在任何情况下将车辆置于风险最小的状态。④ 因此，将风险预防原则引入自动驾驶汽车风险规制已成为世界各国的立法核心理念之一。

将风险预防原则作为指导原则，进一步需要考虑的是如何就强、弱风险预防原则进行选择。有学者就过去20年间的风险预防原则的发展做过统计，

---

① 2017年《国家车联网产业标准体系建设指南（智能网联汽车）》《智能汽车关键技术产业化实施方案》《促进新一代人工智能产业发展三年行动计划（2018—2020年）》；2018年《车联网（智能网联汽车）智联通信使用5905—5925MHz频段的管理规定（征求意见稿）》；2020年《汽车自动化分级》《智能汽车创新发展战略》《关于组织实施2020年新型基础设施建设工程（宽带网络和5G领域）的通知》《2020年智能网联汽车标准化工作要点》《公路工程顺应自动驾驶隶属设备整体手艺规范》《国家车联网产业标准体系建设指南（车辆智能管理）》《公路工程适应自动驾驶附属设施总体技术规范（征求意见稿）》《国务院办公厅关于印发新能源汽车产业发展规划（2021—2035年）的通知》《智能网联汽车技术路线图2.0》；2021年《关于加强智能网联汽车生产企业及产品准入管理的意见》等。

② 参见美国自动驾驶汽车政策指南，http://en.sae-china.org/a81.html，2022年2月4日访问。

③ 参见《在通往自动化交通的道路上：欧盟未来交通战略》，https://eur-lex.europa.eu/legal-content/EN/TXT/? uri=CELEX%3A52018DC0283。

④ 参见德国《自动驾驶法案》。

发现预防原则的启动界限越来越严格，更倾向于弱预防原则。① 此外，还出现了对预防原则的修正和补充。*Commission from the European Communities on the Precautionary Principle*② 规范中就提出，在援引预防原则时，应确保"所采取的措施与所选择的保护水平之间的相称性""实施这些措施时不歧视""使措施与在类似情况下已经采取的措施或者使用类似方法保持一致""审查行动或不采取行动的利弊""根据科学发展审查措施"。相比《里约环境与发展宣言》和《温斯布莱德声明》，该文件对预防原则的规定显得更清晰、更切实可行。本文主张以弱风险预防原则应对自动驾驶汽车风险，一方面，弱风险预防原则在协调安全和自由之间的界限是合理的，其启动界限要求存在"严重或不可挽回"的风险，相比强风险预防原则要求的"一旦存在威胁，即停止该活动的开展"，能够更好地在维护社会秩序、安全和发展自动驾驶汽车之间进行协调；另一方面，弱风险预防原则的措施限度中明确需要遵循"成本效益分析"，而强风险预防原则没有规定，对于享有公权力的行政机关而言，不予限制的授权将会使私人权利处于严重的弱势和不利地位。经过修正和补充的弱风险预防原则增加了考虑措施的相称性、不歧视性、一致性、成本和收益，并且经常检讨措施是否科学，尽可能地提供科学证据证明风险的存在，都使得弱风险预防原则在实施上更具有操作性。

综上，具体到实践中，首先，在自动驾驶汽车的道路交通安全、网络安全、数据安全风险，以及复合型风险的立法中均应该贯彻建立以自动驾驶汽车风险评估为基础的科学管理制度，坚持预防为主的立法思路，将风险预防原则作为基本原则之一，发挥其指导和统帅作用；其次，可以通过一系列规范性文件，先一步实践和摸索风险预防原则具体如何对自动驾驶汽车的风险实现控制；最后，在具体内容上，不论是各单独立法，还是专门针对自动驾驶汽车的法律文件中，都应专章规定"自动驾驶汽车风险分析"，风险分析由风险评估、风险管理两个部分组成，③ 风险评估以现有的科学信息和数据为基础，以独立、客观和透明的方式进行，还需要考虑社会、经济、传统、

---

① Goldstein B. D., & Carruth R. S., "Science in the Regulatory Process: Implications of the Precautionary Principle for Environmental Regulation in the United States: Examples from the Control of Hazardous Air Pollutants in the 1990 Clean Air Act Amendments", *Law & Contemp*, Vol. 66, p. 247 (2003).

② Commission from the European Communities on the Precautionary Principle: https://eur-lex.europa.eu/legal-content/EN/TXT/? uri=LEGISSUM%3Al32042.

③ 张华：《论欧盟食品安全法中的风险预防原则：问题与前瞻》，《欧洲研究》2011年第4期。

道德等各方面因素以及控制的可行性；① 风险管理以风险评估提供的信息为基础，并且以预防原则为机制确定行动或者措施。②

（二）防止过度干预：安全与自由的辩证

相较于自动驾驶汽车存在的未知风险，其带来的经济价值、社会价值却是肉眼可见的。国家和企业倾力推动技术的前进，而个体和社会却在"直犯嘀咕"，如何在二者之间取得平衡，需要划定干预的边界。经济学视野下，回避风险就意味着丧失了承担风险时所应获得的利润。③ 限制自动驾驶汽车风险，保障道路安全和社会秩序，能够满足公众对安全的基本需要，但也会使部分个体在自由权上做出牺牲，因而限制自由的边界就尤为重要。有学者提出，对基本权利限制的启动应当达到：如若不做出限制，该行为的运行，已经危害到第三人的基本权利；对基本权利的保护者必须是国家，且措施具备普遍性。④ 而具体到自动驾驶汽车风险，政府权力的干预应该满足以下几点：

首先，在选择以弱风险预防原则为基础的前提下，当自动驾驶汽车风险达到"严重且不可恢复"时，公权力的介入便具备初始正当性；其次，基于修正的弱风险预防原则，行政机关必须履行一项程序性义务，即对自动驾驶汽车风险相关的知识进行深入的理解，广泛衡量不同的科学意见，以确保其怀疑是合理的；再次，利用比例原则明晰风险预防原则的界限。传统行政法上的比例原则包括：妥当性、必要性、比例性。⑤ 就妥当性而言，风险预

---

① 《一般食品法条例》第18—21条：（18）为了对食品法的科学依据有信心，应根据现有的科学信息和数据，以独立、客观和透明的方式进行风险评估。（19）人们认识到，在有些情况下，仅靠科学风险评估不能提供风险管理决定所依据的所有信息，而且应当合法地考虑到与所审议事项有关的其他因素，包括社会、经济、传统、道德和环境因素以及控制的可行性。（20）为确保社区内的健康保护，援引了预防原则，从而对食物或饲料的自由流动造成了障碍。因此，有必要在整个共同体内采用统一的基础来使用这一原则。（21）在存在生命或健康风险但科学不确定性持续存在的具体情况下，预防原则为确定风险管理措施或其他行动提供了一种机制；以确保在共同体中选择高水平的健康保护。
② 《一般食品法条例》第18—21条。
③ 张雷：《PPP模式的风险分析研究》，硕士学位论文，财政部财政科学研究所，2015年。
④ 参见［德］迪特尔·格林《宪法视野下预防问题》，载刘刚编译《风险规制：德国的理论与实践》，法律出版社2012年版，第111—133页。
⑤ 黄学贤：《行政法中的比例原则研究》，《法律科学》（西北政法学院学报）2001年第1期。

防原则启动的目的是为了防范未知的风险,目的的正当性是模糊的,因为我们尚不能够确信该风险会现实发生。纯粹用比例原则的标准限制风险预防原则的启动会导致该原则沦为比例原则的附属,无法体现出独立的价值和地位,因此"妥当性"的标准应该适当放宽,放宽程度采主观标准,即行政机关能否充分解释其具有目的正当性,并且说服相对人接受其预防措施。就"必要性"而言,风险预防原则在危险较远时就积极干预,与比例原则要求的"损害最小"存在矛盾。可以通过采用强度不同的监管措施赋予其正当性。风险规制中常用的监管工具根据严厉程度由弱到强有信息披露、强制性标准和行政许可。政府对自动驾驶汽车风险产生合理怀疑之后,应该尽可能地调查其发生的可能性,优先采用较为温和的监管措施。就"比例性"而言,要求手段和目的合比例。风险预防原则中虽并未明确蕴含着"相称性",但其要求进行成本效益分析与该理念是不谋而合的,因此就"比例性"而言,笔者认为二者是具有内在联系的。最后,为保障风险预防原则有效发挥作用,应该明确预防主体和启动主体。自动驾驶汽车风险具有技术的复杂性和脆弱性,蕴含着高风险。设计、开发、搭、运行和维护的每一个阶段都应该重视对其潜在风险进行有效评估和预防,降低可能的风险。忽略其中任何一个环节都有可能招致不可挽回的损失,因此预防主体包括软件开发工程师、自动驾驶汽车生产企业、相关零部件生产、销售者、硬件工程师,以及为保障自动驾驶汽车克服软件缺陷而必不可少的高精地图测绘企业、公路工程附属设施承包者,可以说"风险预防人人有责"。[①] 由于预防原则有侵犯个人自由的可能性,自动驾驶汽车的开发技术又极其烦琐和复杂,因此启动风险预防原则的主体不能仅有政府部门,还应该包含技术专家、潜在消费者代表以及社会公众代表。

(三) 反向证明机制:有限度的举证责任倒置

行政诉讼中举证责任的基本规则是:通常情况下由行政机关负担举证责任,在特殊情况下或者根据法律规定,原告也负有少量的举证责任。[②] 由被告承担举证责任的模式,即举证责任的倒置。有学者指出支配行政诉讼举证责任分配的原因主要有:[③] 行政法治原则的约束对象是行政机关及其工作人

[①] 胡丽:《科技风险预防的综合机制研究》,博士学位论文,华中科技大学,2011年。

[②] 刘善春:《行政诉讼举证责任分配规则论纲》,《中国法学》2003年第3期。

[③] 刘善春:《行政诉讼举证责任分配规则论纲》,《中国法学》2003年第3期。

员；行政实体法要求行政机关实施负担性的行政行为时履行调查义务，实施授益性的行政行为时，则由行政相对人证明其满足被授权的实体要件。行政诉讼中举证责任的分配是在证明难易程度、证据来源的可行性上结合利益较量来确定的，行政程序中遵循"先取证、后裁决"，① 因此行政机关更有优越、充分的证明手段和条件，且行政机关和相对人是管理者和被管理者的地位也使得要求具有优势地位的行政机关承担主要的、较重的举证责任更合理。但自动驾驶汽车风险预防原则适用下的举证责任分配和证明标准问题更加复杂。

就举证责任的分配问题，若主要由行政机关承担，则可能存在以下问题：其一，行政机关工作人员不具备分析自动驾驶汽车风险的专业知识。倘若将具备高度专业知识的专家引入行政机关或者要求协同配合，可能会带来相当大的成本。其二，行政机关可能为了实现行政管理目的，滥用权力，编造借口损害公民自由。反之，由自动驾驶汽车的开发者承担举证责任，可能面临以下问题：首先，尽管其可能足够了解自己设计的代码、安装的零件，但是由于认知上的局限性，不可能将风险不会发生证明到百分之百的程度；其次，某种程度上会遏制技术人员探索新领域的积极性；最后，导致行政机关懈怠，肆意启动风险预防原则。因此，无论是行政诉讼法上的"举证责任倒置"，还是"谁主张、谁举证"都不恰当。证明标准的适用方面，传统行政法要求的举证责任的限度，需要达到"事实清楚，证据充分"，但在自动驾驶汽车风险防范中，达到如此严格的要求从认识论和方法论上都是不现实的。因此，证明责任的设置上，采用"反向证明机制"。首先，行政机关通过风险评估手段证明可能存在明显的风险，并采取适当的风险预防手段。其次，风险规制的相对方或者风险制造者通过证明不存在风险，或者证明风险发生的概率极低以解除风险预防措施或降低风险预防措施的强度。证明责任的设置上，应当采取有限的举证责任倒置，即相比行政诉讼法中对行政机关举证义务所要达到的标准，在风险预防原则的启动中适当降低。按照证明标准由高到低有：绝对确定性（100%）、排除合理怀疑（95%以上）、清晰而有说服力（80%以上）、优势证据（50%以上）、有理由怀疑（30%以上）、单纯的怀疑（10%左右）、合理的疑点（5%左右）、无信息（0）。② 行政机关证明自动驾驶汽车风险存在的证明标准应该介于"有理由

---

① 何海波：《司法判决中的正当程序原则》，《法学研究》2009年第1期。
② 陈瑞华：《比较刑事诉讼法》，北京大学出版社2021年版，第222—223页。

怀疑"和"单纯的怀疑"之间。自动驾驶汽车开发者可以通过证伪，逐步说服行政机关信任该技术的运用，确保双方均积极参与不确定性的商谈。

五 结语

人工智能技术应用的一个副作用，就是使得人类社会暴露在一些新型的威胁之下。风险预防原则的核心即"预防胜于治愈"（Prevention is better than cure），要求政府在面对"既无法证实，又无法排除"的风险时，以风险预防原则为基础，扩张保护职责。但风险预防原则的适用实际上是模糊的，为了防止政府或者过度干预，或者过于懈怠，应围绕自动驾驶汽车进行风险检讨并重构风险预防原则，以期为将来自动驾驶汽车立法提供可能范式。

On the Application of Risk Prevention Principle in the Risk of Autonomous Vehicles

Zhu Surong

Abstract: At the same time, the gradually commercialization of autonomous vehicles brings huge economic benefits to the society, and it has also triggered social risks hidden behind technology. Individual capabilities show limitations when dealing with the risk of autonomous vehicles, but the public demand for public safety is increasing. Therefore, the contradiction between the demand for public safety and the development of science and technology has become more significant. The "clear facts" required by traditional administrative law, the principle of administration in accordance with the law, and the proportion principle of proportion of public power have become blurred. The principle of risk prevention is analyzed by setting strict startup conditions to analyze costs to determine a considerable degree of prevention measures to ensure the necessity and legitimacy of government measures and realize the purpose of managing society. From the perspective of public law, the principle of risk prevention is used as the basic principles of autonomous vehicle legislation, and the starting threshold of the prevention principles, the distribution of proof liability, and the standard for proof are clearly a effective means to deal with the risk of autonomous vehicles.

Key words: autonomous vehicle; risk prevention principle; prevent excessive intervention; reverse proof mechanism

数字实证研究

关于民事诉讼中证人在线作证的实证分析
——以北京、杭州、广州互联网法院为考察样本

赵 超 周泉泉 孙鹏程[*]

摘 要：证人在线作证是在线诉讼的痛点和难点环节，原因在于制度、配套措施等方面的不完善，以及定位的不明确和串供、伪证风险难控制。对此，证人在线作证作为民事诉讼全流程线上再造的一环，仍应当在线诉讼的框架内运行，受到相应的制约。通过在线作证程序的细化、法律责任的落实、证人保护的完善，增强在线诉讼仪式感，夯实法官查明事实的能力。

关键词：证人在线作证；证人证言；在线诉讼

随着人民对互联网司法的需求日益增加、司法融合技术的能力不断增强，数字经济助推数字法治已经成为国家改革战略中的重要一环。为适应互联网时代的需求，中共中央办公厅出台的《关于政法领域全面深化改革的实施意见》指出要"推进民事诉讼制度改革，探索构建适应互联网时代需求的民事诉讼规则。"因此，对于包括证人出庭作证制度在内的诉讼规则进行适时、合理的改革完善，是在线民事诉讼领域落实中共中央重大改革部署的要求。

受新冠肺炎疫情的影响，在线庭审在实践中取得了突破性进展。然而，相比于在线庭审受到实践热捧，证人在线作证却遭受冷遇，甚至有法官经过

---

[*] 赵超，上海市高级人民法院审判员；周泉泉，上海市长宁区人民法院审判员；孙鹏程，上海市长宁区人民法院法官助理。

实践认为需要证人出庭的案件原则上应排除适用在线庭审①。可见，民事诉讼全流程线上再造，仍然面临着法院对证人在线作证广泛应用存疑的现实。2020年8月1日实施的《人民法院在线诉讼规则》（以下简称《在线诉讼规则》）第26条对证人在线作证的具体方式、与线下出庭作证的关系等问题进行了规定。然而，概括性的规定尚不足以回应实践中的种种疑虑，要使证人在线作证真正落地，必须为化解证人在线作证可能产生的司法问题提供系统化的解决方案。

一 证人在线作证的现状考察

在线作证又称线上作证、远程作证，《在线诉讼规则》并未对其定义做出界定。目前学界主要认为"线上作证是将传统证人出庭模式改变为允许证人在不同的地理位置，借助计算机和互联网通信技术，同时同步参加庭审和提供证言的新模式"。②

互联网法院作为在线诉讼的改革先驱，具有较为成熟的互联网审判经验。为了更全面揭示证人在线作证在实践中的真实样态，本文对北京、杭州、广州三家互联网法院的相关判例展开分析。经检索，北大法宝数据库公布的三大互联网法院涉及证人证言的案例共计76个。③

（一）在线作证的案件比例

上述76个案例中证人作证的方式有三种，分别为提交书面证人证言、在线作证、出庭作证。三种作证方式的占比依次为64.5%、5.3%、30.3%，证人出庭作证率高达30.3%，而在线作证比例仅占半成，考虑到互联网法院全流程在线审理的特征，该统计结果可谓意料之外。但结合其他研究成果

---

① 参见袁芳《正当程序视角下在线庭审规范性问题研究——以351个在线庭审为样本》，https://mp.weixin.qq.com/s/QdVhs8XPSJtCUJPd13iGyg。

② 参见鲁佳昕、刘建华《证人线上作证相关问题的研究》，https://mp.weixin.qq.com/s/rEC4eO_0oshUG5PbuYge9g。

③ 数据库：北大法宝，搜索式：全文：证人证言；审理法院：互联网法院；审结日期：~2020.8.10。通过前述检索式共检索到案例82个，剔除重复案例，以及文本中虽出现"证人证言"字样但本案证据不涉及证人证言的案例6个，有效案例共计76个。

对比分析，似乎又在情理之中。①

结合现有对证人出庭作证的研究，王亚新教授调研数据显示 2001 年、2003 年样本法院证人出庭率为 5% 左右②，徐昕教授调研数据显示 2003 年至 2004 年三个样本法院证人出庭率分别为 2.33%、6.45%、5.88%③，卢君等学者调研数据显示 2011 年至 2013 年某直辖市基层法院证人出庭率达 11% 左右。④ 李峰学者调研数据显示，2013 年至 2017 年间全国证人在线作证呈现快速扩张趋势，2015 年的增长率达到 220%，但是总体样本仍然较少，全国证人在线作证样本合计 72 份。⑤ 从上述各组数据中可以看出，提交书面证言仍是较为普遍的证人作证方式，证人在线作证比例偏低，与本文统计结果相符。（参见图 1）

（二）在线作证的案件类型

从目前收集到的三家互联网法院 76 件证人在线作证的样本看，引入证人在线作证的案件类型包括网络侵权责任纠纷占 75%，侵害作品发表权纠纷占 25%（详见图 2）。

初步分析来看，在涉及互联网纠纷中证人在线作证方式并没有体现出明显的案由偏好。换言之，案由对证人作证方式的影响在互联网法院审理的所有案例中并未有太大差异。

（三）在线作证的方式选择

1. 使用商业通信设备作证

实践中较为常见的是证人通过微信视频通话作证，这在电子诉讼平台建

---

① 本次调研结果基本符合证人出庭率逐年升高的趋势，但受限于样本范围，仅统计了三大互联网法院的证人出庭率，因此会与全样本统计的数据有一定的出入。

② 参见王亚新《民事诉讼中的证人出庭作证》，《中外法学》2005 年第 2 期。

③ 参见徐昕《法官为什么不相信证人？证人在转型中国司法过程中的作用》，《中外法学》2006 年第 3 期。

④ 参见卢君、肖瑶、吴克坤《信任修复：现行民事证人出庭作证制度的完善——以某直辖市基层法院 716 件证人出庭作证案件为样本》，《法律适用》2015 年第 6 期。

⑤ 参见李峰《论视听传输技术作证的规范化——基于民事裁判文书的分析》，《华东政法大学学报》2018 年第 5 期。

```
                    30.3%


                                    64.5%
       5.2%
```

■ 提交书面证人证言　　■ 证人在线作证　　□ 证人出庭作证

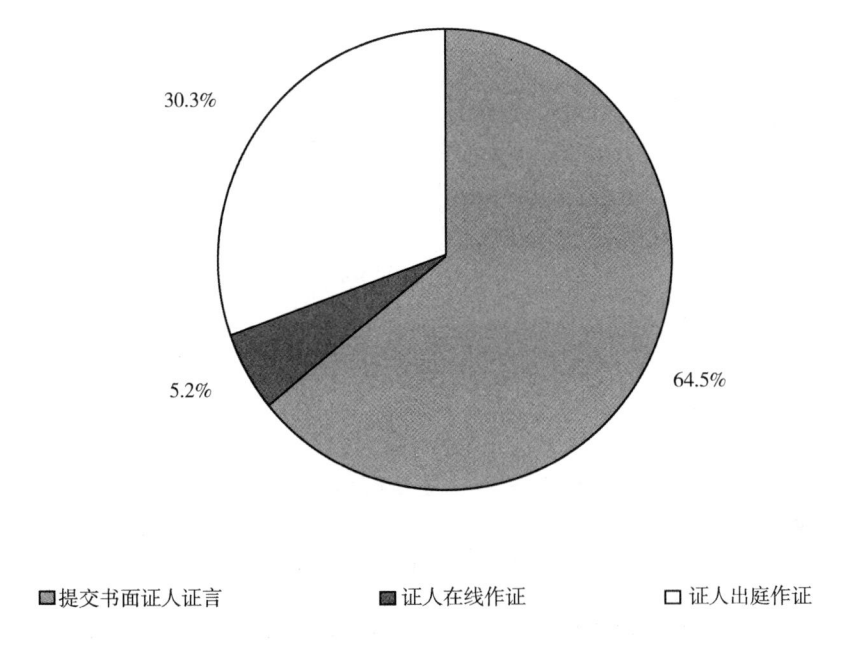

图 1　三大互联网法院证人各作证方式占比

设不完善的情况下较为常见。2017年广州法院就出现首例微信作证案。① 同年重庆一中院首例证人微信视频作证。② 在使用微信设备作证时，法院以双方当事人同意为前提，有条件的会运用"人脸识别＋公安比对"校验身份，对于作证全过程会通过全程录音录像、刻盘存档予以固定。

2. 使用司法专用设备作证

由于传统的"住所、单位、网吧远程作证""公证处远程作证""律师陪同远程作证"等存在诸多隐患，故出现了使用司法专用设备的"异地法院协助作证""共享法庭"模式等。

"异地法院协助作证"模式主要是对于因路途遥远、交通不便等原因难以出庭作证的证人可以就近到当地法院参加庭审。证人在线作证，并通过异地法院介入进行核对证据原件、核实证人身份、监督证人不被干扰地出庭作

---

① 参见《无需亲临庭审现场！广州出现全国首例通过微信作证案》，http://www.legaldaily.com.cn/legal_case/content/2017-10/18/content_7360728.htm?node=33128，2017年10月18日访问。
② 参见《重庆一中院首次利用微信视频让证人"出庭"作证》，http://cqfy.chinacourt.gov.cn/article/detail/2017/11/id/3089531.shtml，2017年11月29日访问。

25%

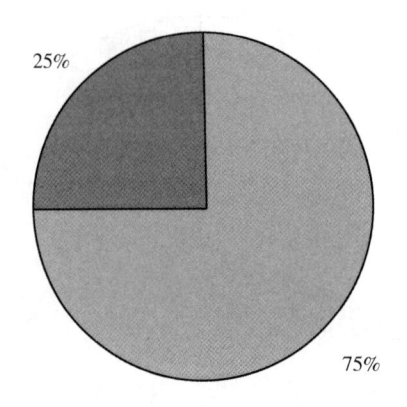

75%

■ 网络侵权责任纠纷　　■ 侵害作品发表权纠纷

图 2　证人在线作证所涉案由占比

证，证人在法院的监督下对笔录签字。① 因此，在尽可能方便证人作证的情况下，证人身份识别、伪证串供风险等难题得到了缓解，同时证人作证的安全性和可靠性得到了极大的提升。但是，异地法院协助模式本质上仍是尽可能让证人出庭作证，只是对于证人出庭作证的法院限定地更为宽泛，包括了异地法院。

"共享法庭"模式借助移动微法院、ODR 等网上诉讼、解纷平台，将证人作证场所扩张至律师事务所以及乡镇街道、村委会和金融邮政服务网点等贴近居民生活的场域，方便证人就近选择作证场所。在相应的"法庭"中会配备专门的技术设备，保障作证效果。比如，广州 E 法亭采用多重核对身份技术提升身份识别准确性、透明玻璃关门后瞬间雾化技术提升作证过程私密性等。② 除了技术保障，有些地方配有专门的人员指引，帮助证人使用设备，同时可以监督作证过程。比如，丽水中院推动的"共享法庭"就方便不擅长使用在线诉讼系统的当事人、证人通过远程视频系统方式，在当地就

---

① 参见《最高法六巡跨省联动破解在线诉讼证人出庭难题》，https://www.chinacourt.org/article/detail/2020/04/id/5030536.shtmlhttps://www.chinacourt.org/article/detail/2020/04/id/5030536.shtml。

② 参见《是"E法亭"，不是"一法庭"！广州打通司法服务最后一公里》，https://baijiahao.baidu.com/s?id=1651974158791062882&wfr=spider&for=pc。

能参加异地法院的庭审活动。① 而且"共享法庭"的设置依托于省、市、县、乡、村五级的公共法律服务平台，使得法庭更贴近民众生活区，证人在线作证的效率大大提升。②

（四）在线作证的采信情况

从现有的证人在线作证的样本来看，法院对证人在线作证的说理仍是结合证人与当事人的利害关系、证人证言是否与本案其他证据相互印证予以说理。现有案例当事人并未就证人在线作证的方式提出异议，其抗辩理由主要是认为证人与当事人存在利害关系③和证人证言的内容与待证事实不具有关联性。④

从本文的研究样本来看，证人在线作证的案件法院对证人证言均予以采信。相对于书面证言法院采信率仅为 59.2%，法院对证人在线作证以后的证人证言的信任度要更高（参见表 1）。

表 1　三大互联网法院证人作证采信率

证人作证方式	案例数	法院采信案例数	法院采信率
提交书面证人证言	49	29	59.2%
证人在线作证	4	4	100.0%
证人出庭作证	23	19	82.6%
合计	76	52	68.4%

当然，考虑到在线作证这种方式本身占比较低、不轻易启动，往往安排证人进行在线作证本身即意味着该证人证言对查明案件事实的重要性。而在线作证解决了证言被采信的程序性问题，进而在结果层面表现为采信率较

---

① 参见《【建设实践】就近选择服务点，线上开庭少跑腿！浙江丽水中院创新推出 83 个共享法庭》，https://mp.weixin.qq.com/s/O4SJjTxP5vM4aMjJXZaAuQ。
② 参见杨凯《以制度协同凸显在线诉讼规则优势》，《人民法院报》2021 年 7 月 8 日第 2 版。
③ 参见广州奥丁汽车服务有限公司与桂可敏、林贵琴网络侵权责任纠纷，广州互联网法院（2020）粤 0192 民初 4665 号民事判决书。
④ 参见广州澳柏网络科技有限公司与李蕾蕾网络侵权责任纠纷，广州互联网法院（2020）粤 0192 民初 21287 号民事判决书。

高。如上述推断属实，则恰恰说明在线作证对于证人不方便出庭但其证言对案件事实又至关重要的情况不失为一种很好的解决方案。

二 证人在线作证的问题审视

（一）规则缺失：适用范围及操作程序不明

1. 民诉法中规定的范围过于有限

根据《民诉法》第 73 条规定，证人作证的方式包括了线下出庭作证、视听传输技术作证、通过视听资料或者书面的方式提供证言。视听传输技术作证仅限定于因健康原因、交通不便、不可抗力导致不能出庭的情形。可见，传统诉讼语境下，法院对证人通过视听传输技术作证持审慎的态度。若法院遵循《民诉法》第 73 条规定，严格限制证人在线作证的适用范围则可能使得全流程在线诉讼的愿景落空。

2. 《在线诉讼规则》的相关规定缺乏针对性

对此，《〈人民法院在线诉讼规则〉理解与适用》中提及"在线诉讼模式下，证人在线出庭也属于出庭作证的一种形式，关键是要解决证人不得旁听案件和不受他人诉讼指挥的问题。"因此，《在线诉讼规则》第 26 条专门对证人在线作证不受干扰问题进行了规定。而证人在线作证适用的前提条件这一关键性问题却未予提及，可能产生多种理解，造成实践适用的混乱。

上述规定的"人民法院应当通过指定在线出庭场所、设置在线作证室等方式，保证其不旁听案件审理和不受他人干扰"①，通常被解读为证人只有法院具备指定场所和设置作证室条件的，才有可能适用在线作证。换言之，一方面，当事人不能自由选择证人在线作证的场所，而证人在线作证的范围被进一步压缩；另一方面，该规定中的"合理理由"以及"确有必要"具体指何种情形亦未明确。

但是，结合《在线诉讼规则》第 3 条理解，又可能得出不同的结论。《在线诉讼规则》扩张了在线诉讼的适用范围，原则上所有民事案件均能适用在线诉讼，而不再仅限于《互联网法院司法解释》规定的受案范围。若

---

① 《人民法院在线诉讼规则》，法释〔2021〕12 号，2021 年 6 月 16 日发布。

适用在线诉讼的案件都可以适用证人在线作证，那么可以毫不夸张地说民事案件中没有任何一个案件是不可以适用证人在线作证的。然而，这一结论对法院决定是否能够适用证人在线出庭的指导意义不大。

3. 排除适用的规则尚不明确

即便《在线诉讼规则》第 21 条规定了不适宜在线审理七种情形，将考虑当事人是否同意、是否具备在线的技术条件、案件的性质是否适宜在线等作为考量的因素。这似乎对证人在线作证的适用同样也能构成一定的限制。然而，是否能适用在线庭审和是否能进行证人在线作证两个问题并非一一对应关系，在线庭审的排除适用规则并不能当然地适用于证人在线作证的排除。换言之，适宜在线庭审的案件可能不适宜证人在线作证，而案件应不适宜在线庭审而转为线下审理，当然也并不意味着证人也必须转为线下作证。比如，《在线诉讼规则》第 21 条第（三）、（四）、（六）项内容本质上并不涉及证人无法在线作证的问题，出现前述的三种情形即使证人在线作证也并不会影响案件的审理。可见，由于在线庭审排除适用规则不能直接适用于证人在线作证中，证人在线作证的排除适用规则仍不明确。

4. 配套程序性规范缺失

民事诉讼活动需要严格按照法律规定的程序来展开，否则即是对正当程序的违背。在现行法律环境下，实施线上作证的正当程序是未知的，诸如证人线上作证的地点、证人线上作证的过程中是否需有法院工作人员在其身边、线上作证的证人的身份如何确认等具体的程序问题，法律并没有相应的表述。这不仅会导致线上作证的可操作性大大下降，还会使人们对于线上作证证言的采信产生怀疑。

（二）定位争议：并行抑或补充

目前，证人在线作证可以通过视频传输技术实现可视、可听、即时信息交互，与线下的交流似乎并没有太大的差异。那么证人在线作证是否可以作为与证人线下出庭作证的一种并行的证人出庭作证方式呢？对此仍有争议，"补充说"认为《民诉法》第 73 条将视听传输技术作证同书面证人证言及视听资料作证并列，可见其实作为证人出庭作证的例外。虽然这种作证方式已经较为接近直接言辞原则，但是其仍应当将其并不能将其作为一般意义上的便捷诉讼手段加以推广，现实物理空间的法庭审理和虚拟空间的法庭审理仍有差异,应当是原则与例外、一般与特殊的关系。① 反对论可姑且称之为"并行说",该观点认为证人在线作证与直接言辞原则并不抵触。基于现有的高清摄像技术,法官对证人举止、言辞的感知不仅不受影响,而且可以借助慢动作回放等功能进行重点审查。②

可见,技术的进步使法官通过证人在线作证有可能获取比线下更为充分信息,从而彰显了在线作证的独立价值。但是,在缺乏法律明确对证人线下作证与线上作证定位予以明确前,法官非在不得已的情况下不会贸然适用证人在线作证,故而使得实践中证人在线作证的适用率较低。

(三)操作障碍:作证方式及其配套建设不一

由于商业通信设备用户端的不可控性较大,缺乏专门的存储信息和系统维护的软硬件设备,加之如前所述,按照目前的《在线诉讼规则》并未赋予证人自由选择作证场所的权利,因此运用移动微法院、电子诉讼平台等司法专用设备成为当下主流。在使用司法专用设备的情形下,根据证人作证场所的规范性强弱又可以分为在指定的法院作证、在法院指定的场所作证、在其他地方作证。

在作证场所方面,通过指定场所作证本质上仍未脱离线下出庭的思路。虽然能在一定程度上增强证人作证环境的可控性,但也牺牲了证人在线作证的灵活性。即便覆盖城乡的公共法律服务平台为"共享法庭"提供有力支撑③,但是仍不能满足所有证人在线作证的场景需求。比如,证人在国外就无法到法院指定的地点进行作证。而类似广州"E法亭"、丽水中院推行的"共享法庭"增设"线上法庭"网点的思路目前仅存在于少数区域,且未考虑到地区信息化建设布局或进度的差异问题。

在技术保障方面,截至目前,全国已有3500多家法院接通"中国移动微法院"在线诉讼平台,累计访问量超过12.65亿次。④ 虽然信息化建设的覆盖率是达到了约98.3%,但是平台间的一体化发展尚未实现。地方法院

---

① 参见李峰《最接近原则:证人特殊作证方式的选择——兼评新〈民事诉讼法〉第73条之规定》,《现代法学》2013年第4期;李峰《司法如何回应网络技术进步——兼论视听传输技术作证的运用规则》,《现代法学》第2014年第3期。
② 参见左卫民《中国在线诉讼:实证研究与发展展望》,《比较法研究》2020年第4期。
③ 参见杨凯《以制度协同凸显在线诉讼规则优势》,《人民法院报》2021年7月8日第2版。
④ 参见《最高法举行〈人民法院在线诉讼规则〉新闻发布会》,国务院新闻办公室网站,http://www.scio.govVcn/xwfbh/gfgjxwfbh/xwfbh/44193/Document/1707443/1707443.htm。

自建平台和全国统一平台之间要求不统一,有的平台支持上传电子证件照片,有的要求人脸识别。平台用户数量有待扩大,用户体验有待提升。①

由此可见,信息化建设速率不一致导致地域间差异增加,证人在线作证操作不统一。经济不那么发达地区需要通过证人在线作证来改变证人出庭率较低的现状。但是,人脸识别等技术的应用和维护往往需要大量的资金支持,而在地方法院自建平台的背景下,经济落后地区的法院往往难以承担如此大技术成本,而采取简化相应的技术环节。那么,极有可能因为操作不规范影响到证人在线作证的正当性和合法性。如此,信息化建设水平的差异反过来阻止了这一模式在该地区的推行。

(四)效果疑虑:证人串供、作伪证风险增加

线上作证的根本优势就在于其能够突破空间的限制,然而,这种突破给证人作证环境带来的改变使得证人线上作证的证言又容易受到质疑。在传统作证模式中,证人身处庄严肃穆的法庭气氛中,面对着正襟危坐的法官,这种环境能够最大限度地在心理上提醒证人实事求是地作证。而且,法官也能结合证人的表情、眼神、肢体动作等综合判断证人所述证言是否真实,并即时且有针对性地随时补充询问、交叉询问。

而在线上作证模式下,一方面,证人往往并不身处法庭,更少感受到道德与法律的束缚。并且,证人有可能提前看到当事人陈述和其他证人作证的画面,当事人或者其他人也有可能在画面之外对正在作证的证人施加影响,②从而更容易产生虚假证言。另一方面,在线上作证保护证人隐私的价值导向下,证人很可能会提出对其容貌、声音做一定的技术处理,即便技术上面没有任何问题,但法官在这种情况下却无法清晰观察证人的神情、动作,也无法感受出证人作证时的语调,从这个角度判断证人证言真实性的难度大大增加。

2020年5月20日,SIFoCC③发布了《Covid-19疫情期间以及今后的司

---

① 参见《最高法举行〈建设智慧法院促进绿色发展成效分析报告〉新闻发布会》,http://www.scio.gov.cn/xwfbh/gfgjxwfbh/xwfbh/44193/Document/1711327/1711327.htm。

② 参见段厚省《远程审判的程序正当性考察——以交往行为理论为视角》,《政法论丛》2020年第2期;李峰《传闻证据规则,抑或直接言词原则?——民事诉讼书面证言处理的路径选择》,《法律科学》(西北政法大学学报)2012年第4期。

③ 该组织是成立于2017年的国际商事论坛组织。

法技术运用》备忘录。其中就指明疫情期间各国在线诉讼中一个突出的问题就是如何在在线诉讼程序中避免证人与一方当事人在庭外连线时串供。① 若证人在线作证非但无助于法官查明事实，反而因在线导致串供、伪证混淆事实，干扰法官的心证形成，那么证人在线作证非但不能提升诉讼效率，反而可能导致裁判错误引发新一轮的诉讼，反过来阻碍诉讼进程。

（五）安全风险：证人信息安全保护不完善

证人不愿出庭作证是一个长期性审判实践难题，其重要原因之一是证人存在遭受打击报复的担忧。特别是使用商业设备进行的在线作证中，网络环境复杂使得证人作证的图片、视频、音频在对方当事人的端口处于不可控的状态，难以保证不被截图、编辑、保存、篡改并进行网络传播，甚至这种截图编辑传播行为有可能演化为事后打击报复证人的方式。国外某起案件的在线审理中，甚至出现了被告通过分析另一方当事人镜头中环境，最终找到另一方当事人的住处，在线庭审过程中突然出现在该当事人门外的情形。

三 证人在线作证制度的完善路径

（一）明确在线作证的适用范围

在目前互联网线上与线下高度融合，特别是互联网审判领域在线诉讼模式日渐成为主流的情况，对证人在线作证不应当再拘泥于传统诉讼框架下的理解。"在线"没有改变证人口头陈述的作证方式，"在线"也没有阻碍当事人、法官就证人证言进行质证、认证。相比于书面证人证言、以视听资料形式呈现的证言，证人在线作证符合直接言辞原则的要求。借由直接言辞原则阐释的扩张，证人在线作证的范围应进行合理扩张。与此同时，证人在线作证作为民事诉讼全流程线上再造的一环，仍应当在线诉讼的框架内运行，受到相应的制约。证人在线作证的适用范围的探讨应当包括积极范围和消极范围。

---

① See Delivering justice during the Covid-19 pandemic and the future use of technology, SIFoCC, https://sifocc.org/resources/resources-2/.

1. 积极范围

积极范围的限定可以实行在线诉讼和传统线下诉讼二分思路进行规制。第一种情形，在适用传统诉讼程序的案件中，依现行法证人存在难以出庭作证的情形下，可以依法在线作证。具体来说，因健康原因不能出庭作证的情形是指证人存在健康问题，且该问题导致行动不便难以出庭。因路途遥远，交通不便不能出庭的情形需要结合实际综合考量出庭成本是否过高。比如，证人可能存在跨国、跨省时，就可能会被认为路途遥远。地处偏僻，交通不便的情形随着我国经济的发展已经越来越少，但仍有可能发生。不可抗力则是指区域性的洪水、台风，还有像当下的新冠疫情等。

第二种情形，在适用在线诉讼程序的案件中，需要证人作证的，证人原则上通过在线作证。《在线诉讼规则》中关于证人在线作证的规定则是基于实现贯穿诉讼全流程的在线程序规则背景下制定的。① 因此，证人在线作证规则已经不仅仅是传统诉讼语境下，弥补证人无法出庭作证而提供的替代性的解决方案，而是作为一种符合诉讼效率的民事诉讼价值取向、便民利民的政策导向、构建互联网司法体系的作证方式而加以推广。《在线诉讼规则》的规定相比于《民诉法》第73条为法官留下了更多自由裁量的空间，有利于推动实践发展。但对于存在不适宜证人在线作证的情形，可以通过论证不适宜在线诉讼或者适宜在线诉讼但存在例外情形予以调整。

另外，各方当事人经过协商一致，均同意证人在线作证的情形应当分类讨论。法院应当尊重当事人的合意，但是对当事人合意的保护应当以不损害证人利益、社会公共利益为限。换言之，若证人不愿意在线作证、证人作证内容涉及国家安全和国家秘密等消极要件，即便各方当事人协商一致，也不应当允许证人在线作证。

2. 消极范围

证人在线作证并非不受任何的限制，而是应服务于该制度的初衷。对于证人在线作证的限制应有程度的划分，可以分为"不应当适用"与"可以不适用"两种情形，赋予法官一定的自由裁量权。

（1）不应当适用证人在线作证的情形

第一种情形，对于证人自愿到线下出庭作证的，应当允许。因为，作证方式应当尊重证人的意思，相比于线下出庭作证，在线作证对于证人而言更

---

① 参见《最高法举行〈人民法院在线诉讼规则〉新闻发布会》，http://www.scio.gov.cn/xwfbh/gfgjxwfbh/xwfbh/44193/Document/1707443/1707443.htm。

为便利，但应当允许证人出于各种原因考量后放弃该便利而选择线下出庭作证。

第二种情形，证人不具备参与在线庭审的技术条件和能力的。不具备的判断标准必须符合两个要件，第一，必须存在技术障碍且难以消除。"在线"意味着其对相应技术设备和系统软硬件存在依赖性。若证人作证时使用的设备没有具备或者达到相应的在线作证的技术标准，如摄像清晰度不够、网络不稳定等，那么通过证人在线作证查明事实的目的也就无法实现。当然，如果证人能在附近法院、法院指定的法律服务机构等使用相应的设备，就应当认为具备相应的技术条件。第二，证人不具备操作相应作证设备的能力且在合理时间内无法掌握。技术设备的运用存在门槛，这同样构成证人在线作证的限制条件之一。对于证人虽然并不会操作相应的技术设备，但是通过法官的指导能够在合理的时间范围内掌握的或者有专业的人员从旁辅助的仍应当允许证人在线作证。

第三种情形，证人证言涉及国家安全、国家秘密的。需要注意的是必须是证人证言涉及国家安全、国家秘密。可能存在的情况是，虽然案件涉及国家安全、国家秘密，但是证人证言的证明目的并不涉及国家安全、国家秘密仍应当允许证人在线作证。

第四种情形，人民法院认为不宜采用证人在线作证的其他情形。证人在线作证的技术依赖性，使得其未来发展可能存在很大的不确定性，且实务中具体情形较为复杂，应允许法院对是否适宜在线作证进行合理裁定。法院不宜采用证人在线作证的其他情形就可能包括敏感案件，有舆情风险案件、矛盾易激化案件、疑难复杂案件等，具体适用可交由法院自由裁量，以保证制度的灵活变通性。

（2）可以不适用证人在线作证的情形

第一种情形，证人证言涉及个人隐私、未成年人、商业秘密的，可以不适用证人在线作证。因为，根据《在线诉讼规则》第27条之规定，上述理由可以成为庭审不在互联网上公开的理由，而不能成为不适用在线诉讼的理由。相应的，证人证言涉及上述内容，只要不公开审理，就不构成侵权相关权利人的合法权益。但是，基于证人在线作证可能产生的安全风险，法院综合全案考量，认为不适宜证人在线作证的，可以不适用。

第二种情形，对于案件事实简单、证人通过提供书面证人证言或者视听资料足以查明案件事实的可以不适用证人在线作证。正如日本学者菅原郁夫指出，对于证人重要性较低的，即使具备证人在线作证的条件，也可能采用成本较低的书面询问的方式。① 可见，证人作证方式的选择实际上也应当考虑经济原则，在能够达到查明事实的目的前提下，应当选择成本更低、操作更便捷的作证方式。

（二）强化证人在线作证的程序保障

证人不能因"在线"作证而减损诉讼仪式性。在线诉讼的本质是在便利当事人方面尽力做加法的同时，在司法尊严和仪式感方面不做减法。同样地，也不能因"在线"而削弱法官查明事实的能力，故应强化程序保障。

1. 明确在线作证场所的必备要求

结合证人在线作证室、"共享法庭"建设的情况，从在线作证效果的发挥来看，宜进一步放宽对在线作证场所的限制，构建多层次的证人作证场所体系，从而满足不同场景下的证人在线作证需要。

一方面，对于有条件的法院，可以由法院指定在线作证的场所。具体而言，现有的"共享法庭""异地法院配合"模式有一定的可取之处，但受限于各地的经济水平和财政支持情况。因此，对于有条件指定作证场所的可以赋予由双方当事人与证人协商一致，证人可以就近选择相应的在线作证的场所。另一方面，对于法院没有条件指定作证场所的，应当对证人的作证场所提出严格的限制，除符合在线庭审场所要求外，还需特别要求，包括消极要件和积极要件。消极要件为不得在网吧、酒吧、KTV等影响在线作证效果的场所作证。积极要件则是所在作证场所需能实现双摄，包括能体现证人画面的摄像以及证人作证环境的外设摄像。

2. 细化证人在线作证的程序规范

证人在线作证程序可以分为线上作证申请及处理、线上作证身份及作证环境核查、线上作证的进行等三个大环节，法律应当对这些环节做出相应的具体规定。首先，对于线上作证的申请及处理，证人在线作证作为新型的诉讼手段，不宜直接由法院依职权启动，而应赋予当事人积极的程序选择权从

---

① 参见［日］菅原郁夫《证人询问（二）》，《早稻田法学》1999年第2期；转引自李峰《最接近原则：证人特殊作证方式的选择——兼评〈民事诉讼法〉第73条之规定》，《现代法学》2013年第4期。

而避免其产生疑虑和抵触心理，强化其自我责任意识。① 对于当事人申请线上作证应当提交书面申请书，并提交作证场所的照片、作证技术设备信息。提交申请书的时间应在起诉之时或在举证期限届满之前。如果当事人并未申请线上作证，法院应当履行自己的告知义务，即向当事人和证人告知其能够申请线上作证。

其次，对于在线作证身份及作证环境核查，过去成为在线作证的难点，现阶段的智慧法院建设已经可以实现人脸识别的技术支持，并涌现了诸如"电子诉讼平台""移动微法院"等司法服务产品。同时，还需要对证人的作证环境进行核查。对此，建议引入法庭"技术官"制度，在作证开始前有技术官进行技术方面的调查，确保作证环境、场所达到法庭要求。具言之，技术官可以在远程情况下对摄像头、IP地址、设备型号等对作证场所进行要素式核查。

最后，对于在线作证的进行，证人在线作证应遵循连续陈述原则。连续陈述原则至少包含保证连续和排除干扰两层意思。保证连续是指证人在线作证时，应当完整地、不间断地发表陈述。而在线作证的排除干扰的难度较大，具体表现在，干扰主体不再仅仅是诉讼参与人、旁听人员还包括出现在作证场域内的其他人员，此外还可能受到当事人通过电子设备干扰作证，例如电话、微信等。除人为因素干扰外，还可能存在技术、不可抗力干扰。对此，应当进行事先排查，并采取必要技术措施，如使用专用设备、360度摄像头等方式，避免上述干扰。

3. 规范对程序异议的司法审查

当事人程序异议权是落实当事人处分原则的重要保障之一。在证人在线作证中同样要赋予当事人相应的程序异议权。当事人异议事项应当包括对在线作证方式的异议、对证人作证场所的异议。异议提出主体应当提出理由并承担相应的举证责任。对于异议的审查，法院对于是否应当允许在线作证的异议，可以根据证人在线作证适用范围进行审查。对于作证场所异议成立的，法院有权要求另一方当事人重新提交作证场所申请书。若双方当事人就证人作证场所难以达成一致意见的，由法院指定在线作证场所。

---

① 参见李峰《司法如何回应网络技术进步——兼论视听传输技术作证的运用规则》，《现代法学》2014年第3期。

(三) 提升证人在线作证的法律效果

1. 完善证人作证的纪律告知和保证书制度

在告知书和保证书中,增设相关条款,增强线上庭审对证人的心理强制作用。例如,增加"证人保证与本案其他证人不在同一场所""保证在不受外界或其他人员施加不当干扰的情况下独立出庭作证"的承诺。加强在"不得与他人串通、提供伪证"等方面的纪律告知和法律后果告知。

2. 强化司法对作证过程的监督及对证人进行的交叉询问

为防止证人在屏幕上操作录屏、传输、串供等可能,还需增加证人屏幕全程可监视,因此需对证人作证环境进行摄像,从而增强法院对证人作证场域的可控性。在询问技术上,虽然我国尚未全面建立英美法系国家的交叉询问制度,但可以予以借鉴,有利于对证人证言的真实性予以确认,从而对冲证人在线证言非真实性增大的风险。具言之,可以强化主询问、反询问及其循环,检验证人证言的真实性、补充证人遗漏的案件事实。主询问的内容按照证人的可靠性、证人陈述所对应的案件事实依次通过询问的方式予以确认。反询问的内容对证人证言的证据能力、证人证言的内容进行合理质疑,得出证人证言不可采信的结论。法官询问是由法官就案件事实和主询问和反询问的情况,进行补充询问,从而平衡当事人双方的质证能力。①

3. 落实违反证人在线作证规范的责任承担

(1) 证据失权:证人证言不得作为定案依据

现行《在线诉讼规则》对于证人同意在线作证,却又无正当理由不参与在线庭审,或在审理中途退出庭审,应当如何处理并没有明确的规定。根据《在线诉讼规则》第25条之意旨,同时结合《民事证据规定》第68条规定"无正当理由未出庭的证人以书面等方式提供的证言,不得作为认定案件事实的根据。"证人若出现上述情形应当被认定为"未出庭作证",其证人证言不得作为认定案件事实的依据。

(2) 法庭强制措施:训诫、罚款、拘留

证人在线作证出若出现证人虚假陈述、诉讼参与人或者其他人利用技术手段干扰信号、故意切断电源等方法妨碍证人作证,或者通过对证人作证画面进行恶意截屏、剪辑、传播等方式对证人打击报复的,法院可以依据

---

① 参见卢君、肖瑶、吴克坤《信任修复:现行民事证人出庭作证制度的完善——以某直辖市基层法院716件证人出庭作证案件为样本》,《法律适用》2015年第6期。

《证据规定》予以训诫,责令退出法庭或者予以罚款、拘留。

(3) 民事责任:侵权损害赔偿责任

对于一方当事人而言,若证人在线作证时作虚假陈述,使其败诉,损害其合法权益,那么其有权要求证人承担相应的侵权损害赔偿责任。同理,若其他诉讼参与人对证人在线作证后实施打击报复行为,使证人人身安全或者财产安全受到侵害,那么证人有权向法院提起侵权损害赔偿诉讼。

(4) 完善证人在线信息安全保护规范

对于证人在线信息安全的保护应当分为事中保护和事后保护。事中保护是指在特定情况下,可以借鉴刑事诉讼中"隐蔽作证"方式。法院能通过变声、打马赛克等技术手段很好地保护证人的真实身份。事实上,《上海市高级人民法院关于医疗损害责任纠纷案件鉴定人出庭作证的若干意见(试行)》① 第20条就已经对民事诉讼中的隐蔽作证进行了规定。实践中,利用面部马赛克与变声的功能,也可以根据案件情况在征询证人意见后开启与关闭。确保身份信息、面部与声音特征的隐蔽性,成功实现隐蔽作证,充分发挥庭审查明事实的实质功能。② 因此,在涉及个人隐私、国家秘密、技术专家等内容的作证,可以适当引入"隐蔽作证"方式。

事后保护主要是指对已经违反相应法律规范的行为主体追究相应的责任。根据《在线诉讼规则》第27条第3款规定:"未经人民法院同意,任何人不得违法违规录制、截取、传播涉及在线庭审过程的音频视频、图文资料。"因此,证人在线作证的,未经法庭允许任何人不得进行任何的视频、音频下载、保存和传播。对于违反这一规定的,依据《在线诉讼规则》第38条之规定,依照法律和司法解释关于数据安全、个人信息保护以及妨害诉讼的规定追究相关单位和人员法律责任,构成犯罪的,依法追究刑事责任。

---

① 《上海市高级人民法院关于医疗损害责任纠纷案件鉴定人出庭作证的若干意见(试行)》,沪高法〔2016〕88号。20、(音频质询)当事人有下列情形的,经鉴定人申请,人民法院可以对鉴定人采用隔离音频质证:(1)当事人曾到鉴定组成员工作单位、鉴定机构进行哄闹、冲击的;(2)当事人曾对鉴定机构工作人员、鉴定专家、对方当事人侮辱、诽谤、诬陷、殴打或者打击报复的;(3)其他保护鉴定人员人身安全必要的情形。

② 参见陆诚《【成果巡礼】上海:出庭作证担心被打击报复?"隐蔽作证"系统打消所有顾虑!》,https://mp.weixin.qq.com/s/L4hgGrQu89vV-OusGLSW0A。

四　结语

数字经济时代，围绕数字正义理念展开的一系列重大改革，不断冲击着传统司法认知。过去将证人在线作证视为传统证人出庭作证困难的替代性解决方案已经不足以帮助实践全面认识、研究和探讨证人在线作证这一诉讼行为。只有将证人在线作证作为全流程网上办案背景下的一种诉讼行为方式，作为司法融合技术下的一种新产物，作为适应未来互联网司法的一个新端口，方能推动、研究和深化证人在线作证的制度体系建设。当前，法院对证人在线作证经验虽仍有不足，但笔者相信随着证人在线作证的制度框架不断完善，将证人在线作证的风险控制在合理范围内，有助于消解法院面对新事物所可能产生的诸多的不确定司法风险的顾虑，最终为在实践中推进证人在线作证保驾护航。

附录：

证人在线作证规则

第一条【证人在线作证概念】 本规则所称证人在线作证是指人民法院通过互联网技术，指定证人登录电子诉讼平台或专门作证场所在线陈述证言，法官及当事人在线对证人进行询问，完成案件证据的举证、质证和质询。

第二条【证人在线作证申请】 当事人、证人申请在线作证的，应当提前7日向本院提出书面申请或在线提交申请，并注明申请理由和作证场所。

人民法院安排证人在线作证，应当提前3日通知并征询证人意见。

第三条【证人在线作证适用范围】 人民法院综合考虑案件情况、当事人意愿和技术条件等因素，适用在线诉讼的案件，原则上应当适用证人在线作证，法律、行政法规另有规定的除外。

进行线下庭审的案件，符合《民事诉讼法》第七十三条第二款规定情形的，可以适用在线作证。

第四条【应当不适用证人在线作证的情形】 人民法院根据证人意愿、技术条件、案件实际情况等因素，符合下列情形之一的，不适用证人在线作证：

（一）证人自愿到线下出庭作证的或者案件各方当事人一致要求证人线下出庭作证的；

（二）证人不具备参与在线庭审的技术条件和能力的；

（三）证人证言涉及国家安全、国家秘密或涉及其他不宜通过网络传输的敏感内容的；

（四）人民法院认为不宜采用证人在线作证的其他情形。

第五条【可以不适用证人在线作证的情形】 经人民法院审查，符合下列情形之一的，可以不适用证人在线作证：

（一）经一方当事人、证人申请，证人证言涉及个人隐私、未成年人、商业秘密的；

（二）案件事实简单、证人通过提供书面证人证言或者视听资料足以查明案件事实的。

第六条【不同意在线作证的处理】 当事人对证人在线出庭提出异议，人民法院应当要求其说明理由，并判断理由是否合理。除属于明显故意拖延诉讼、增加对方当事人或证人诉讼成本的、扰乱诉讼秩序外，一般应予以认可。

第七条【证人在线作证场所要求】 证人在线作证场所应事先报人民法院审核。

当事人、证人对在线作证场所不能达成一致意见的，由人民法院指定在线作证场所。

证人不得与当事人及其他诉讼参与人于同一场所参加庭审。

证人不得在网吧、酒吧、KTV等影响在线作证效果的场所作证。

第八条【证人在线作证准备工作】 证人在线作证开始前，应当完成下列准备，确保证人不旁听案件审理和不受他人干扰：

（一）技术人员应检查确认证人在线作证场所设备情况，并予以技术指导；

（二）书记员应检查确认证人出庭情况及作证场所，核实证人保证书签署情况；

（三）法官应再次对证人进行身份验证，要求其通过视频出示相关证件，确保证人身份准确无误；

（四）经对方当事人申请，或者人民法院认为有必要的，可以邀请专业技术官协助审查在线作证场所是否符合作证要求。

第九条【在线作证开始】证人在线作证应当在线宣读保证书，人民法院应当明确告知在线作证的相关权利义务以及作伪证的后果。

第十条【中途退庭处理】证人在线作证，无正当理由不参与在线庭审的，其证人证言不得作为认定案件事实的依据。

除确属网络故障、设备损坏、电力中断或者不可抗力等原因外，证人在审理中途退出庭审，视为不参与在线庭审。

第十一条【证人在线作证保护】当事人有下列情形的，经证人申请，人民法院可以对证人采用以蒙面、变声、变像或其他适应的隔离方式进行质证：

（1）当事人已经具有干扰作证的高度倾向，证人的人身、工作和生活环境可能面临当事人的干扰；

（2）证人及其近亲属可能受到案件当事人的侮辱、诽谤、诬陷、殴打或者打击报复的；

（3）人民法院认为具有保护证人人身安全必要的其他情形。

第十二条【电子签名】证人在线作证完毕的，有权在线阅读、核对笔录。证人认为对自己的陈述记录有遗漏或者差错的，有权申请补正。如果不予补正，应当将申请记录在案。

证人确认证言无误的，应当完成电子签名，并退出庭审。拒绝签名盖章的，记明情况附卷。

第十三条【法律责任】证人虚假陈述、诉讼参与人或者其他人利用技术手段干扰信号、故意切断电源等方法妨碍证人作证，或者通过对证人作证画面进行恶意剪辑、传播等方式对证人进行打击报复的，依照民事诉讼法第一百一十条、第一百一十一条的规定处理，依照法律和司法解释关于数据安全、个人信息保护以及妨害诉讼的规定追究相关单位和人员法律责任，构成犯罪的，依法追究刑事责任。

Empirical Analysis on Online Testimony of Witnesses in Civil Litigation:
Taking Internet Courts in Beijing, Hangzhou and Guangzhou as the Investigation Sample

Zhao Chao　Zhou Quanquan　Sun Pengcheng

Abstract: Witnesses' online testimony is the pain point and difficult link of online litigation due to the imperfection of the system and supporting measures, the unclear orientation and the risk of collusion and perjury. In this regard, online witness testimony, as a new part in the process of civil litigation, should still operate within the framework of online litigation and be subject to corresponding constraints. Through the refinement of online witness procedures, the implementation of legal responsibilities, and the improvement of witness protection, the sense of online litigation ceremony is enhanced, and the judge's ability to find out the facts is strengthened.

Key words: online witness testifying; witness testimony; online litigation

从法律视角探讨虚拟货币的价值问题

刘 磊[*]

摘　要：2008年中本聪发布名为《一种点对点的电子现金系统》的论文，其中创造性地提出比特币的概念；2009年，第一个创世区块诞生，自此开启了虚拟货币的元年；随后，作为比特币的底层技术——区块链开始应用落地，稳定币也悄然诞生。同时，以ICO、IEO、STO等模式发行的"使用型、权益型"通证开始进入大众视野，并由此开启了"挖矿经济"的序幕。牛市中，"币圈一天，人间十年"的惊奇投资回报广为人们所热捧；熊市来临，某个发行虚拟币的企业可以从高达410亿美金的市值跌至归零，仅耗时一周。虚拟货币繁荣的背后，却同样暗流涌动。无论是布局者、参与者还是旁观者，都逃避不了一个问题，那就是："虚拟货币究竟给社会发展带来了什么价值？"在这一问题还未有权威的解答时，围绕着虚拟货币又产生了诸如NFT（数字藏品）、链游GameFi、DAO、Web3.0、元宇宙等新的概念和模式。这些新概念、新玩法，可谓日新月异，此起彼伏，层出不穷……

关键词：区块链、虚拟货币、NFT、元宇宙

现如今，围绕虚拟货币产业的经济规模总市值超过数万亿美金，参与的人群遍布全球，人数多达千万。笔者在与专家学者及政府领导讨论由虚拟币所衍生出的虚拟世界系列法律问题时，谈到的第一个问题，也是最基本和最核心的问题就是："虚拟货币这一新鲜事物到底有什么用？"这里的"用"即"益处""正向价值"。对此，笔者时常思索，十几年间，围绕虚拟货币产生的一系列社会现象，到底对我们的社会发展有什么贡献？在如今虚拟货币的热潮下，笔者选择了冷思考，并就虚拟货币的价值问题，做出如下探讨。

---

[*] 刘磊，北京盈科（上海）律师事务所高级合伙人律师。

一　虚拟货币行业的价值

（一）虚拟货币有什么价值

从全球来看，截至 2022 年 11 月 16 日，根据 CoinMarketCap：在市面上流通的虚拟货币多达两万多种，其总市值高达近万亿美金，拥有如此体量的虚拟货币，能够对社会发展带来什么益处呢？在回答这个问题之前，我们首先需要将虚拟货币做一个分类。笔者结合自己的实务经验和当前虚拟货币的市场应用情况，做出了如下分类：第一类，主流虚拟货币，如比特币、以太坊；第二类，稳定币，如 USDT、USDC；第三类，遵循发币所在国证券法及相关法律所发行的使用型、权益型代币。

在清楚了基本的虚拟货币分类后，我们再来回答："关于虚拟货币对社会的发展有何用？"笔者认为，从"有用"这个角度看虚拟货币，主要有以下三点：

第一，主流的虚拟货币及稳定币的普遍适用，能够在一定程度上打破美元作为全球贸易结算货币的垄断地位，在一定程度上抑制美国超发货币、向全球"割韭菜"的做法（也就是将其通胀的风险转嫁到全世界其他国家）；此外，在国家政治关系中，虚拟货币及稳定币在一定程度上可以成为有效的对抗工具。2022 年 3 月 18 日，作为俄罗斯立法者的杜马成员 Alexander Yakubovsky 指出，加密货币领域是一个难以对俄罗斯施加限制的领域，数字金融资产的有效发展将最大限度地减少对国家制裁的损害。[①]

第二，虚拟货币被用于国际贸易结算过程中，促进了跨境贸易的便利，在一定程度上减少了进出口相关成本，提高了交易效率，释放了跨境商品贸易的市场活力，为全球的市场经济繁荣带来促进作用。

第三，项目方遵循发币所在国证券法及相关法律监管规定下发行的使用型、权益型代币，类似于传统企业在交易所上市交易公司股票。在传统金融领域当中，如果实业能够插上金融的翅膀，就能创造实体经济的进一步繁荣，自 1609 年阿姆斯特丹证券交易所（Amsterdam Stock Exchange，AEX）成为

---

① 金色财经：《俄罗斯立法者：加密资产可以帮助俄罗斯重返全球金融市场》，腾讯网，https://new.qq.com/omn/20220318/20220318A00UI000.html。

世界历史上第一个股票交易所开始，关于"企业为何选择在交易所上市"的问题便开始成为人们研究和探讨的话题。① 笔者试图从以下三个场景来诠释这一问题：

场景一：假设以前有个村庄有100个人，每个人都是种庄稼的，每个人平均一年创造1万元的收益；那么，整个村庄的收益是100万元。现在，村里面有一个很有想法的张三准备采购现代化的设备大规模种庄稼，于是借用10个村民1年的收益，将其筹措到的10万元收益用于创业的启动资金。一年之后，张三通过10万元的启动资金，创造了50万元的收益。于是，整个村庄多创造了40万元的收益，这就是最简单的借贷的金融场景，通过市面上的闲散资金进行实业创造。

场景二：现在，张三不仅通过大规模的现代化设备种庄稼，还想搞一搞建筑和房地产，于是又希望通过村里面的乡亲们筹措资金，但是，愿意信任张三的就那么十几个人，如何能够让更多的乡亲们信任张三，将手上的闲散资金给张三来创业呢？于是，张三想到了一个办法——"入股"，让乡亲们出资一起干，赚到的钱按照投资份额一起来分。

场景三：然而，建筑房地产行业可不比传统的"种庄稼"，前期资金投资巨大，而且回本周期比较慢，因为乡亲们生活拮据，经常需要资金应对一些突发的情况，那该怎么办呢？遇到突发事故急需用钱，是逼张三还钱，还是让公司破产清算？面对这种困境，张三又想到一个办法：在村里成立一个交易所，专门用来交易其所创造的建筑公司的股份，这样乡亲们既可以在遇到突发情况的时候变现资金救急，同时保证企业在借助乡亲们闲散资金的情况下，可以长久发展。当年的荷兰东印度公司正是运用这一模式，开创了荷兰金融市场的辉煌历史，这为当时荷兰的经济发展、国际政治地位的提高做出了巨大的贡献。

以上三种场景的不同之处在于：股票上市之于股权投资，股权投资之于民间借贷，其筹措资金的能力愈发强大，进而利用社会闲散资金创造社会财富的可能性就愈发强大。笔者将以上通过金融赋能于实体企业的模式称为"移花接木"。

对比今天的虚拟货币项目方发行的使用型、权益型代币向社会募集主流虚拟货币的模式，我们从中探索其存在的"价值"。相较于传统金融模式中

---

① 张婷：《探究我国股市高阶矩和横截面收益率之间的关系》，硕士学位论文，西南财经大学，2016年。

的企业 IPO 上市，项目方遵循发行所在国证券法及相关法律监管规定下发行的使用型、权益型代币，虚拟币项目方将投资人范围扩大到全世界，进一步加强了企业筹措资金的能力。早年间，中国互联网企业纷纷出海登录纳斯达克上市，正是看好国外股市繁荣所带来的强大筹措资金的能力。

（二）区块链有什么价值

区块链作为一项创新技术，只要能够用于正确的适用场景，就一定可以发挥正向的价值。目前，从区块链的激励机制来分，可将区块链分为以下两类：一种是"有 Token（代币）作为激励机制的区块链"，① 一种是"没有 Token 作为激励机制的区块链"。有 Token 作为激励的区块链代表就是"比特币和维护比特币正常运行的公链"；② 没有 Token 作为激励的区块链多体现在政务、企业等组织构建的联盟链上，如长安链、文昌链等。

区块链作为一项技术创新，与 5G、人工智能、物联网、云计算一样，都是科技进步的体现。区块链的诞生是为了解决"去中心化的协同"这个问题；去中心化技术的应用，可以被使用在"提高协同效率、提升保密等级、进行数字资产确权"等场景中。③ 有 Token 作为激励的区块链，类似于大家共建一个去信任的区块链网络，而网络本身以 Token 的方式反馈共建者做出的贡献，并将每个人的工作证明通过在二级市场交易，来让参与者获取报酬；没有 Token 作为激励的区块链，本质上还是由特定的老板给参与区块链建设的人发工资，只不过该种区块链技术是通过分布式的服务器存储数据，用以确保没有中心化的独立第三方可以操控数据，解决了信任机制的问题。

关于这两种区块链到底对社会发展有何作用，笔者试图通过描绘两个场景来解释说明：

场景一：我们今天使用如此方便的地图导航，其实都是通过早期地图开发公司耗费巨资，聘请专业人员，使用专业设备，耗费数十亿所打造的。在我们国家首次启动地图开发项目的公司，便是大家耳熟能详的"高德地图"。

---

① 徐忠、邹传伟：《区块链能做什么，不能做什么》，《金融研究》2018 年第 11 期。
② 袁勇、王飞跃：《区块链技术发展现状与展望》，《自动化学报》2016 年第 4 期。
③ 龚钢军等：《基于区块链的能源互联网智能交易与协同调度体系研究》，《中国电机工程学报》2019 年第 5 期。

其实在高德地图启动线下采集实景数据之前，很多地图公司也都有这个想法，但是一来苦于庞大的工作量，例如需要号召和管理数量众多的参与人员；二来需要耗费巨资，且短时间企业还难以通过采集数据盈利。这两个因素就导致很多有此想法的公司打了退堂鼓，使得在今天看来如此便民、对社会有巨大价值的科技创新就此停滞，要不是阿里巴巴注入海量的资金，恐怕高德地图实现全国每条街道、每个小区实景数据建设的步伐仍要放缓。通过该案例，我们试想，如果现实世界存在一项对社会有巨大价值，但需要耗费巨大的资金或者人员来参与开发、建设的工程，在前期缺乏资金、缺乏人员的情况下，能否通过区块链技术来解决这一难题呢？

举个简单的例子，高德地图发布一项公告，号召全国各个地方的人员前期无报酬参与地图实景数据的采集，然后凭借采集的数据发放"工作证明"（POW），这个工作证明可以作为免费或者优惠使用高德地图未来的项目，或者高德地图未来的项目盈利，可以凭工作证明来参与项目盈利分红。同时，一旦高德地图项目完成，这个工作证明类似于股票可以拿到专门的二级市场（交易所）去上市交易，从而让参与者获利。这样高德地图就可以在前期几乎不花费成本，而且能够号召如此庞大数量的参与群体，来共建对社会有巨大价值的项目。同时，也不会让参与者毫无获利可言，这种参与项目建设的人员，类似于投资的行为，一旦项目成功，参与者凭借工作证明既可以享受项目的使用权、收益权，又可以将其在二级市场交易，有可能比一开始取得劳动报酬时能得到更多的收益和激励。

场景二：我们国家的民法将"物"（商品）区分为"动产"和"不动产"，"动产"的所有权，多是通过"占有"来实现的，也就是说，你控制它了，它就属于你的；法律上"不动产"讲究的是登记，作为可信的第三方政府产权登记部门，产权交易中心登记这套房子属于你的，才是你的。那么，虚拟数据怎么辨别属于谁的呢？大家都知道商标等知识产权一旦以虚拟数据的形式呈现出来，那么可以凭借国家成立的知识产权相关部门进行登记确权。但是，如果虚拟数据不符合知识产权保护的相关标准却也具备真实的价值，那么该如何对其确权呢？如果指望具有可靠公信力的政府来将所有的虚拟资产都进行登记造册，进行权属的宣告，在工作量上以及行政资源的使用效率上，似乎不太现实，但这里区块链技术做到了：无论是有或没有Token作为激励机制的区块链，它们的原理都是"去信任网络"，即通过POW、POS（权益证明）等共识机制对链上资产进行确权，并对全网络公开通告，其安全性由整个网络确保。最终，虚拟资产以哈希值的方式通过公私钥的方式连接到用户名下。① 在今天，大火的 NFT，链游中的游戏装备、土地，元宇宙中的虚拟资产，就是利用这一原理。通俗来讲：虚拟资产的物理形态作为一串数字，天然具备可复制性、易篡改性的特征，但是区块链技术赋予其一套特殊的生产、追溯、记账方式，可以为这些虚拟资产出具"身份证明"及"流转记录"。所以，掌握了标识该"身份证明"的 Token，理论上即拥有了该虚拟资产的所有权，但这里通过区块链技术赋权可能与传统民法中的"物权法"理论存在分歧。②

通过场景的描述，我们可以直观地感受到区块链去中心化技术的落地，它能够作为特殊的协同方式，解决中心化难以解决的效率问题、成本问题、信任问题；此外，在数字资产的确权方面，区块链解决了传统方式难以解决的数字资产所有权争议问题，这就是该项技术的益处和价值。但是，技术同样是把双刃剑，再好的技术，一定要结合有益的场景才能发挥正向的社会效应。

（三）NFT 数字藏品有什么价值

自从诞生了"虚拟资产"这个概念，以一串虚拟数据代码作为载体，已经从单纯的信息传递，过渡到价值传递，让数据成为价值的载体，于是，一串虚拟的数据承载了什么样的使命，就具有什么样的市场价值。随着区块链技术可以为虚拟数据发放唯一可信的"身份证明"后，就引发了另一个值得深思的问题，那就是，这一串数据能否承载"艺术藏品"的价值，让这一串数据成为艺术品的载体，具备艺术品的属性？NFT（数字藏品）的市场价格是由其内在艺术属性的价值决定，还是版权方单方允诺的权益凭证背后映射的权益价值决定，抑或是单纯的市场炒作？

比如说，我们把现实世界中凡·高的名作《星空》、达·芬奇的《蒙娜丽莎》两幅艺术品，扫描成为虚拟图片，然后通过区块链技术生成一系列具有"唯一性"的数字字符，版权方将这类数字字符称之为《星空》《蒙娜丽莎》等作品的身份证明，也就是所谓的 NFT。通过区块链技术生成一系列具有"唯一性"的数字字符的数量，完全可以按照版权方的个人意愿，为其拥有版权的作品，创作无数个"身份证明"。于是，版权方可以单方面承

---

① 张佳妮等：《基于区块链的物联网密钥协商协议》，《中兴通讯技术》2018 年第 6 期。
② 龚鸣：《资产管理·区块链社会：解码区块链全球应用与投资案例》，中信出版社 2016 年版，第 56 页。

诺，持有任何一个"身份证明"，也就是所谓的"NFT"，即代表着拥有真正作品版权的多少分之一。这就好比，笔者创作了100张卡片，然后在市场上炒卖该卡片，其中承诺持有任意一张卡片即代表拥有笔者上海某个小区某套商品房产权的一百分之一。这个项目的唯一卖点就是两个：第一，仅有100张，无法复制、无法篡改、公开透明；第二，该卡片代表着权益凭证，享有特定房产的份额。NFT的拥有者，作为作品版权方的所有权人之一，如果通过市场交易定价，该NFT被交易为天价，甚至与作品的物理真品的市场价相差无几，该如何理解这一社会现象？该现象对社会发展有何益处和价值？

回答这一问题之前，我们首先要思考：天价艺术品被市场认可的背后到底是什么逻辑，其对社会的有益价值是什么？对于这个问题，笔者曾跟经济学学者探讨过，主要还是基于基础的经济学原理："商品的价格围绕价值上下波动"，支撑艺术品市场高价的背后，一定是该艺术品对社会具有特定的价值。比如说，凡·高的《星空》我们无法通过直接的使用价值去估量，但是该艺术品对文化的影响有目共睹。有专家指出：艺术品本身的价值包含物理价值、艺术价值、文化价值、历史价值、经济价值，而且价值之间都具有相对独立性。画作最基本的价值是其本身所具有的文化内涵，包括艺术价值、历史价值和审美价值，并由其所体现的艺术传承、历史变迁和审美体验。那么，试问虚拟的艺术品，能否承载实物艺术品的艺术价值，相信多数人是肯定的。无论是实物纸张抑或是虚拟代码，仅仅是作为艺术作品的载体，其体现的艺术价值并不会变。

此外，较之于实物艺术品，虚拟艺术品，如互联网画师的无实物作品，就其数据载体所具备的特性，其在艺术传承、文化传播等方面相较于实物艺术品更具优势。这也是人们解释为何NFT能够掀起虚拟艺术品交易的一波又一波浪潮的原因之一。①

（四）元宇宙有什么价值

最近一年，"元宇宙"的概念大火，实践当中大抵可以分为这几个版本。

1.0版：随着"虚拟现实、虚拟仿真"的VR、AR技术水准的不断提高及落地应用，利用科技手段进行链接与创造，通过虚拟世界与现实世界进行

---

① 赵林度等：《实用电子商务概论》，人民邮电出版社2004年版，第16页。

映射和交互，具体表现为：VR、AR的相关设备及产品带来的全新体验。

2.0版：随着GameFi市场火热，网络游戏中的产品、装备、土地、角色、皮肤等，通过区块链进行确权变成虚拟资产后，可以被用于交易并被炒做出市场高价，使得不少玩家获利；于是，市场不停地鼓吹，诱惑现实世界中的人们进入元宇宙的世界中来投资消费。

3.0版：随着顶级奢侈品LV以及运动品牌耐克、阿迪达斯入局元宇宙，结合现实物理世界中的产品特色，打造自家品牌的虚拟空间，引导消费者来虚拟世界中消费虚拟产品，同时也间接为现实世界中的商业场景进行倒流和营销宣传。

4.0版：人们心中的元宇宙更接近于科幻电影《头号玩家》和《黑客帝国》，将人们的创造和消费都安排在虚拟的世界之中，这给了无数人梦幻的想象空间。因为现实世界中的我即使是乞丐，但在元宇宙的世界中可以成为国王，体验另一种人生。

清华大学新闻学院沈阳教授表示，"元宇宙本身不是一种技术，而是一个理念和概念，它需要整合不同的新技术，如5G、6G、人工智能、大数据等，强调虚实相融。"[①] 元宇宙主要有以下几项核心技术：一是扩展现实技术，包括VR和AR。扩展现实技术可以提供沉浸式的体验，可以解决手机解决不了的问题。二是数字孪生，能够把现实世界镜像到虚拟世界里面去。这也意味在元宇宙里面，我们可以看到很多自己的虚拟分身。三是用区块链来搭建经济体系。随着元宇宙进一步发展，对整个现实社会的模拟程度加强，我们在元宇宙当中可能不仅仅是在花钱，而且有可能赚钱，这样在虚拟世界里同样形成了一套经济体系。

关于元宇宙有什么价值？笔者认为：其作为一项或者一系列的科技创新的场景，可以通过"虚实结合"的方式，来提高现实世界中的生产及生活效率问题，为社会发展带来正向价值。比如医学方面的虚拟仿真技术，可以让医学院的学生在缺乏足够实验标本的情况下，完成高难度的医学实验教学。此外，从消费角度看，如果元宇宙的场景可以高度还原物理场景，就像迪士尼的"飞越地平线"项目，达到足不出户就能沉浸式体验户外美景的效果，甚至打造出超现实的梦幻场景，这可以给人们带来良好的消费体验。

[①] 沈阳：《未来元宇宙可能会占到总经济规模的三分之一》，华夏时报，https://baijiahao.baidu.com/s?id=1722647549124930183&wfr=spider&for=pc。

二 从创造、消费、炒作、违法犯罪，四个视角分析虚拟货币行业生态的现状

从虚拟货币到 NFT，再到链游、元宇宙，基于律师的实操视角来分析目前市场上"虚拟世界"的行业生态到底是怎么回事，哪些是对社会有价值的？哪些是消耗社会资源的？哪些是投机炒作的？哪些是违法犯罪的？笔者将从四个视角——"创造、消费、炒作、违法犯罪"来展开探究：

（一）虚拟货币的行业生态探究

1. 创造

笔者在文章的第一部分已经分析过，主流虚拟货币以及稳定币的创造性体现在打破美元作为全球贸易结算货币的垄断地位，在一定程度上抑制美国超发货币，向全球"割韭菜"的行为。同时，也在一定程度上减少了进出口相关成本，提高了交易效率，释放了跨境贸易的市场活力，而使用型、权益型代币的创造性体现在可以跨国实现全球融资，尽管合规成本也随之增大，但也丰富了资金的流动性和融资的便利性，促进实体经济的繁荣与发展。

2. 消费

2010 年的 5 月 22 日，比特币在真实世界里发生了第一次交易。程序员汉耶茨花了 1 万枚比特币，从网友那里买了两份价值约 25 美元的大号比萨。比特币当时仅面世一年之久，被外界认为一钱不值，据汉耶茨当时估计，1 枚比特币的价值仅相当于 0.003 美分。2021 年 9 月，萨尔瓦多成为世界上首个将比特币确定为法定货币的国家，至少在当地，比特币实现了消费场景的升级。在虚拟世界，随着链游和元宇宙的诞生，更多虚拟货币被用于可购买其他虚拟资产，其消费场景在虚拟世界得以扩大。

3. 炒作

从创造的角度，我们分析了虚拟货币的正向价值，然而，实务中的虚拟货币却是牛鬼蛇神，因投资及炒作所引发的一系列社会现象可谓是骇人听闻。比特币从诞生，到第一批投资人入场，再到共识的凝结，最后被用于资产保值、增值的工具以及跨境支付的场景，并没有所谓的"正义"与"不正义"，支撑其 6 万余美元（峰值）一枚的价格，到底是被投机者炒作出来

的,还是市场天然形成的共识达到的,我们无法估测。但是,比特币到底值不值如此高昂的价格,还是得看"比特币承载的使命是什么?"货币的本质是"共识",如果历史中的人们将该"共识"机制赋予了比特币,那么比特币就是"数字黄金";如果对比特币的"共识"凝结超过了黄金的共识,其市场价格进一步陡增也不感意外;如果历史中的人们在比特币上凝结出的共识最终以破灭收场,那么,比特币的神话也无非是比18世纪的荷兰郁金香凝造了一个时间更久、范围更大的泡沫。

关于稳定币,结合当前稳定币的市场应用场景,其类似于在欧盟成员国之间共同使用统一的支付工具——欧元,这对成员国之间的经济发展具有极大的意义,也是欧盟经济得以进一步繁荣的基石。然而,人们对稳定币最大的诟病在于:"发行主体应不应当由一家民营企业承担?如何监管稳定币的发行及流通,以及控制由稳定币引发的金融风险?"要知道,从理论上来说,统一全球支付工具,这应该是由联合国号召各个成员国成立全球中央银行来干的举世壮举,结果被一家民营企业给干了,这家民营企业能不能干得好?会不会被强大的项目所反噬?目前,发行稳定币USDT的Tether公司频频被美国监管部门指控,要么指控其财务账簿不公开,要么指责其增发稳定币、联合虚拟货币交易所玩猫腻,等等。

关于使用型、权益型代币可谓是虚拟货币领域"炒作的天花板",募资的项目创始团队基本都是海外雇佣的一批不知所云的"人物",编造或者购买一堆虚假的身份。然后,杜撰或者请写手撰写一套所谓的"白皮书"(类似于传统股市中企业IPO的招股说明书),坊间传闻,曾经ICO火热的时期,电商平台上明码标价的"白皮书"低廉到几千元一套。有了"白皮书"就可以招募几个程序员设计几行代码生产"代币"(Token),甚至当下对于发币都不需要专门的技术人员,很多网站已经提供免费的服务,只需要输入几个参数就可以快速完成发币。有了代币,就可以找营销机构来路演,找"托儿"来制造虚假的市场热捧效应。然后,找到虚拟货币交易所的资源,要求上线虚拟货币交易所进行交易,从中跟交易所分成利润。一旦代币完成上线,即可寻找所谓的"市值维护团队",通过强大的资金来操盘,将币价维护到一定的市场价格,吸引"韭菜"进场。一旦市场价格合适,开始挥动"镰刀"完成"割韭菜"的"使命"。此外,为了吸引更多的"韭菜"入场,项目方将传销的模式引入代币的发行和流通过程中,用户只要发展下线,引入新用户购买代币,就可以获得返佣或者以减免手续费等方式间接获利,这种传销的模式可以快速地占领市场份额,通过这些用户将币价维持在一个高位的价格，从中建立一个稳定的资金池，只要有后续源源不断的新韭菜入场，就不会让自己经营的空中楼阁瞬间坍塌。与传统金融最终赋能于实体经济相比，笔者将以上模式称之为"击鼓传花"。

以上看似调侃，其实是实操过程中90%以上项目方发行代币的真实流程，可以说是令圈外人瞠目结舌的操作，比如：没有真实的融资项目、不符合公开融资的法律要求、公司财报不公布、在二级市场融到的资金使用用途不明确，往往以实控人直接瓜分收场。而内幕交易和操纵代币交易市场简直被所有人视为是一种默认、许可甚至授权般自然的行为。这种做法在传统的企业上市融资的模式当中，简直难以置信，甚至直接涉嫌违法犯罪。

4. 违法犯罪

2017年9月4日，中国人民银行联合五部委，发布《关于防范代币发行融资风险的公告》，其中明确指出："代币发行融资是指融资主体通过代币的违规发售、流通，向投资者筹集比特币、以太币等所谓'虚拟货币'，本质上是一种未经批准非法公开融资的行为，涉嫌非法发售代币票券、非法发行证券以及非法集资、金融诈骗、传销等违法犯罪活动。"[①]

由于发行代币的项目方不直接募集法币资金，通常都是募集主流的虚拟货币，如比特币、以太坊、USDT等，那么，又因为这些主流的虚拟币在我们国家的法律上很难解释为"资金"（法币），导致该种发币的行为很难直接套用"非法资金"的相关规定进行打击。2022年2月24日，最高人民法院发布《关于修改〈最高人民法院关于审理非法集资刑事案件具体应用法律若干问题的解释〉的决定》，首次在司法解释层面指出"虚拟货币交易"，通过对该司法解释的解读："如果虚拟币交易符合非法集资的构成要件，那么按照非法集资的相关罪名，如非法吸收公众存款罪和集资诈骗罪，可以将非法募集虚拟币的行为纳入非法集资的体系内进行打击。"

此外，鉴于虚拟货币的匿名性、流通性强，难以被办案单位追踪或适用刑事强制措施进行冻结，这导致围绕虚拟货币展开的刑事犯罪近年来屡创新高，这也是虚拟货币最为诟病的原因之一。以虚拟货币为标的衍生的"诈骗犯罪""洗钱犯罪""掩饰隐瞒犯罪所得及其收益罪""帮助信息网络犯罪活动罪""非法经营罪"成为行业高发罪名。

---

① 陈贵：《解构ICO融资：区块链数字货币何去何从——兼析〈关于防范代币发行融资风险的公告〉》，《互联网金融法律评论》2017年第4期。

（二）区块链的行业生态探究

1. 创造

区块链，涉及数学、密码学、互联网和计算机编程等很多科学技术问题。从应用视角来看，区块链是一个分布式的共享账本和数据库，具有去中心化、不可篡改等特点。区块链应用场景丰富，基础应用主要体现在存证和溯源方面，其最具价值的面向资产的多方商业协作场景尚未被完全开发出来，它能够实现多个主体间的协作信任与一致行动。[①] 在这些应用场景之中，区块链降低了因信息不对称带来的成本，提高了工作效率。此外，在数字资产的确权方面，区块链解决了传统方式难以解决的数字资产所有权争议问题。在这些应用场景之中，就是区块链该项技术创造的有益价值。

2. 炒作

笔者在文章第一部分畅想了高德地图如果利用区块链技术发行Token（工作证明）来号召大量人员参与地图的实景采集工作，将是一个很好的区块链技术落地提高生产效率的应用场景。但是，很遗憾，截至目前，放眼全球并没有哪一项目的场景，能够将区块链这项协同及激励机制的技术真正落实到应用层面，从而给人们的生产生活带来颠覆性的创新。那么，试问：市面上炒的火热的"区块链技术"到底是在干什么呢？

笔者发现：在当下实践当中，炒的火热的"区块链技术"都是在搞"数字资产的确权"。那么，这些利用"区块链技术"来大搞特搞"数字资产确权"这件事是不是炒作呢？其真正的价值和意义又有多大呢？

不可否认的是，数据通过区块链进行确权以后，被用于各种创新、创造及商业化的场景之中，如数据交易，这将带来不可估量的价值。但是，目前我们在实务中发现：很多企业宣称自己采用了区块链技术，但并没有解释清楚采用区块链技术在什么样的场景之中，到底解决了什么问题。笔者发现，大多数企业采用的区块链技术作为其网络应用的开发，与传统的技术开发在服务目标上并没有差异，这就好比我们买了一把水果刀和一把斧头，最终都是用来切西瓜，然后堂而皇之地称呼自己是创新创造的企业，因为自己使用了"斧头来切西瓜"。所以说，适用区块链技术，必须结合一定的应用场景，通过应用场景解决其他技术难以解决的实务中存在的问题，这才是人们

[①] 翟晨曦等：《区块链在我国证券市场的应用与监管研究》，*Financial Regulation Research* 2018年第5期。

理解的价值落地。①

(三) NFT 数字藏品的行业生态研究

1. 创造

NFT 数字藏品，是区块链技术在数字资产确权过程中形成的产物。文章第一部分已分析过：艺术的呈现方式除了物理的形态，自然也可以以虚拟的形态呈现。那么，以虚拟数据作为载体的艺术品，通过区块链技术进行确权以后，该艺术品的所有者即随之确定，虚拟形态艺术品的所有权人确定后，即可完成交易，在交易的过程中实现艺术价值与经济价值。②

2. 消费

自 2021 年下旬起，国外很多大厂就开始领先加入元宇宙、NFT 数字藏品行业。直到 2022 年初，NFT 进入火爆期，国内各大企业也纷纷开始加入。在国内，NFT 数字藏品爱好者可以通过腾讯和阿里等开放的数字藏品平台购买 NFT 产品。Opensea 作为全球最大的 NFT 交易平台，可供用户购买的 NFT 数字藏品有 3000 万种以上。在国际上，越来越多的知名企业开始采用 NFT 技术支持支持市场营销活动，以此改善客户服务。如奢侈品牌 Gucci 去就与 Roblox 达成合作，在游戏中销售了一款限量虚拟包包；阿迪达斯推出 NFT 系列，独家发售街头服饰，买家可获得实体和数字特权。

3. 炒作

2021 年 3 月 23 日，"推特"（Twitter）创始人杰克·多西（Jack Dorsey）发出的第一条推文，以非同质化代币（NFT）的形式拍卖，最终以超过 290 万美元的价格出售；2021 年 8 月 30 日，波场 TRON 创始人孙宇晨发布推文宣布，他以 1050 万美元的价格拍下编号为 3442 的 Justin Sun Tpunks 头像；2021 年 3 月 11 日，艺术家 Beeple 的作品 *Everydays：The First 5000 Days* 在佳士得官网上以 69346250 美元成交（折合人民币约 4.5 亿元），成为最贵的 NFT 艺术品，同时该作品成为在世艺术家拍卖作品价格排行榜中的"第三高价"。人们愿意为虚拟艺术品的天价买单甚至疯抢，是因为该虚拟艺术品与传统的物理艺术品一样，是艺术品的独特魅力发挥市场价值，还是说，仅仅是一场疯狂炒作的豪赌？理智的人们更愿意相信是后者，理由在于：

第一，支撑艺术品天价的背后，往往是由于艺术品的稀缺性造就的。物

---

① 李康震等：《区块链技术在侦查领域中的应用研究》，《信息资源管理学报》2018 年第 8 期。
② 齐爱民：《数字文化商品确权与交易规则的构建》，《中国法学》2012 年第 5 期。

理艺术品的稀缺性很好理解，虚拟艺术品的稀缺性就很难被人们理解了。如果是基于物理艺术品进行扫描创作的虚拟艺术品，即使通过区块链技术做成NFT被标识了唯一身份，但只要物理艺术品还在，理论上还可以做无数个版本的NFT，与前者并无差别。

第二，虚拟产品天然具有可复制性，从虚拟艺术品的表现形式来说，只要该虚拟艺术品在网上公布过，任何人都可以完成拷贝，单纯从虚拟艺术品的表现形态上的价值来说，网络公布即代表免费向所有人展示，所有人可以通过互联网随时随地观看、欣赏该虚拟艺术品，以发挥其自身的艺术价值。相较于物理世界的艺术品，我们拿《清明上河图》举例，对比真迹即使《清明上河图》被临摹的多么相像，或者是直接基于真迹进行扫描的虚拟作品，一旦临摹的赝品上市，或者基于真迹扫描的虚拟作品在网上公布，并不会影响真迹的市场价值。因为物理的真迹绝无仅有，它是通过历史传承过来的，这是当代临摹或者扫描所不具备的属性。所以，真迹的市场价格并不会因为临摹的人多或者扫描成作品在网上公开，而影响其市场价值。但是，NFT作品就很难以这种理由说服他人，物理真迹在扫描后通过区块链技术创造出一个"身份证明"，如果有人认为这份身份的市场价值就如同历史传承过来的物理文物或艺术品，的确难以让人接受。

第三，目前市面上很多的NFT藏品，其背后物理艺术品的市场价格都难以达到虚拟NFT藏品的市场价格，这无疑是一种本末倒置的现象。并且，基于背后的物理艺术品上链产出的NFT藏品，即所谓的"身份证明"也并非1∶1的产出比例，而是1∶1000，甚至1∶10000的比例。

4. 违法犯罪

在笔者看来，目前的NFT数字藏品极易演化为2017年的ICO代币的发行融资交易，一旦二级市场放开，炒作盛行，市场泡沫终会破裂，投资人大量受损，其最终愈演愈烈的结果只能是违法犯罪。首先，发行NFT的成本有多高？除了技术人员工资以及获得物理艺术品的授权，似乎没有其他成本支出，便可以将一个NFT产品创造出来，然后在二级市场疯狂炒作，在二级市场的交易平台，大家故技重施把虚拟货币交易所的那套玩法搬过来，通过操控交易市场，最终把投资人变成待割的"韭菜"。其实，很多涉及NFT领域的大平台，已经意识到这个问题，它们的解决方案为：要么只做一级的发行市场，比如腾讯的幻核平台；要么遵循《元宇宙产业自律公约》，坚决抵制利用元宇宙进行资本炒作，对于数字藏只支持到持有一定期限后，无偿转赠给朋友，不支持任何形式的数字藏品转卖行为，比如阿里的鲸探平台。另外，关于发行 NFT 的成本和价值问题，很多平台通过"加权利"的方式来解决，即将 NFT 虚拟资产描述为可以作为实务项目的收益权、使用权凭证，比如说，用户持有 NFT 可以免费参观实物艺术品，可以享受基于实物艺术品带来的商业价值的分红。在笔者看来，这里的法律风险非常多，如果不能将炒作控制在一定范围内，这种看似规避法律风险的行为无异于掩耳盗铃。据笔者了解到，目前已经有人在 NFT 交易平台投资亏损，并选择报警，控告平台实施集资诈骗。

（四）元宇宙的行业生态研究

1. 创造

元宇宙时代的到来，确实给大家带来了无限的想象空间，人们可以徜徉在"虚拟现实、虚实相融"的领域进行科技创新，最终提高物理世界的生产和生活效率，从中推动社会进步，为社会产生有益价值。

2. 消费与炒作

当下的元宇宙项目，多以炒作的目的出现，典型的代表就是"链游"，"链游"号称是将游戏从"Game for fun"的时代，带到了"Game to earn"，也就是说玩游戏不是为了单纯的玩得开心了，而是为了赚钱。2021 年下半年，各种"链游工作室""打金工作室"一窝蜂地涌现出来；一个个宠物孵化的游戏，单纯从游戏体验感上来说可以媲美 20 世纪 80 年代的小霸王游戏机，大家真的是为了怀旧的目的选择链游吗？绝对不是！大家选择链游的目的只是为了赚钱，通过不断的炒作，一个游戏孵化的"宠物"每天的价格都是噌噌地往上涨，一个月几倍、数倍甚至几十倍的收益，谁能不为之疯狂？但是，当炒作的热潮退却，最终留下的只有一地鸡毛，这与人们鼓吹的元宇宙几乎毫无关联。链游的泡沫破裂之前，市场都在鼓吹链游带动了元宇宙的发展；链游泡沫破裂后，市场上似乎很少再现这种声音。

然而，当 LV、耐克、阿迪、周杰伦、潘玮柏等强大的 IP 进入元宇宙的赛道，当抖音"柳夜熙"一条视频吸引上百万的粉丝关注，大家发现虚拟角色、虚拟场景在元宇宙的世界里，开始出现了用户在虚拟世界中为了消费而买单。好比装扮 QQ 空间一样，用户愿意在虚拟世界的角色中，花费一笔不菲的资金，给自己的角色进行装扮，比如给自己的角色购买一双耐克牌虚拟鞋。装扮角色也不是为了进行炒作，以更高的价格卖给后面的"接盘侠"，而真的仅仅是为了在虚拟世界中的消费体验，即使这种行为很多人难以接受。

3. 违法犯罪

元宇宙这个领域可谓鱼龙混杂、泥沙俱下，一边是政府大力支持；另一边是投机分子的炒作，甚至还有从事违反犯罪的人以元宇宙项目为幌子，在此大行诈骗犯罪之实。2022年2月18日，中国银行保险监督管理委员会在官网发布《关于防范以"元宇宙"名义进行非法集资的风险提示》称，近期，一些不法分子蹭热点，以"元宇宙投资项目""元宇宙链游"等名目吸收资金，涉嫌非法集资、诈骗等违法犯罪活动，其手法主要体现为：编造虚假元宇宙投资项目、打着元宇宙区块链游戏旗号诈骗、恶意炒作元宇宙房地产圈钱、变相从事元宇宙虚拟币非法牟利。①

三　破除劣币驱逐良币的不正之风，塑造虚拟货币行业创新价值的路径

长期以来，中国政府都高度支持科技创新。在当代，大数据、人工智能、区块链、物联网、5G、云计算等方面的创新已经被寄予厚望。然而，鉴于创新技术的落地应用，需要长时间的社会共同探索，不良资本在此嗅到了商机，开始进行投机炒作，甚至居心不良的犯罪分子利用公众对新技术的理解力不足，披着国家大力支持的创新科技作为幌子，大肆从事违法犯罪活动。在这种鱼龙混杂的现状下，该如何破除"劣币驱逐良币"之不正之风，塑造行业创新价值？笔者从法律的角度，谈谈以下几点看法。

（一）类型化划分虚拟货币及NFT产品，并明确其法律属性

笔者通过对不同类型虚拟货币的"属性、技术原理、市场接受程度"等因素将其分为不同的种类：第一类，主流虚拟货币，如比特币、以太坊；第二类，稳定币；第三类，遵循发行所在国证券法，发行的使用型、权益型代币；第四类，非法融资项目代币。

在法律层面对虚拟货币进行类型化划分，并明确其属性，能够将其纳入现有的法律体系进行规制，从而规范行业生态，依法打击行业乱象，引导行业走向正途。

---

① 罗知之：《银保监会：防范借"元宇宙"名义非法集资》，《上海商业》2022年第2期。

1. 鉴于主流虚拟货币在全球形成的广泛共识和众多应用场景。如我国法律、法规将主流虚拟货币，如比特币、以太坊，纳入"虚拟财产"的范畴，那围绕以虚拟货币为标的的各种民事法律行为就可以准确适用法律、法规的相关规定，避免出现过度的"全面保护所有虚拟货币"，扩大市场投机风险的现象，也避免出现"借币不还，违约不究，法院不管"，让借币者、违约者无端受益，有损公平、正义的乱象。当然，在厘清哪些虚拟货币可受法律保护的基础上，如何定义哪些属于"主流虚拟货币"，如何评估主流虚拟货币之外的其他虚拟货币的价值，如何更好地在维护"公序良俗"的基础上实现个案正义。回应这些问题，既需要对不同虚拟货币的产生方式分类后进一步的深入讨论，也需要司法裁判者在涉币案件中就案件结果本身对社会、对个人影响力进行判断，从保持个案公正和维持金融秩序稳定的双重视角来理性裁判案件。

2. 我国目前禁止发行使用性、权益型代币，对 ICO 行为更是通过人民银行的公告直接进行打击。[①] 然而，通常这类行为在发生纠纷时能够符合美国"豪威测试"的四大要件，即"金钱投资；投资于共同事业；投资人有收益预期；收益仅来自他人的努力"，由此，此类投资合同纠纷常被认为属证券纠纷，故而纳入证券法管辖范围。然而，目前我国对境内居民投资境外权益型代币的行为尚未有明确定性，如何厘清个中法律关系亦是难点。当此种权益型"代币"在发行所在国被解释为证券，那么境内投资人的投资行为与通过开境外股票账户、交易境外股票的行为类似，如若以该境外的股票为标的，在境内产生的各种民事法律行为是否应当受到我们国家的法律保护？如果最终发现发行该"使用型、权益型代币"的实控人在境外操纵代币的证券市场，或者发行审核材料造假，向公众做不实陈述，出现该种情形，该如何处理我们国家以该代币作为标的物的各种民事法律行为？若我们国家的投资人出现大面积亏损，我们国家的法律该如何保护我国投资人的利益？

（1）非法融资项目代币是指完全不遵循发行所在国的证券监管规定，实质上的发币行为属于非法募集资金。以前，司法实务中没有用非法集资的相关罪名去打击"违法发行项目代币"的原因在于"发行项目代币"募集"主流的虚拟货币"，这个"虚拟货币"能否解释为"非法集资"法

---

① 柯达：《论区块链数字货币的非法集资刑法规制》，《东北大学学报》（社会科学版）2020年第6期。

律规定中的这个"资"？对此，学术界理论界莫衷一是。终于在2022年2月24日，最高人民法院发布《关于修改〈最高人民法院关于审理非法集资刑事案件具体应用法律若干问题的解释〉的决定》，首次在司法解释层面指出"虚拟货币交易"，通过对该司法解释的解读："如果虚拟币交易符合非法集资的构成要件，那么按照非法集资的相关罪名，如非法吸收公众存款罪和集资诈骗罪，可以将非法募集虚拟币的行为纳入非法集资的体系内进行打击。"

（2）NFT在我们国家法律上该如何定性？

关于NFT数字藏品在我们国家法律上的定性，有人说它属于民法上的"物"、有人说它是"版权"、有人说它是"证券"；NFT数字藏品在法律上到底是什么，成为当下学术界和理论界颇具争议的一个研究领域。

在民法典的物权法理论中，"物"分为"动产"和"不动产"，"动产"的所有权一般是通过"占有"来实现；"不动产"的所有权一般是通过"登记"来实现；那么，虚拟财产的所有权通过什么方式来实现确权呢？是通过"登记"还是通过控制虚拟财产的"存储载体"？抑或是掌握控制虚拟财产的"私钥（密码）"？关于这些问题，学界少有研究。

另外，随着数据成为权利的载体被普遍应用后，NFT数字藏品通过区块链技术产生的"身份证明"，不仅意味着NFT数字藏品所有权归属于持有者，还可以在该"身份证明"上增设其他权利。比如，持有该数字藏品"身份证明"，可以在三年内免费观看物理实物艺术品；可以享有基于物理实物艺术品在特定期限内享有的商业变现分红的一定额度。那么，以数据形式呈现的数字藏品"身份证明"变成了一系列的权利载体，如"使用权凭证、项目股权、版权、债权"等等，从法律属性上变成了更接近于一个类投资合同的"权利集合体"，该类"权利集合体"在法律上该如何定性，如何进行规制？如果将该"权利集合体"通过在二级市场流转炒作，使得该"权利集合体"具备了"证券"等金融属性，又该如何纳入金融法的监管范围？

（二）联合政府多部门，建立常态化的监管模式

目前，围绕虚拟货币、NFT、链游、元宇宙等领域，需要进行强监管和打击的现象主要有以下几点：第一，以"虚拟货币、NFT、链游、元宇宙"等专业名词作为幌子，大肆进行诈骗的行为；第二，大肆投机炒作；第三，为上游诈骗、网赌、传销、贪污贿赂等违法资金进行销赃或洗钱；第四，

"虚拟币挖矿"大肆消耗我国能源，不利于"双碳"目标的实现；第五，打破国家外汇管制，影响国家外汇收支平衡；第六，偷漏税行为损害国家税收利益。

2021年9月15日，中国人民银行联合十部门下发《关于进一步防范和处置虚拟货币交易炒作风险的通知》，其中明确：建立健全应对虚拟货币交易炒作风险的工作机制，同时，构建多维度、多层次的风险防范和处置体系，严厉打击虚拟货币相关非法金融活动。①

在此，笔者建议：针对虚拟货币、NFT、链游、元宇宙等领域中存在的"投机炒作、违法犯罪"等问题，应当联合政府多部门进行及时的防范和管理；同时，对于因规范性文件的效力层级不足以打击该类领域中的违法犯罪问题时，立法部门应当及时出具具有更高效力层级的法律、司法解释和行政法规。值得一提的是：2022年2月24日，最高人民法院发布《关于修改〈最高人民法院关于审理非法集资刑事案件具体应用法律若干问题的解释〉的决定》，首次在司法解释层面指出涉"虚拟货币交易"相关的非法集资类行为，为打击该类犯罪提供了法律依据。

（三）政府相关部门引导、支持行业向创新、创造的场景中发展

通过对虚拟货币、NFT、链游、元宇宙等行业现状的梳理，从"创造、消费、炒作、违法犯罪"四个角度对行业现象进行分类，从中筛选出可以"创新"的场景，然后政府相关部门积极引导、支持该类"创新"场景的建设和长期发展。

笔者认为：科技创新一定要落实到为人们生活水平的提高，创造新消费场景等能够对社会经济的发展起到重要推动作用的应用场景中，最终体现为对人类社会的进步和发展增加福祉。纵观前两次工业革命和互联网的应用发展，人类的生产和生活方式都由此发生了翻天覆地的变化，社会经济效率也由此大大提高。回顾中国经济三十余年的飞速发展，每一项科技创新也无一不推动了社会效率的提高。科技改变生活，让人民更幸福已不再是一句空话。例如，传统互联网的创新发展，极大地优化了商品跨地域交易的场景，实现了用户足不出户，即可全国乃至全球购物的设想；即时通信技术的进步也使得纸质书信成为历史，甚至微信已成为当下国人日常生活中不可或缺的工具；4G的崛起孵化出移动互联网这颗参天大树，由此诞生的外卖平台、

---

① 王靖娴等：《区块链技术专利及其布局分析》，《世界科技研究与发展》2021年第5期。

打车平台、短视频平台等都极大颠覆了传统的出行方式、餐饮习惯和社交形式。

故而，在未来，能够进一步提高民众生产和生活效率，促进民众生活便利的应用场景依然离不开科技创新的支持，比如5G、人工智能、大数据、云计算、物联网，等等。然而，做一类比分析，放眼于本文探讨的"虚拟货币、NFT、链游、Web3.0、元宇宙"等场景，其在推动民众的生产及生活效率、社会物质水平、人们幸福生活的提升方面，到底体现在哪些场景之中？如果存在这些场景，区块链技术到底能不能支撑这一场景的实现？今天所谓的"DAO、Web3.0"，是不是这一场景的表现之一？假设有一百个程序员共建一个元宇宙，每个程序员在这个元宇宙中拥有一个固定的身份角色，共100个角色。每个程序员每天给自己控制的角色发指令，然后，在元宇宙的世界中，不同的角色之间通过指令，进行交互甚至进行研究和创造，要知道这些角色之于物理世界中的人类，可以"不眠不休"。若角色之间的交互，最终却不被用于解决现实物理世界中的问题，那么，该元宇宙的意义绝对是颠覆性的。如果经过论证这些场景能够为人们的生活增加福祉，那么，应用该场景以及为该场景提供支持的创新技术，政府相关部门应当大力支持！

四　结论

中国长期以来一直大力支持科技创新，但科技创新一定要落实到为民众生活水平的提高、创造新消费场景等能够对社会经济的发展起到重要推动作用的应用场景中来，最终体现为对人类社会的进步和发展增加福祉。笔者立足于区块链技术，对虚拟货币、NFT及元宇宙进行价值思考，从创造、消费、炒作和违法犯罪等四个视角来探讨各行业生态，并憧憬在元宇宙的场景中，能够发挥出区块链去中心化的优势，最终解决现实物理世界中的真问题。

Discussing the Value of Cryptocurrency from a Legal Perspective

Liu Lei

Abstract: In 2008, Satoshi Nakamoto published the paper "A Peer-to-Peer Electronic Cash System", which creatively put forward the concept of Bitcoin. In 2009, the first genesis block was born, which opened the first year of cryptocurrency. Subsequently, As the underlying technology of Bitcoin, the blockchain began to be applied, and stablecoins were also quietly born. At the same time, "use-based, equity-based" tokens issued in ICO, IEO, STO and other modes began to enter the public eye, and thus opened the prelude to the "mining economy", the surprise of "one day in the currency circle, ten years in the world" scenes began to emerge and were raved about. Behind the prosperity of cryptocurrency, there are also undercurrents. Whether it is a planner, a participant or a bystander, one question cannot be avoided, that is: "What value does cryptocurrency bring to social development?" Before this question has an authoritative answer, around cryptocurrency New fields such as NFT digital collections, chain games GameFi, DAO, Web3.0, Metaverse and so on have been created. These new concepts and new ways of playing can be described as changing with each passing day, one after another, endlessly emerging...

Key words: blockchain; cryptocurrency; NFT; metaverse

《数字法治评论》约稿函

一 刊物简介和约稿

《数字法治评论》是由上海政法学院主办、由中国社会科学出版社出版的学术性集刊，每年出版2卷。本刊由上海政法学院郑少华教授担任主编，康敬奎编审任执行主编。

本刊依托上海政法学院人工智能法学院，追踪数字法治理论前沿，回应数字法治实践中面临的问题，倡导规范严谨的学术研究，致力于推动数字法治理论创新。鉴于此，《数字法治评论》刊文选题聚焦在数字治理、数据法治、人工智能法治、网络法治、个人信息保护法、网络与信息安全、数字金融、数字贸易、智慧司法等数字法治领域。

《数字法治评论》栏目设置包括主题研讨、案例评析、研究综述、研究报告、译文等。欢迎海内外专家、学者就上述主题领域进行投稿。

二 来稿要求

（1）来稿文章内容需符合数字经济发展、数字社会治理的总体精神和方向，紧扣"数字法治研究"主题，以问题为导向，探索国际性、基础性、前沿性的重大理论和实践问题，欢迎实证分析、比较分析、大数据分析的研究成果。

（2）投稿文章应当是未公开发表的原创论文，字数1.2万—3万。来稿请注明单位、职称（职务）、研究方向、联系电话、电子邮箱、邮寄地址等信息。

（3）投稿文章的注释基本规范请参见《数字法治评论》注释规范。未尽的规范要求，参见《法学引注手册》（北京大学出版社 2020 年版）。

上海政法学院期待在学术界同仁的支持下，能够将本刊发展成为具有鲜明数字法学特色的学术集刊。

E-mail：szfzpl@163.com

电　　话：021-39227620

网　　址：https://www.shupl.edu.cn/xbbjb/

联系人：汤仙月

《上海政法学院学报》编辑部

《数字法治评论》注释规范

本刊注释一律采用当页脚注形式,当页连续注码样式为:①②③等,另起页重新编号。

一 中文注释著述格式例示

例1:个人专著格式

张文显:《二十世纪西方法哲学思潮研究》,法律出版社1996年版,第134—135页。

例2:多位作者(三人及以上)专著格式

丁志节等:《中国视角的国际金融》,中国法制出版社1999年版,第205页。

例3:主编作品格式

慕亚平主编:《WTO中的"一国四席"》,法律出版社2004年版,第160页。

例4:中文译著格式

[德]京特·雅克布斯:《法哲学前思》,冯军译,法律出版社2001年版,第15—16页。

例5:中国香港、澳门、台湾著作格式

王泽鉴:《人格权法》,台北:三民书局2012年版,第15页。

例6:间接引用文献格式

参见韩龙《离岸金融的法律问题研究》,法律出版社2001年版,第11页。

例7:转引文献格式

雷万来:《论司法官与司法官弹劾制度》,转引自高其才、肖建国、胡玉鸿《司法公正观念源流》,人民法院出版社2003年版,第342—343页。

例8:多卷册文献格式

《马克思恩格斯全集》（第1卷），人民出版社1965年版，第25页。

例9：期刊文献格式

赵晓丽、李春杰：《中国电力产业的规制及其法律问题》，《法学杂志》2002年第2期。

例10：文集文献格式

尹田：《法国合同责任的理论与实践》，载梁慧星主编《民商法论丛》（第3卷），法律出版社1999年版，第151—152页。

例11：报纸文献格式

庚向荣：《说理是司法裁判文书的生命》，《法制日报》2013年2月19日第7版。

例12：学位论文格式

陈默：《抗战时期国军的战区——集团军体系研究》，博士学位论文，北京大学，2012年。

例13：网络文献格式

苏力：《中国现代化进程中的法制问题》，北大法律信息网文献库：http://chinalawinfo.com/fzdt/xwnr.asp? id=11223.，2020年1月5日访问。

例14：文章系研究课题项目

本文系2015年度司法部国家法治与法学理论研究项目"刑法解释的边界研究与实证分析"的阶段性成果，项目编号：15SFB5013。

二 外文文献注释格式尊重各该语种引用格式

例15：英文著作格式

A. Jayier Trevino, *The Sociology of Law: Classical and Contemporary Perspectives*, New York: St. Martin's Press, 1990, pp. 6-7.

例16：英文期刊论文格式

Douglas D. Heckathorn, "Collective Sanctions and Compliance Norms: A Formal Theory of Group Mediate Social Control", *American Sociological Review*, Vol. 55, 1990, p. 370.

例17：英国案例格式：原被告名（斜体）编号，判例汇编编号

Corr v IBC Vehicles Ltd. [2008] UKHL 13, [2008] 1 AC 884

例18：美国案例格式：原被告，案号

McBurney v. Young, 133 S. Ct. 1709 (2013).

例19：德文著作格式

Moritz Wellspacher, Das Vertranuen auf äußere Tatbestände imbürgerlichen Recht, 1906, S. 22 ff.

例20: 德文期刊论文格式

Joachim Hruschka, Vorpositives Recht als Gegenstand und Aufgabe der Rechtswissenschaft, in: JZ 1992, S. 429.

例21: 日文专著著录格式

喜多了祐:『外觀優越の法理』、千倉書房、1997、頁 215。

例22: 日文期刊论文格式

大塚龍児:「商法四三條における使用人の代理權」、『商事法務』1215 号。

例23: 英文网站论文格式

International Court of Justice Reports of Judgments, "North Sea Continental Shelf (Federal Republic of Germany/Netherlands)", Judgment of 20 February 1969, http://www.icj-cij.org/docket/files/52/5561.pdf, accessed December 29, 2014.